本书系中国人民大学马克思主义新闻观研究中心
"新世纪马克思主义新闻观研究"（项目批准号：19MXG20）研究成果

新世纪中国人民大学
新闻传播学文丛 ｜ 总主编／郭庆光 蔡 雯

新闻历史与理论

主编 王润泽

中国人民大学出版社
· 北京 ·

编委会名单

主　编：方汉奇

编　委：郭庆光　胡百精　蔡　雯

　　　　周　勇　杨保军　王润泽

　　　　邓绍根　张辉锋　赵云泽

本书作者简介

方汉奇 中国人民大学荣誉一级教授、博士生导师。中国新闻史学会名誉会长，北京大学新闻学研究会学术总顾问。主要研究领域为中国新闻史，已出版的作品有《中国近代报刊史》《中国新闻事业通史》《中国新闻事业编年史》《新闻史的奇情壮彩》《报史与报人》《中国当代新闻事业史》《中国新闻传播史》等12种。已发表的新闻史论文约200余篇。

郑保卫 中国人民大学新闻学院教授、博士生导师。广西大学新闻与传播学院院长。教育部社会科学委员会学部委员兼新闻传播学科召集人。曾任教育部人文社会科学重点研究基地中国人民大学新闻与社会发展研究中心主任。研究方向为新闻学基础理论、马克思主义新闻理论与实践等。出版《新闻学导论》《新闻理论新编》《中国共产党新闻思想史》等作品，发表《马克思主义新闻观中国化的历史进程及其理论贡献》《从"保卫新闻学"到"发展新闻学"——当前我国新闻学学科建设之我见》等论文。

陈力丹 中国人民大学荣誉一级教授、博士生导师。曾任国务院学位委员会新闻传播学学科评议组成员，《国际新闻界》主编。研究方向为新闻理论、传播理论、中外新闻史、舆论学。1979年以来发表各类新闻传播学的研究成果800多万字，包括独著、第一署名著作和独编著53部，论文200多篇，一般文章1 900多篇等。出版《精神交往论：马克思恩格斯的传播观》《舆论学：舆论导向研究》《马克思主义新闻观思想体系》等作品，发表《五四新文化运动与中国的新闻学》《党性和人民性的提出、争论和归结》等论文。

杨保军 教育部长江学者奖励计划特聘教授，中国人民大学二级教授，博士生导师，中国人民大学杰出学者特聘教授（A岗）；《国际新闻界》副主编；中国人民大学新闻学院学术委员会副主任，曾入选教育部"新世纪优秀人才支持计划"，两次出任中国人民大学新闻学院副院长，长期担任新闻学院史论教研部主任。代表性学术著作有"新闻十论"：《新闻事实论》《新闻价值论》《新闻真实论》《新闻活动论》《新闻精神论》《新闻本体论》《新闻道德论》《新闻观念论》《新闻主体论》《新闻规律论》。

王润泽 中国人民大学新闻学院副院长、教授、博士生导师。教育部人文社会科学重点研究基地中国人民大学新闻与社会发展研究中心执行主任。中国新闻史学会会长。研究方向为新闻传播史。出版《北洋政府时期的新闻业及其现代化》《中国新闻媒介史》等作品，发表《专业化：新闻史研究的方法和路径的思考》《在服从宣传需要与尊重新闻规律之间——中国当代记者心态史研究》等论文。

赵永华 中国人民大学新闻学院教授、博士生导师。教育部中俄新闻教育高校联盟召集人。研究领域为国际传播、跨文化传播、中外新闻史。出版《在华俄文新闻传播活动史（1898—1956）》《大众传媒与政治变迁——聚焦独联体国家"颜色革命"》《中亚转型国家的新闻体制与媒介发展》等作品，发表《穷媒体、无序民主与国家动荡——解析吉尔吉斯斯坦政变中的传媒之争》《全球治理视域下"一带一路"的媒体合作：理论、框架与路径》等论文。

周　俊 中国人民大学新闻学院副教授、硕士生导师，中国人民大学网络舆情研究所所长。主要研究方向为新闻与社会变迁、新闻职业道德与职业规范、马克思主义新闻观、媒介素养等。出版《新闻失范论》等作品。发表《试析我国现行新闻职业规范——以〈中国新闻工作者职业道德准则〉为例》《敏感的螺旋：网络公共议题中敏感信息的传播渠道研究》等论文。

邓绍根 中国人民大学新闻学院教授、博士生导师。中国新闻史学会联席秘书长、常务理事。研究方向为中国新闻传播史、新闻传播史论。出版《美国在华早期新闻传播史：1827—1872》《中国新闻学的筚路蓝缕：北京大学新闻学研究会》等作品，发表《"记者"一词在中国的源流演变历史》《论哥伦比亚大学新闻学院与民国新闻界的交流合作及其影响》等论文。

赵云泽 中国人民大学新闻学院副院长、教授、博士生导师。研究方向为中国新闻传播史、新媒体、网络舆论。出版《作为政治的传播——中国新闻传播解释史》、《中国社会转型与互联网伦理》、*A History of Journalism and Communication in China* 等作品，发表《当下中国网络话语权的社会阶层结构分析》《中国上古时期的媒介革命："巫史理性化"与文字功能的转变及其影响》等论文。

王亦高 中国人民大学新闻学院副教授、硕士生导师。主要研究领域为传播理论、新闻理论。出版《从"权力"到"权利"：中国新闻职业精神考察与分析》《在时间中聆听：作为符号而传播的音乐》等作品，发表《自然与拟态：试谈听觉传播视角下的手机媒介》等论文。

总　序

进入新世纪以来，伴随着互联网技术、信息通信技术的发展，新闻传播的媒介日趋多元化，中国的新闻传播事业进入飞速发展阶段。习近平总书记指出，党的新闻舆论工作是党的一项重要工作，是治国理政、定国安邦的大事。面对复杂多变的国际形势和意识形态领域激荡并存的社会思想，在新时代，如何更好地尊重新闻传播规律，如何构建中国特色新闻学的学科体系、学术体系和话语体系，这既是时代赋予的命题，也是新闻传播学研究者的自觉思考。

中国人民大学出版社推出的"新世纪中国人民大学新闻传播学文丛"，力图梳理中国人民大学新闻学院在长期教学和科研实践中形成的思想认知和智慧成果，系统呈现在媒介技术和媒介环境发生剧烈变化的过程中，本学院在新闻传播学研究领域所坚持的思考方向和研究路径。文丛内容涉及马克思主义新闻观、新闻传播基础史论、融媒体业务变革、公共传播和新闻传播教育等领域。

"新世纪中国人民大学新闻传播学文丛"收录了2000年以来中国人民大学新闻学院教师们在新闻传播学研究领域具有代表性的前沿思考和学术成果，每位老师精选几篇学术论文纳入文丛。该文丛是一套反映新时期新闻传播学研究者密切联系新闻工作实际、广泛吸收最新研究成果，可供广大新闻教育工作者参考的新闻传播学教育文丛。

文丛共分为五卷。第一卷《马克思主义新闻观》由邓绍根教授主编，该卷主要选取了马克思主义新闻观的发展历史与理论创新的文章，体现了马克思主义新闻观在中国的具体实践与探索。

第二卷《新闻历史与理论》由王润泽教授主编，该卷选取了2000年以来，能够代表中国人民大学新闻学院在新闻史和新闻理论领域的研究水平，且在研究方法、范式、理论等方面具有引领性和标志性的论文成果。

第三卷《融媒体建设与创新》由蔡雯教授主编，该卷讨论了融媒体时代背景下新闻传播事业的发展与变革，并重点关注了我国在这一领域的业务创新与前沿实践。

第四卷《公共传播与社会治理》由胡百精教授主编，主要选取了新世纪以来中国人民大学新闻学院在新媒体研究、公共传播与社会治理以及新兴传播学研究领域的代表性文章，它们不仅体现出较高的研究水准，同时还饱含着学术研究者强烈的社会关怀。

第五卷《新时代新闻传播教育》由胡百精教授主编，该卷追溯了我国新闻传播教育的历史与发展，探讨了我国新闻传播教育的理念与方向，并为新闻传播教育在新时代的实践与探索描绘了蓝图。

呈现在读者面前的，正是这样一套伴随着时代需要而产生的新时代新闻传播学教育文丛，汇聚了人大新闻学院之众智，也是教育部人文社会科学重点研究基地中国人民大学新闻与社会发展研究中心多年研究积累的呈现。中国人民大学新闻传播学科于2017年进入国家"双一流"学科建设序列，在教育部开展的四次全国一级学科评估中蝉联第一或被评为"A＋"。每一代人大新闻人勇于担当，始终坚持正确的政治方向，把握新闻传播规律，本文丛的出版是对前辈筚路蓝缕、不忘初心的致敬，亦是对后人守正创新、锐意进取的召唤。

文丛在选题和内容上肯定还存在着不少瑕疵，在此恳请各界同仁不吝批评。文丛的出版得到了中国人民大学出版社的支持，特此表示感谢！

中国特色社会主义进入新时代，对于新闻传播学的办学实践和学术研究来说，挑战与机遇并存。希望本文丛能够为我国新闻传播学的未来发展贡献力量！

是为序。

郭庆光

2019 年 12 月

前　言

　　新闻历史与新闻理论是新闻传播学的基础知识。作为基础知识，历史与理论领域的学术研究所聚焦的，往往是一些较为重大和基础的问题。在现代媒介技术快速变革的当下，新闻历史与理论方面的研究也呈现出了一些新动向。但是，理论和历史的研究首先应当坚持的是守正，只有坚持了守正这一基础，创新才可以有的放矢。

　　中国人民大学新闻学院在新闻历史和理论的研究方面，坚持正确的政治方向，坚持守正创新，保持着自己独特的风格和风骨。作为"新世纪中国人民大学新闻传播学文丛"中的一卷，《新闻历史与理论》共收录了20篇学术论文，这些学术成果出自中国人民大学新闻学院多位多年从事新闻史论教学与科研工作的学者之手。

　　在选编过程中，我们围绕"文丛"的整体定位，系统规划了本卷的内容，主要收录了2000年以来在学术界具有较大影响力的成果，力求在研究对象的时间跨度上兼顾古今，在研究方法上兼收并蓄，主要涵盖新闻历史与理论研究中的核心问题和重大话题。

　　本卷主要包括以下三个部分的内容：

　　第一部分——新闻历史。

　　这部分主要收集新世纪以来关于中外新闻史研究方法的代表性论述、外人在华新闻实践以及当代记者心态史等方面的研究，重点突出新闻史本身的发展历程和新闻史研究的最新面向。

　　第二部分——新闻理论。

　　这部分汇集了新闻理论研究中的核心问题，主要包括新闻理论的框架建构、新闻理念的构成与发展、新闻规律的本质与内涵等。入选论文既有思辨论述，也有案例深描，具有一定的学术示范性和引领性。

第三部分——当今热点。

这部分重点关注新世纪以来新闻历史与理论领域的前沿问题，所选取的论文涉及新闻媒体与社会结构、社区媒介与记者身份、新闻业转型与文化传播等热点话题。相关论文在问题意识、研究方法和理论使用等方面具有代表性。

由于篇幅所限，本卷挂一漏万，在编辑过程中肯定还存在着不足之处，恳请方家指导！希望本卷《新闻历史与理论》的出版，能够为中国新闻传播学界在历史与理论方面的学术交流提供一个对话空间。

王润泽

2019 年 12 月

目　录

第一部分　新闻历史

第二部分　新闻理论

第三部分　当今热点

第一部分

新闻历史

多打深井　多作个案研究
——与方汉奇教授谈新闻史研究 *

方汉奇　曹立新

曹立新（以下简称曹）：今年年初，《新闻大学》邀请有关专家，组织了一次"中国新闻史研究现状笔谈"。文章发表后，在学界引起很大反响。对于这次笔谈，您有何评价？

方汉奇（以下简称方）：《新闻大学》组织这次笔谈很有意义。近年来，新闻史的教学与研究有兴旺发达的一面，也有被边缘化和淡化的一面。后者表现在以下两个方面：在教学方面，一些高校新闻院系不太重视新闻史课程——课时能压缩就压缩，课程能合并就合并，有的学校将中国新闻史和外国新闻史合成一门课，课时也有所减少；在研究方面，新闻史论文的发表数量也相对较少，一些学术刊物的版面较多地集中到热门专业和热点问题上。在这种情况下，《新闻大学》发表这组文章，表明了刊物的主持人对新闻史研究的重视和支持，既检讨了新闻史研究存在的问题，同时也探讨了新闻史研究的多种模式，相信对新闻史的教学与研究会有所促进的。

曹：对以往的新闻史研究进行反思甚至批判，早就开始了，《新闻大学》组织的这次笔谈，与以往的反思有何不同？

方：对以往新闻史研究的范式进行反思和批判，20世纪八九十年代都出现过。目前的反思，与前面几个回合不完全一样：不是在原地盘旋，而是螺旋式上升，因为新闻史研究已经达到和此前比较起来相对较高的平台。现在有中国新闻史学会在从事新闻史研究的组织和交流工作，有600多家学校的新闻院系在开设新闻史课程，有大批新闻史方向的硕士和博士研究生在研究和撰写中外新闻史方面的论文和文章，新闻史研究的整体水平经过20年发展已经达到了新的高度。这次反思是在新闻史研究取得巨大成就的基础上产生的，是在新的高度上产生

　* 原载于《新闻大学》，2007（3）：1-4。曹立新，厦门大学新闻传播学院副教授、硕士生导师，主要研究领域为20世纪中国新闻史、新闻采访与写作。

的，目的是推动新闻史研究的进一步发展。

曹： 在尝试新闻史研究新模式方面，李彬等人主张新闻史研究应借鉴其他学科，特别是社会文化史的方法和视野，希望形成一种新新闻史，对此，您有何评价？

方： 李彬的观点，我赞成。过去的新闻史研究，就与文化史、经济史研究有过结合，但更多更紧密的是与政治史、思想史的结合。新闻事业是党的事业，是宣传工具——这些观点长期渗入新闻史研究者的头脑之中，新闻史的写作也彰显了这方面的内容。结果，新闻史往往被写成党史中的新闻事业部分，很多地方与党史、近现代政治史、帝国主义侵华史的内容相重合。毫无疑问，新闻史与阶级斗争史肯定有关联，各种阶级都会利用报刊为自己的阶级利益服务。西方新闻史上也存在过政党报刊时期。可是如果只从这个角度研究新闻史，就过于狭窄。所以，李彬提出新闻史研究要向其他学科学习，是对的；借鉴其他学科的研究成果和方法，是必要和有益的。新闻学本来就是一门边缘学科，与众多学科有交叉关联。在学科分类上，新闻学曾被划入文学、法学和社会学，说明新闻学与众多人文学科的关系密切，应该广泛借鉴。这种借鉴可以开阔我们的视野，充实我们的内容，提高新闻史研究的水平。

曹： 的确，不同学科间的相互渗透和彼此借鉴，是现代学术研究的一个显著特征。近年来，媒介、传播研究渐成热点，其他学科的一些学者已在这方面做出了有影响的研究：比如北京大学中文系陈平原对《新青年》的研究、政治系许静❶对"大跃进"时期政治传播的研究、复旦大学历史系章清对《独立评论》的研究等等。新闻史学者也能做类似的出色研究吗？

方： 这就涉及"报刊的历史"和"历史的报刊"这对命题。报刊可以为政治、经济、文化、思想、文学、法律、军事等各专门史的研究提供第一手资料。这些专门史研究所需要的大量材料都保存在近现代报刊之中。"历史的报刊"，就是通过研究报刊去研究某一方面的历史；"报刊的历史"，则是研究报刊本身的发展规律，新闻史的任务就是研究报刊的历史。研究报刊的历史也会涉及政治、思想以及影响媒介发展的经济、文化等因素，但是新闻史研究的中心任务是媒介本身。现在媒体多元化了，不仅局限于报刊，还包括电视、广播、网络、手机等至少五种。新闻史的任务就是研究这些媒体自身的发展规律。

---

❶ 许静老师现任教于北京大学新闻与传播学院。——编者注

曹：从"历史的报刊"到"报刊的历史"，也就是从"说什么"到"怎么说"，这种意思的最早表达，是否可追溯到王中先生说的"新闻史不仅要研究'宣传了什么'，尤其要研究'怎么宣传的'"？

方：王中所做的历史上的个别报刊的研究就是"报刊的历史"的研究。他不仅研究"竖'三民'"宣传了什么，尤其关注了它们是怎么宣传的，研究了辛亥革命时期的革命派是如何采用迂回宣传的艺术，利用报刊为他们的革命事业服务的。"仲尼厄而作春秋，左丘失明厥有国语"，王中是在被打成右派，被迫离开了新闻理论教学研究岗位和被赶到资料室从事资料整理工作以后，才从事新闻史研究的。他的"竖'三民'"系列论文完全摆脱了当时主流的报刊史写法，与同时期出版的《五四时期期刊介绍》和《辛亥革命时期期刊介绍》迥然不同，不仅表明了他的独立思考精神，也显示了他多学科的知识积累。王中的尝试为后人也提供了有益的启示和借鉴。

曹：王中先生似乎是个"另类"。有人认为，在 20 世纪的新闻史研究中，先后形成了以戈公振先生为代表的为民办媒介进行合法性论证的研究模式和以您为代表的为无产阶级专政媒介进行合法性论证的研究模式，您本人同意这样的看法吗？

方：戈公振的新闻史研究较少受到苏共报刊史的影响。《中国报学史》出版于 1927 年，戈公振生活和工作在上海租界，较少受到国共两党斗争和党内路线斗争意识的影响，他的《中国报学史》基本是按照中国新闻事业发展的客观规律来写的。他将中国报业史划分为官报、外报、民报和当代几个部分。划分期限的方法虽然可以讨论，但基本上是符合中国新闻事业的发展规律的。戈公振受正统思想的影响，从事著述时又处于白色恐怖之中，他在《中国报学史》中提到的共产党报刊，数量有些不足，但基本如实地反映了情况，并没有以党报为中心。戈公振后来的思想是追求进步的，他的《从东北到庶联》说明他对苏联的社会主义和中国的社会主义前景还是寄予希望的。但这些在他的《中国报学史》中并无反映。

至于无产阶级新闻史的研究模式，我不能算代表。我是 1953 年暑假末调到北大新闻专业开始正式从事中国新闻史教学工作的。报到后只有一个多星期的备课时间就开讲。古近代部分还有点现成的材料可以应付，现代部分特别是党报史的部分只能现炒现卖现准备。大体上是按照胡乔木《中国共产党的三十年》提供的主线，到各地图书馆、档案馆去查看报刊原件，弄清基本轮廓，勉强敷衍成篇。也没有印成讲义公开发行。新中国成立后的第一部模仿苏共报刊史模式编写的中国新闻史教材，应该是 1959 年完成的中共中央高级党校新闻班组织编写的那部《现代革命报刊史讲义》，主要的作者是李龙牧、黄河、刘爱芝、丁树奇。后来黄、刘去了人大新闻系，丁、李去了复旦新闻系，同时也把这套编写的模式带到了两校，他们才是你说的那种模式的代表。我长期从事新闻史的教学工作，也参加过一些中国新闻史教材的编写工作，深受他们所写的那部讲义和苏共报刊史的影响，只能算是这一模式的追随者。

曹：说到中国新闻史的研究，20 世纪末完成的《中国新闻事业通史》无疑是其中最重要的一本。您以前说，该书管 10 年，10 年后应该调整补充和修改。您现在还这样认为吗？如果回答是肯定的话，应该做哪些调整补充和修改？

方：《中国新闻事业通史》是由 50 位作者通力合作，写了 10 年才完成的，是一部反映了 20 世纪中国新闻史研究水平的综合性成果。它的下限设在 1987年，后来出版的我和丁淦林、黄瑚、薛飞合写的《中国新闻传播史》的下限设在2000 年，离现在分别有 20 年和 7 年了，我国新闻事业近年取得了很大的新发展，新闻史的研究成果也大量涌现，如果可以改写的话，将有大量的内容可以补充进去。但是，新闻史的研究和现实保持一定距离也有好处，有利于对一些史实的介绍和分析进行"冷处理"。目前，对这部通史进行改写的条件还不成熟，目前的研究都只是为下一部通史的编写工作做铺垫，不妨先集中精力，多做一点积累和准备的工作，假以时日，新的通史一定会出来。我希望新的通史将不再是"半解放的脚"，而是彻底摆脱旧的模式的影响、完全解放了的"脚"。

曹：在反思中，也有人认为，新闻史研究重在探求新闻事业发展的规律，但以往的研究过于偏重史实的介绍，其成果只是一些"史料汇集"。您同意这种看法吗？如何处理史料考证和规律探求的关系？

方：新闻史研究和其他人文社会科学研究一样，必须充分地占有材料。恩格斯说过，没有第一手材料，"我就飞不起来"。他的《英国工人阶级状况》一书引用了 1 500 本书，还有大量调查。没有史料，只能说一些抽象的想当然的话，只能说一些从概念到概念的话，对分析问题、解决问题没有任何好处。现在的新闻史研究，并不是史料太多，而是史料不够。因为史料不够，有些似是而非的问题还没有得到解决。当然，从事新闻史研究，仅仅满足于史料的搜集和停留在史料汇集的阶段，是不够的，那只是研究的初级阶段。真正有价值的是，应该在掌握资料的基础上，进行去芜存菁、去伪存真、由此及彼、由表及里的研究，探寻资料背后的含义。只有"史料的汇集"是不够的，否定史料的重要作用也是不对的。有了新的史料，才能在研究上有所发明，有所发现，有所前进。比如，关于巴黎和会采访，我们以往都认为胡政之是第一个也是唯一一个采访和会的中国记者。可是，最近《胡政之文集》出版后，我们发现胡政之本人早已说过，和他同时采访这次和会的至少还有另一位中国记者张君劢，只是没有进入会场而已。胡政之的这段文字登在当时的《大公报》上，我们没有查原文，不知道，由此做出了错误的判断。新发现的这一材料，就帮助我们推翻了旧的说法。所以，说史料是基础，不可也不应该忽视。

曹： 在学术研究的道路上，前辈总是为后来者搭桥铺路。对于年轻的新闻史工作者，您有何寄语？

方： 我希望年轻的新闻史工作者，要有比较好的文史功底，比较广阔的知识面和良好的人文社会科学方面的修养；博览群书，关心和本专业有关的新观点、新资料、新事物，真正做到"多闻，择其善者而从之"。具备了这些条件，才能事半功倍。另外，还要有坐得住冷板凳和甘于寂寞的精神和见贤思齐而不是见异思迁的执着精神。

曹： 您对新闻史研究工作者有什么期待？

方： 多打深井，多做个案研究。面上的研究，前人之述备矣。据说"通史"类的新闻史教材目前已经有五六十种之多，其中很多属于重复劳动，再投入力量，近期内已经没有太大的意义。希望大家多花一点力气改做基础性的工作，多打深井，多做个案研究。打深井，意味着开掘要深，要达到前人没有达到的深度，要有重要的新的发现和新的突破。多做个案研究，指的是要重视报刊原件、新解密的档案资料和口述历史的搜集整理工作，加强历史上有重大影响的报刊的报人的个案研究。只有这样，才能提高新闻史研究的整体水平，开拓出新闻史研究的新局面。

离得近，看得细，多研究些问题
——中国当代新闻史研究的一种建议*

王润泽

中国当代新闻史是指自 1949 年以后与中国新闻业相关的历史研究。历史研究需要一点距离，中国有"隔代修史"的传统，这种传统在历史研究中是十分必要的，它使得历史在沉淀了一段时间之后，能产生比较成熟和经得起时间检验的再现、认知与评价。而中国当代新闻史，因为离现今的时间距离比较短，还应多关注具体问题和个案研究，所谓"离得近，看得细也"❶。而探讨整个当代新闻史的发展脉络和规律性的课题，还略显早了些。不过，新中国成立 70 年了，早一些时间段——如新中国成立到"文化大革命"——的个别新闻史脉络和规律也是可以拿来探讨的了。因此在当代新闻史的研究中，笔者大胆借用五四时期胡适的一句话"多研究些问题，少谈些主义"，作为新中国成立后当代新闻史研究的一个思路，供方家批评指正。

一、多研究些问题

研究内容上，多研究个案。新闻史研究专家方汉奇教授提出和倡导新闻史要多研究个案❷，笔者深以为然。个案的研究是历史研究的核心之一，新闻史的个案包括很多内容：一份报刊、一个媒体、一个报人、一个媒体事件、一次重要的报道、一项新闻政策的出台等等。个案的研究将拓展新闻史研究的深度，丰富新闻史研究的内容，能夯实新闻史学科基础，为增强学科实力提供一点一滴的积累。一个好的个案研究，其生命力在于丰富全面的第一手资料、有启发价值的问题意识、缜密的逻辑论证和客观严谨甚至谨慎的结论。从历史上看，

---

* 原载于《国际新闻界》，2010（3）：25 - 29。

❶ 这个提法是受人大新闻学院杨保军教授私下与笔者就学术态度聊天所启发，"站得高，看得远；坐得低，看得细；躺得平，思得深"，并非笔者首创。

❷ 方汉奇. 关于新闻史研究的几点体会和建议：1982 年在全国新闻研究工作座谈会上的一次发言//方汉奇. 发现与探索：方汉奇自选集. 北京：首都师范大学出版社，2009：559 - 564.

很多有价值的、存世时间长而且影响比较深远的新闻史和历史研究成果还是个案研究。

但个案研究应该注意一些问题。首先不能没有研究主题。仅将现有资料堆积和罗列一番，使资料成为缺乏历史语境的一元维度的白描，缺乏与当时的政治、社会、文化背景进行的有机关联，研究成果成为某种意义上的自说自话和对历史的断章取义，这样的个案研究应小心规避。其次，要做到研究方法与研究主题的匹配。传统历史学的研究方法很多，从西方新史学、马克思主义历史学、人类学、社会学等学科借鉴来的研究方法也不少，但说到底，方法是为研究服务的，也就是历史学中常说的"史无定法"，解决了问题的方法就是好方法。同样，目前流行的借鉴某些西方理论对新闻史进行解读的研究，也需要理论与研究对象相匹配。匹配好的研究成果，可以重新发现问题的实质，并对研究对象有透彻的解读，不匹配的研究，只能是在研究对象上刷一层绚烂的装饰，或者用新的话语体系重新组装历史对象，价值不大。最后，要重视第一手资料的考证。既然是新闻史，史料就是基础。傅斯年曾说"史学便是史料学"虽受争议，但从方法和研究价值上讲，没有史料而妄谈历史，非史家也。考证是历史学的"独门功夫"，是历史学的基础，对新闻史的研究也有相当的借鉴意义。说新闻史的学科基础是考证出来的，一点也不为过。中国古代新闻史的主流成果，均是考证的方法。不过这种方法，对研究对象的要求十分苛刻，非珍贵的、难见的和极有学术地位的研究对象无法承受这样的研究方法。比如对于目前发现存世最早的《敦煌进奏院状》❶、中国现存第一份印刷报纸明代《急选报》的研究❷，由于研究对象国内学者难得一见，且在学科历史上具有重要地位，用考证的方式进行研究，是研究方法与研究对象之间的较完美匹配；而其他一些并没有如此重要地位的报纸，甚至仅出版了一两期的并无任何创新作为和重要地位的报刊，用这样的方法进行研究，就显得没有价值，有为研究而研究之嫌疑。

至于中国当代新闻史的研究，由于史料保存越来越完整，考据的方式在大部分个案研究中就显得"了无益处""究复何用"了。因此凸显问题意识才是好研究的基础和价值所在。什么是好问题？就科学层面来说，好问题是探索人类未知领域的开始，就社科层面来说，好问题是发现人类各种活动中，各种要素间的相

---

❶ 方汉奇.从不列颠图书馆藏唐归义军"进奏院状"看中国古代的报纸//新闻学论集：第5辑.
北京：中国人民大学出版社，1983.

❷ 尹韵公.《急选报》：明代雕版印刷报纸.新闻与传播研究，1994（1）：88-89.

互关系与关联的纽带；从研究实践来看，一个好的问题可以使毫无生气的史料焕发出鲜活的生命力，而在论证过程中形成证据链条的史料，将成为解决历史和现实问题的利器，而这样的研究对当下相关问题的解决和处理依然会有启示作用。问题是好问题的提出一向不是包括新闻史学者在内的大部分中国学者的强项，传统的学术训练明显忽视了这一点，研究中提出好问题似乎比发现好史料还难。于是就有一些看似是问题但实际上不是问题的研究题目；同时，问题的提出也不必依附于高深或外来的理论，并非只有高深的理论才足以显示研究的价值。问题就是问题，只要能引起共鸣，具有相当的学术或实践价值就可以。比如，《炎黄春秋》2008年第七期发表的靖鸣的文章《"党报不得批评同级党委"指示的来历——1953年广西〈宜山农民报〉事件始末》，详细分析和论证了这个重要而敏感的中国当代新闻史事件的来龙去脉，对这个至今仍在影响中国新闻事业的指示，其原本出台的历史和文本背后的含义，以及对当下的启示作用均有清楚阐释。这样的研究思路在当代新闻史研究中是值得推广的。

还有一个线索不能忽视，由于当代新闻史和政治史联系过于紧密，很多新闻史事件从另一角度看就是党史、政治史事件，而新闻事件只是表象而已。如关于《实践是检验真理的唯一标准》文章是如何出台的虽然是新闻史上的一件大事，但实际上更是中国政治、社会进程中的一个重要事件，有着深刻的政治斗争背景。虽然目前关于该问题还有一些争论，但经过当事人的陈述和各种文件档案的研究，历史真相也基本还原。❶ 相类似地，在当代中国新闻发展历史中，各种新闻观念不断出现又被纠正，各种新闻理念被提出又被批判，如"新闻是阶级斗争的工具""新闻的商品性""政治家办报"等等，各种新闻"观念"和"理念"的历史变迁也成为解读当代新闻史的重要线索。

如何发现问题？这可能是在实际研究中困扰很多中青年新闻史研究学者的问题。马克思主义哲学中的两个原理——一个是关于矛盾的理论，即客观事物都是有主要矛盾和次要矛盾、有矛盾的主要方面和次要方面；另一个是世界万物的普遍联系原理——对新闻史研究有启发意义。发掘研究对象的主要矛盾和矛盾的主

---

❶ 主要有沈宝祥的1997年在中国青年出版社出版的《真理标准问题讨论始末》和中央党校部分专家围绕该问题发表的一系列文章，以及光明日报社和马沛文、王沛华、陶铠等同志撰写和发表的关于《实践是检验真理的唯一标准》出台过程等多篇文章，甚至胡乔木也有相关文章发表。目前关于这个问题的基本过程已经比较清晰，其中的一些重要问题，比如邓小平和胡耀邦等领导同志对讨论的作用也基本有了定论。

要方面是获得研究问题的很好的思考模式，也是发掘研究对象最具研究价值的路径之一。笔者曾经对甘肃的第一份报纸《群报辑要》进行过研究，这是一份文摘性质的报纸，其发布时间是在维新变法时期。如果按照主要矛盾和矛盾的主要方面来分析，可以提出以下问题：甘肃的这份文摘性质的报纸，其刊发内容的来源在哪里；从内地的维新派报刊进行内容选择的过程中，这种选择体现了怎样的新闻价值观念和政治取向？从事物普遍联系的原理出发，可以探讨甘肃报纸的主持人与内地新型知识分子之间的联系与互动，从而探讨维新思想是如何从国家中心位置向四周扩散的，以及信息和思想传播过程中的影响因子等问题。这些问题包括了这份报纸的新闻史方面最基本的问题以及由此而衍生出来的问题，实际上包括了社会史、文化史、思想史、政治史等各个领域——不过在笔者眼中，它也就是一个问题而已。

二、口述历史：为未来多发掘研究资料

新闻史的研究和任何历史研究一样，必须有充分的材料、文献。当代新闻史所经历的时长，正好一个甲子多点，还属于一代人的历史。因此作为同一历史时期的当事人，我们不仅要研究这个时代的新闻史，更要给未来发掘和留下更多的资料，特别是对一些有争议的，目前还无法深入研究、取得共识性结论的课题，资料的留存相当于为一桩悬案留下了在未来的破解线索。

我们在研究近代新闻史的时候发现，其原始材料，通常只有媒体制造的新闻文本，少量的散布于各处的关于自身行业的记录、描述和回忆，官方关于新闻事业的各种管理文件和档案等，当研究者想发现新闻是如何出台的，报道是如何诞生的，新闻从哪里来，受哪些要素控制等问题时，却很难收集资料。由于新闻事业的行业特色和社会地位，某些方面的资料并没有通过实物、文档、文本等形式存留，而只是留在一些当事人的记忆中。如果当事人还在，那么进行一些访谈，将比较容易获得这些新闻文本背后的内容，对深入挖掘新闻与社会各要素之间的关系，对拓展新闻史研究的深度和广度等方面大有帮助。特别是一些重大新闻事件、重大新闻决策过程，重要新闻观念出现的心路历程等，必须尽早尽快地发掘保留。

目前一个有利条件是，很多新闻史重大事件的当事人和参与者还都在世，如果能通过口述历史的方式进行资料保存，将对当代新闻史研究提供大量的不可或缺的第一手资料，这些资料将成为与新闻文本同样重要的文献，解读新闻背后的

故事、内部的运作规则，以及其他新闻文本所无法涉及的领域。同时，这些资料的留存，将为日后研究留下丰富素材，成为新闻史研究的宝藏。因此，口述史料对当代新闻史的发展水平有决定意义，在新闻文本保存日益完善的情况下，口述史料的收集发掘直接决定了当代新闻史研究的深度和高度。

现在我们需要以抢救的态度来对待这个问题。以新中国成立初 50 年代为例，那时年富力强、在新闻单位担任主力记者或领导工作的同志，到今天也都有八九十岁高龄了，这批人中在世的越来越少，一些重要的情况或信息也随着他们的离开而成为永远的秘密了。这些亲身参与和经历了共和国（有的同时也经历了民国时期）新闻事业发展历程的老一辈新闻工作者或教育家，如李普、陈春森、于友、金凤、甘惜分、罗列、方汉奇等，他们对很多重要的新闻人物、事件都有非常感性的认识和亲身经历。而另外一些前辈，在新闻管理工作岗位上有着丰富的经验和履历的，如王强华、艾丰、范敬宜、张常海等，他们对新闻政策或管理制度甚至理念的解读，将比文献更加生动、深入和准确。这将替研究者省去多少查阅资料和逻辑推论的过程，少走多少弯路！也会让相关历史问题的解答更接近历史的真实。

口述历史一般有两种呈现方式，一种是完全以口述内容为主体整理出的资料性成果，另一种则是采访者也有一定的主体性，有自己的研究和看法在内的研究成果。两种方式均有优点，第一种方式留存的资料是原生态记录，将成为史料的一种；第二种方式，将结合已有文献资料，对口述者表述的资料进行考订、辨别、分析和研究，会尽量还原历史的真实面目，成为各种研究成果。

三、专业化：突出新闻史学科的独立性和主体性

虽然由于历史原因，中国新闻业在 1949 年有个明显的断代，旧体制下的新闻业几乎完全被新体制下的新闻事业所代替，但是这并不代表着中国新闻业发展历史被完全隔断，其中的继承和转换还是明显的。从这个角度看，探索当代新闻史研究路径和内容，也应与整个中国新闻史的研究相关联。关于中国新闻史研究的路径和方法，目前有很多讨论。笔者提出了专业化的思路，强调要突出新闻史研究独立性和主体性问题。笔者并不故步自封，排斥其他学科的理论、方法对本学科的借鉴意义和启发价值，只是认为在借鉴和吸收其他学科理论、方法的同时，首先应该站稳自己的脚跟，有自己的领地，不然大量的新闻史文本文献只能

成为丰富发展其他学科的材料和论据，为其他学科的发展添砖加瓦。❶

丁淦林教授曾指出要关注其他社会科学学者对中国新闻史的研究。❷ 借助于其他学科如社会学、社会史、文化史、思想史等的理论框架和视角，分析新闻史的局部或细节问题，最近有很多值得关注和尊敬的成果，突出一例为 2008 年出版的李金铨教授主编的《文人论政：知识分子与报刊》文集，收录的文章中大量运用历史学、社会学、思想史的研究路径对新闻史上出现的人物、事件和报章内容等进行解读。成果本身对新闻史研究非常具有启发性。但在研读之余，笔者也在思考，这会成为新闻史研究的新方向或潮流吗？如果模仿这样的研究对我们新闻史学科意义有多大？在新闻文本的巨大宝藏之前，我们的话语权该如何体现？新闻史的材料如果仅仅成为解读社会史和人物思想史或文化史的史料来源，成为服务其他学科的素材，实际上对新闻史本身学科发展贡献不大。

而另外一个现象也印证了新闻史研究的边缘化处境。近现代新闻事业虽然在中国起步较晚，但在社会发展进程中所起的作用却相当重要，是中国历史进程中无法忽略或绕过的部分。但在中国正史、通史中却很少有关于新闻媒体相关部分的内容。不论是传统研究中，史学以政治史、军事史和外交史等为核心对人类历史的考察，还是新史学中强调的以文化史作为研究人类历史的新形式——甚至认为一切"人类的问题"如探险、商业、建筑、教育、著书、绘画等，大到民族的兴亡，小到小人物的情感，都可以纳入研究的范围，却没有新闻传播史的位置。如果不重视这个问题，我们新闻史研究的目的和价值就很难有量化的提升和实际的增强，在社会科学中，依然处于边缘境地。

因此笔者强调新闻史研究的独立性，强调其核心和边界。新闻史研究应该而且必须有自己的核心，同时也要有自己的边界。其核心是新闻史是历史的科学，这表明新闻史是研究新闻行业或专业的一门历史，是历史学中的一个分支。作为专业或行业史，既有历史的特征，也必须有行业的特征。这要求我们在研究中，要有自觉的专业视角和立场，建立专业的自信和话语权。至于新闻史研究的边界，我也有个不成熟的想法，如果说"语言是文化的边界"，那么独立的学科术

---

❶ 王润泽．专业化：新闻史研究的方法和路径的思考．国际新闻界，2008（4）：19-22．这一思路是笔者 2006—2007 年在哈佛大学写博士论文的时候对该问题思考的结论。不过文章发表后，笔者在研读一些专业文章时才发现，这种提倡早已有之，详见宁树藩：《关于中国新闻史研究中强化"本体意识"的历史回顾》，载《新闻大学》，2007（4）。

❷ 丁淦林：《关注文史哲等学科学者对中国新闻史的研究》，2009 年 6 月这一讲话发表于南京师范大学召开的"中国新闻史学会 2009 年年会"。

语体系能否成为新闻史学科的边界？也就是说，仅仅利用新闻文本文献，但研究视角、主题、术语等是社会学、思想史、文化史的，将其划归新闻史研究成果的要慎重。

独立性和专业性的强调以及边界的设立，不是画地为牢、不自量力，也不是分割与其他社会科学的有机关联，而是在不断强调人类进程总体效果的研究中，各种学科不断融合发展的今天，保持学科独立性与合法性的重要性。文化上有个提法"只有民族的才是世界的"，同样，一个学科也只有先独立才能长久地发展。

如何加强学科的独立性和主体性，是个复杂系统的问题，相信有很多的解决之道。笔者仅提出一个建议和思路供商榷，即用"现代化"的理论和范式。"现代化"理论和范式并不新颖，但在中国新闻史的研究中，特别是在中国现代化步入繁盛的现当代历史时期，研究很少。这个缺憾是新闻史研究绕不过去、必须弥补的非常重要的方面，它还将从民国到共和国的中国新闻史联系起来，将中国新闻史变成一个有机整体。同时，研究中国新闻业自身的现代化建设历史，必须将研究视角回归到新闻专业本位上来，由于"每一领域内的现代化进程都是用各该学科的术语加以界说的"❶，因此中国新闻业迈向现代化的进程中，必然要摆脱目前学科依附政治史、社会史、文化史等其他学科术语体系的现状，建立起新闻史学科自己的术语体系，这一术语体系将涵盖新闻业发展的核心要素——技术、组织、制度、业务、思想等，这些要素将成为诠释新闻业自身发展的重要指标；而这些核心要素的系统整合，将为构建新闻史整体或断代研究新框架提供重要路径。这是厘清新闻业作为一个独立学科的发展规律和特点、建立新闻史学科独立性和主体性的重要路径。

四、多向历史学寻求研究方法和灵感

新闻是一种文化现象，新闻史是"历史的科学，在门类繁多的历史科学中，它属于文化史的范畴"❷，在研究规范和方法上，新闻史应该多借鉴历史学的方法。梁启超在《中国历史研究方法》中曾言："中国于各种学问中，惟史学为最发达；史学在世界各国中，惟中国为最发达。"中国史学之发达首先表现在丰富的研究成果形式上，如中国史学遗产中的民族史、学术史、传记、史论、史评、

---

❶ 费正清. 剑桥中国晚清史：下卷. 北京：中国社会科学出版社，1985：6.
❷ 方汉奇. 新闻史是历史的科学. 新闻纵横，1985（3）.

史注、史考、长编、笔记等等，可谓浩如烟海、汗牛充栋。其次是形成了独特而成熟的研究方法和规范，这些经过长期实践和探索，也经过各种争论和检验的方法规范，对新闻史研究同样具有启发和借鉴的价值。如通史、编年史、断代史等大的体系，如人、事、文物、地方和断代五个专门史的研究方面，都成为新闻史研究成果的表现形式。甚至历史学中很多的争论在我们新闻史研究中也有一定的呈现，但不激烈，比如史料派与史观派的争论，如何看待考据、通识的关系，如何辩证地看待"史有定法"和"史无定法"以及"史有定论"和"史无定论"关系问题等，历史学家的解读对我们都很有启发。

作为一门专业史，还必须要有新闻学专业的素养，了解新闻学的基本理论和业务内容。梁启超曾对研究者提出，"治专门史者，不惟须有史学的素养，更须有个该专门学的素养"，而对承担专门史研究的学者，"与其责望诸史学家，毋宁责望诸个该专门学者"❶。如果没有专业的素养，研究新闻史就很难把握本学科的灵魂所在，甚至闹出一些笑话。

另外不要迷信"新方法""新理论"，历史科学的新方法和新理论在很大程度上不是历史学家先设计和规划的结果，而是研究成果中展现出来的。年鉴学派之所以能风靡一时并影响至今，主要在于该学派学者实现了自己最初定下的史学旨趣，把"拥有自己所固有的精神和个性"坚持到底并发挥到极致，推出了布罗代尔《菲利普二世时代的地中海和地中海世界》《15至18世纪的物质文明、经济和资本主义》等巨著。马克思主义历史学也是这样。因此好的研究成果的出现会带来一个重要的研究范式，但这些范式和框架的普适性是值得再思考和认真对待的。个人而言，成果才是硬通货。

陈寅恪有一段"入流论"曾被大陆史家视为"至论"，其说云："一时代之学术，必有其新材料与新问题。取用此材料，以研求问题，则为此时代学术之新潮流。治学之士，得预于此潮流者，谓之预流（借用佛教初果之名）。其未得预者，谓之未入流。此古今学术史之通义，非彼闭门造车之徒，所能同喻者也。"❷ 此说是因其研究的敦煌学而发的感慨。陈老虽学贯中西，为一代宗师，但在历史的潮流中，个人的见解和造诣也敌不过时代的变革和命运的安排。他所寓意的一个时代的学术，必须要有新的材料和新的问题，由此而构成这一时代的学术潮流，实

---

❶ 梁启超.中国历史研究法.上海：上海商务印书馆，1922：第三章.

❷ 陈寅恪.陈垣《敦煌劫余录》序//陈寅恪.金明馆丛稿二编.上海：上海古籍出版社，1980：236.

为个人的肺腑感言，也很精辟，但能融入一个时代的学术潮流有多少是必然努力的结果，又有多少是偶然的恩赐？而一个潮流能引领多久，这是多少大师也预测不准的。虽然陈寅恪先生有这样的感悟，成为很多史学家治史的标准和追求，成为很多急于出人头地或曰进入学术主流的中青年学人的"法宝"，中国新闻史研究者中也不乏这样的追求者，但笔者更相信，每个学者还是要有自己的研究重点、领域和兴趣，长期浸润，必有成果。

论民国新闻界对国际新闻自由运动的
响应及其影响和结局 *

邓绍根

第二次世界大战后期，美国朝野高举新闻自由大旗，倡导国际新闻自由运动，派出代表团前往世界各地考察新闻自由状况，宣传国际新闻自由运动，进而促动联合国主持召开国际新闻自由会议，通过关于新闻自由的三大公约草案。民国新闻界积极响应国际新闻自由运动，热情欢迎美国报纸编辑协会代表团访华，引发新闻自由纷争和学术研究，推动新闻出版界为争取新闻出版自由不懈斗争。中国争取新闻自由的斗争曾一度出现令人鼓舞的局面，废除战时新闻检查制度，中国政府派遣五人代表团参加联合国新闻自由会议，成为"联合国研究新闻自由组织原始发起国之一"❶。一些研究者对新闻自由运动进行过研究，如蔡铭泽教授的著作《中国国民党党报历史研究》、王艳勤博士的论文《民营报刊与二战后的新闻自由运动》、路鹏程博士的论文《言论自由、出版自由与新闻自由概念传入中国的历史考察》等。这些研究成果具有一定的开拓性，但多局限于某一方面，论述较为简略，忽视了这场新闻自由运动的国际大背景，缺乏研究的广度和深度。因此，笔者拟以丰富的史料对国际新闻自由运动的兴起进行研究，系统梳理民国新闻界对国际新闻自由运动的响应过程，深入分析它对中国新闻观念、新闻学术、新闻实践、新闻政策各个层面产生的广泛影响，同时对以往关于国际新闻自由运动研究的某些观点进行商榷。

一、国际新闻自由运动在美国兴起

国际新闻自由运动在美国兴起有着深刻的国际及国内原因。第二次世界大战爆发后，法西斯国家新闻统制大行其道，德意日新闻业沦落为法西斯政权发动战

---

* 原载于《新闻与传播研究》，2013（9）：97-110。

❶ 曾虚白.中国新闻史.6版.台北：三民书局，1989：876.

争、蒙蔽人民的宣传机器，新闻自由荡然无存。反法西斯同盟则普遍实行战时体制，实施战时新闻检查，限制新闻出版自由。在世界范围内，新闻自由遭受严重侵害。美国国内由于新闻业集中和垄断趋势加剧，社会各界对新闻界滥用新闻自由的批评日益增多，政府借助最高法院的多项裁决加强对报刊的管制。新闻界认为政府对出版物进行事前检查，阻碍了自己不受干涉地运作、自由地采集和发布新闻，新闻自由受到威胁而处于危机之中。

美国新闻界对法西斯极权新闻统制和世界普遍实行的战时新闻体制以及国内新闻自由状况忧心忡忡，努力寻求出路，做出两种不同的反思。一种是致力于内，从美国国内寻找原因。1942 年 12 月，亨利·卢斯（Henry R. Luce）聘请芝加哥大学校长哈钦斯（R. M. Hutchjns）成立"新闻自由委员会"，对美国新闻自由状况进行调查。另一种是求之于外，对法西斯新闻统制进行反思，寻求保障国际新闻自由的良方。美国报纸编辑协会（The American Society of Newspaper Editors）鉴于法西斯独裁者垄断新闻业制造战争舆论的教训，认为"各国新闻纸的恶意宣传是罪魁祸首"，"要今后世界永无战争，便要加强新闻纸的和平力量❶"。

1943 年 2 月 25 日，美国报纸编辑协会邀请罗斯福总统出席年会，通过决议提出以新闻自由永保世界和平的诉求。1944 年 4 月，美报纸编辑协会在华盛顿召开年会，倡导国际新闻自由。该会议认为："维持未来世界之和平，首赖世界新闻及电讯之自由，和平条约中对于此事，应有保障之规定。"奈特（S. K. Knight）会长说："如果新闻不能自由采访，则要全世界人民通晓开明为不可能，没有开明的世界人民，则战争所追求的一切无法保持。"❷ 大会通过决议：（1）在全球范围开展一场推广新闻自由原则的大规模行动，以利用国际条约的形式来废除新闻检查制度、垄断制度和歧视制度；（2）成立一个新闻自由委员会，在国内向政府和社会各界开展新闻自由宣传，并积极谋求改善新闻界的形象。同月，美报纸发行人协会在纽约召开年会。合众社总经理白里（Huge Baillie）认为，和平条约应该规定，全世界发生新闻的地方要自由保护各报社竞争采访，机会均等，不能垄断。他呼吁签订和平条约的国家应接受以下四点：（1）一切新闻尤其官方消息，应公开任各通讯社竞争采访。（2）一切电讯工具应平等，任各通讯社竞争使用。（3）一切新闻之传递，官方限制应减少至最小限度。（4）各国报纸皆有权利取得

---

❶ 马星野. 新闻自由与世界和平. 中央日报，1944－09－24 (2).
❷ 同❶.

一切新闻之来源。❶ 新闻教育界对此积极响应，5 月，密苏里新闻学院莫特
（Frank Mott）院长发表演说："在解决战后世界问题之时，美国的报人们要领导
起争取世界新闻自由的运动——在战后国际电讯会议当中，美国报人更应取得领
导的作用，使世界新闻流通之数量加高，新闻交换更为自由。"❷

　　由于国际新闻自由运动倡议和掌控国际新闻领导权的需要符合美国战后对外
输出自由民主意识形态的国际战略，"民间的意见很快地变成美国官方的意见"，
美国政府积极响应。5 月 20 日，美国联邦电讯主席雷莱（James Laurence Fly）
向全国广播，主张电讯事业国际化，扫除国际新闻壁垒，使各国相互间的了解加
深；主张全世界的海底电缆及无线电话、无线电传真等都组织起来，成为国际电
讯网，以此来增进世界友谊，增加国际好感，消除国际误会，以达到消灭战争的
目的❸。6 月，共和党在纽约举行全国代表大会，修改政纲，增加"新闻与广播
自由"内容。7 月，民主党在芝加哥举行全国代表大会，修改政纲，规定要把国
际新闻自由写入战争结束后的和平条约。美国国务院准备组织人员研究新闻自由
以便向即将成立的联合国提出以新闻自由永保世界和平议案，将新闻自由写入战
后和约提请各国共同实行。8 月，美国前国务卿威尔斯发表文章《新闻自由与世
界和平——人权的柱石》认为，新闻自由是人权的柱石，新闻自由将为保障世界
和平不可少的武器，主张每一国家必须以其宪法或基本法律表现人民的新闻自由
之权，否则不许其为新国际机构之会员。新闻界人士积极游说国会，希望通过议
案保障新闻自由，永保世界和平。政界各方人士纷纷表态支持新闻界的新闻自由
议案。9 月初，美国参议院议员塔夫脱和众议院议员傅尔布莱特向两院提出国际
新闻自由议案。21 日，参众两院一致赞成国际新闻自由运动，支持以新闻自由
保护世界和平的议案。美国国务院根据国会议案草拟一份建议书，希望世界各国
保障并推行世界新闻自由政策，使挑动战争的宣传永远绝迹，要点包括："（一）
各记者在各新闻发生的地点，均有采访新闻及发出新闻的自由；（二）每个国家
均应允许各报社自由地接受世界其他部分之新闻。"请各国"保障采访及发电之
自由及采用收登之自由"❹。同月，美国向联合国提交国际新闻自由议案，希望联
合国大力支持国际新闻自由运动。

---

❶　马星野. 新闻自由与世界和平. 中央日报，1944 - 09 - 24 (2).

❷　同❶.

❸　同❶.

❹　同❶.

为了向世界各国推广国际新闻自由运动，并在运动中取得领导地位，11 月 28 日，美国报纸编辑协会决定派遣由《纽约先驱论坛报》副主笔福勒斯特（Wilbur Forrest）、《亚特兰大宪报》主笔麦吉尔（Ralph McGill）及哥伦比亚大学新闻学院院长亚更曼（Carl W. Ackerman）组成的三人代表团，前往世界各国考察新闻自由状况，游说各国政要支持国际新闻自由，废除新闻检查制度，积极将国际新闻自由运动推广到世界各地。12 月中旬，美国政府为三位代表颁发外交护照、军事通行证、由国务卿和总统签署的介绍信。1945 年 1 月 10 日，福勒斯特、麦吉尔、亚更曼启程离美，前往世界 11 个国家的 22 个主要城市访问。❶ 国际新闻自由运动遂向世界各国蔓延。

二、民国新闻界积极响应国际新闻自由运动

国际新闻自由运动在美国兴起后，民国新闻界即密切关注，在舆论和行动上积极响应。其原因有二：第一，中美关系正处于蜜月期，中国对美国政策亦步亦趋。中美是反法西斯同盟，两国利益紧密相连。美国不断提供援助支持中国抗日。1943 年 1 月，中美签订《中美新约》，使中国摆脱了不平等条约的束缚；同年 11 月，美国总统罗斯福邀请蒋介石出席开罗会议，提升中国国际地位。12 月，美国国会通过决议废除《排华法》。第二，国际新闻自由运动废除新闻检查制度的目标与中国新闻界争取新闻出版自由的诉求相吻合。抗战爆发后，国民政府新闻检查越趋严格，据国民党中央宣传部和中央图书杂志审查委员会档案记载，从 1938 年 3 月到 1945 年 8 月，被禁书刊达 2 000 种以上❷。为争取新闻出版自由，新闻出版界进行了不懈的抗争，1943 年 11 月，重庆 20 家书店联名发表《争取出版自由的紧急呼吁》；1944 年 5 月，张申府、曹禺、张静庐等 50 余人联名签署重庆文化界《对言论出版自由意见书》，呼吁取消新闻图书杂志审查制度，喊出"拒绝检查、拒绝审查"的口号。

（一）舆论上，积极宣传和支持国际新闻自由运动

1944 年 6 月 11 日，《新华日报》刊登消息报道美国报纸编辑协会大会新闻："全世界新闻与通讯自由对避免未来战争十分重要，决定设法请由国际协会形式，

---

❶ MARGARET A BLANCHARD. The crusade for worldwide freedom of information：American attempt to shape World War Ⅱ peace treaties. Journalism Quarterly，1983（Winter）：586.

❷ 傅国涌. 笔底波澜：百年中国言论史的一种读法. 桂林：广西师范大学出版社，2006：235.

或即合约，保障此项自由，并决定先成立一委员会，以便会同其他组织与通讯机关，争取全世界新闻无限制传播的自由。"❶ 并配发短评说："新的民主世界，人民的言论自由是重要标志之一。争取反法西斯战争的胜利，要靠有言论自由，保障民主世界，也要靠有言论自由。道理很简单，也很明白，我们完全赞成。"❷ 7月15日，《中央日报》报道说："国务院刻正在研究联合国家间成立一项协定之可能性，以消除或减少战时新闻自由交换所受之限制。……美国将设法使联合国同意成立一项国际公约，宣言一切负责以新闻报道之人员，应能以平等之条件，自由获得一国家之消息，随意旅行各地，并按适当之费率，拍发消息，而不受任何限制。"❸ 同日，民营报纸《大公报》刊登消息《便利新闻自由交换，美研究国际协定之可能性》。7月20日，《大公报》发表评论《言论自由可弭战祸》，支持国际新闻自由运动："全世界自由而诚实之言论将消弭未来战争之机会，并增加促进永久和平之机会。……战后计划必须顾及最基本及宪法上规定之自由，战后世界言论自由之重要以及自由国家与言论自由互相依赖之关系。"❹

1944年9月，美国参众两院通过支持国际新闻自由议案，引起民国新闻界极大关注。《中央日报》先后于8月29日、9月12日、9月14日、9月20日、9月23日、9月27日、9月28日、10月1日、10月3日刊登消息，报道国际新闻自由运动进展。《新华日报》也于9月9日、9月12日、9月13日、9月16日、9月20日、9月23日、9月27日、9月28日、10月3日、10月6日、10月16日、10月27日连续刊登美国朝野支持国际新闻自由运动的报道。在短评《得与失之间》中，《新华日报》控诉国民党当局压迫新闻自由，"我们已经不仅没有得到新闻自由，而且连失去新闻的自由都不存在。只要能自由的让一个读者知道，我们失去过一些什么新闻，就已经够我们满意了"❺。《大公报》于9月29日发表长篇社论《赞成新闻自由》表达美好愿景："新闻自由已是世界趋势的必然，一切捏造事实与歪曲事实的新闻政策都应被淘汰；在民主大家庭中，国际和平，经济合作与新闻自由是三位一体。"呼吁中国实现新闻自由："我们赞成美国方面新闻自由的运动，在国内我们正逐步走向新闻自由。"❻

---

❶ 争取世界言论自由，美记者将向国会请愿. 新华日报，1944 - 06 - 11（2）.
❷ 赞成美国报纸编辑协会的意见. 新华日报，1944 - 06 - 11（2）.
❸ 联合国间新闻沟通，美拟促成协定. 中央日报，1944 - 07 - 15（2）.
❹ 言论自由可弭战祸. 大公报，1944 - 07 - 20（3）.
❺ 得与失之间. 新华日报，1944 - 09 - 23（2）.
❻ 赞成新闻自由. 大公报，1944 - 09 - 29（2）.

在中国新闻界积极响应美国兴起的国际新闻自由运动的过程中，有一个人和一个组织表现得最为突出。此人为国民党中宣部新闻处处长马星野。他四处演讲，积极宣传国际新闻自由运动。1944 年 9 月 1 日，马星野对全国发表广播演讲《新时代与新报人》，谴责法西斯利用新闻宣传发动战争的恶劣行径。9 月 14 日，他在国民党中央团部演讲《新闻自由与世界和平》，介绍国际新闻自由运动兴起的过程，阐述以新闻自由保障世界和平的四大理由。9 月 15 日，他在国民党中央通讯社演讲《新闻自由与中央通讯社》，指出"新闻自由运动的真义"是："用国际条约，来废除新闻检查制度，来废除新闻垄断制度，来废除新闻歧视制度。"❶ 11 月，他向国立中央大学师生演讲《到世界新闻自由之路》，指出国际新闻自由运动最主要的障碍："第一是全世界普遍的检查制度，第二是新闻的垄断制度。"❷

一个组织是中国新闻学会。1944 年 11 月 20 日，中国新闻学会召开第三届年会，200 余人出席。该大会对新闻自由案进行热烈讨论，通过"响应新闻自由案"决议，发表声明："值兹自由战争将获全胜，世界和平亟待重建之时，我盟邦美国本其自由平等进取之精神，起而作新闻自由之倡导，谋以国际协定，打破一切不合理之限制垄断与歧视，求取新闻来源之开放，电讯交通之通畅，新闻堡垒之扫除，以实现采访自由、传递自由、接受及发表自由之三大要求。本会聆悉此讯，深佩远见。爰经全体会员之一致决议，郑重声明，对上述新闻自由之原则，完全赞成，并赞同以国际协定保证其实施。"❸ 声明发表后，美国方面给予充分肯定。美国合众社特意发来贺电，对中国新闻界迅速表态支持新闻自由运动表示感谢。至此，兴起于美国的国际新闻自由运动得到中国新闻界舆论上的热烈响应。

（二）行动上，热烈欢迎美国报纸编辑协会代表团访华

中国新闻界积极行动起来，为欢迎美国报纸编辑协会代表团访华做准备。1945 年 1 月 8 日，《中央日报》报道，美国报纸编辑协会代表团将前往英国、法国、比利时、意大利、瑞典、瑞士、西班牙、希腊、土耳其、苏联、中国、印度、南美访问，考察新闻自由状况。1 月 17 日，《新华日报》报道 12 个国家表态支持国际新闻自由运动。18 日，《大公报》报道美国报纸编辑协会代表团将来华

---

❶ 马星野 . 新闻自由论 . 南京：中央日报社，1948：22.

❷ 同❶20 - 21.

❸ 响应新闻自由，中国新闻学会第三届年会通过 . 中央日报，1944 - 11 - 22（3）.

考察消息。同日，中国新闻学会第四届理事会召开会议，确定"以新闻自由问题为本年度研究中心之一"❶，成立新闻自由问题委员会，搜集资料，研究新闻自由问题。

3月28日，美国报纸编辑协会代表团福勒斯特、麦吉尔及亚更曼等三人抵达重庆。29日，《新华日报》《大公报》都刊登文章介绍三位代表的生平事迹。上午，三位代表先后拜会国民党中宣部部长王世杰、中国新闻学会理事长萧同兹等政要，同他们就新闻自由议题交换意见。下午，美国新闻处举行招待会，代表团成员介绍在欧洲及苏联考察新闻自由的情况。会后，他们前往《大公报》参观座谈。30日，中国新闻学会举办座谈会邀请各报负责人同三位代表座谈，请他们介绍国际新闻自由运动兴起经过，说明其发展意义以及对中国新闻界的希望。福勒斯特强调"新闻自由是世界安全的因素之一"。麦吉尔认为"要实现新闻自由，人民应该不断斗争"。亚更曼"希望中国报界努力参加运动，促进新闻自由之实现"❷。同日，《中央日报》发表社论《拥护新闻自由，欢迎美国同业代表团》表达美好愿景："我们赞成新闻自由，赞成彻底而普遍全世界的新闻自由，且希望此一合理有益之事，能载诸将来之世界宪章。"❸《大公报》发表社论《欢迎新闻自由》，称赞他们是"新闻自由的传教士"，"美国同业登高一呼，并派遣三位新闻自由的传教士遍访欧非各洲，推动宣传，这新闻自由的种子不仅已深植于中国的土壤内，并相信这一运动一定能够获得普遍而永久的胜利！"❹ 次日，《新华日报》发表社论《新闻自由：民主的基础》说："在中国，提起'新闻自由'真是令人啼笑皆非。"❺ 然后分"言论出版自由是民主政治的基本""言论出版限制使人民愚昧和无知""是民主还是独裁就看有无言论自由""作恶扣压新闻必造成自由的衰落""要以坚毅精神争取实现民主政治""不做懦夫，不做奴才，使报纸为民主服务"等六部分论证"新闻自由是民主的基础"的观点。

3月31日上午，福勒斯特、麦吉尔、亚更曼参观中央政治学校，并与新闻学系60余名师生进行座谈交流。4月1日晚，麦吉尔访问新华日报馆，当看到编辑部里被删得支离破碎的送检稿样时，他感到惊讶，取下眼镜仔细审视，他说：

---

❶　研究新闻自由问题，中国新闻学会成立研究会. 中央日报，1945 - 01 - 19（3）.
❷　新闻自由需要争取，希望中国报界努力参加运动. 新华日报，1945 - 03 - 30（2）.
❸　拥护新闻自由，欢迎美国同业代表团. 中央日报，1945 - 03 - 30（2）.
❹　欢迎新闻自由. 大公报，1945 - 03 - 30（2）.
❺　新闻自由：民主的基础. 新华日报，1945 - 03 - 31.

"在美国除了军事检查之外，没有政治检查，新闻自由受宪法保障，检查新闻是违反法律的。"❶ 4月2日下午，他们拜访蒋介石，报告此行收获。晚7点，中国新闻学会、重庆各报联合会为他们举办告别晚宴。三位代表分别发表告别演说，希望"和会召开时，新闻自由一项，亦当列入和约之中。我们亲眼看到中美友谊，更比过去好，更感欣慰"❷。

4月3日，福勒斯特、麦吉尔乘机离渝飞往印度、澳洲继续考察，亚更曼留渝处理中央政治学校新闻学院事宜。他们对中国新闻界提出四点忠告：（1）中国新闻事业要发达，教育是最重要的事，训练出能够负责、尊重自由的记者，比什么都重要。（2）中国报纸要同津贴分离，经济独立是自由的第一条件。（3）写新闻最好不要夹杂意见，意见更不可受政治偏见左右。（4）对于政治，不要顾忌任何外来侵略或内在分裂，只要有决心作政治改革工作，一点点的改革，为老百姓而努力的改革，比一切外交军事更重要。❸ 美国报纸编辑协会代表团来渝一周，宣扬国际新闻自由运动，考察中国新闻自由状况，增强民国新闻界对国际新闻自由运动的认识，获得从舆论到行动的积极响应和支持，播撒中美友谊的种子。马星野说："大家对于国际新闻自由运动，发生很大的兴趣，……对于国际和平与合作之衷诚爱好，对于新闻自由之深切认识，没有一个国家可与中国比较。""由这几天中美报人的接触的情形，可以见到中美友谊有何等深刻之基础。"❹

1945年4月底，美国报纸编辑协会代表返回美国，开始撰写《世界新闻自由报告》。6月9日，三位代表受到美国新任总统杜鲁门、国务卿马歇尔接见，并获得高度赞扬。10日，美国报纸编辑协会在华盛顿召开理事会对外公布考察报告。《编辑与发行人》（*Editor & Publisher*）杂志出版篇幅长达26页5万余字的《美国报纸编辑协会世界新闻自由报告》专刊。该报告说："在战时很难有新闻自由的存在，但许多政府领袖和编辑人表示对战后更大的新闻自由有积极的愿望。他们也发现许多政府以战争安全做藉口，将报纸加以政治上的控制，有些政府领袖对于新闻自由的未来用了'口惠而实不至'的办法。"❺ 报告详细列举各国"领袖对于研究战后世界的新闻自由"的反应，提议"支持在澳洲举行的全世界新闻自

❶ 麦吉尔参观本报，中国的检查使人吃惊. 新华日报，1945 - 04 - 02（2）.
❷ 新闻自由使者今晨离渝. 新华日报，1945 - 04 - 03（3）.
❸ 马星野. 新闻自由论. 中央日报社印行，1948：37.
❹ 同❸48.
❺ 关于新闻自由考察报告. 新闻天地，1945（8）：17.

由会议"，并对战后国际和约中的新闻自由条款提出建议，如政府保证废除新闻检查制度，保证不将媒体作为国家政策的宣传工具，保证新闻信息的自由流通❶。

三、国际新闻自由运动对中国新闻界产生的影响

国际新闻自由运动在民国新闻界得到积极响应的过程中，对中国的新闻观念、新闻学术、新闻实践以及新闻政策各个层面都产生了广泛的影响。它在中国普及推广新闻自由观念，引发中国新闻界关于新闻自由的学术讨论，推动中国新闻自由学术研究的发展，为中国反对新闻检查制度提供舆论支持，激发了中国新闻出版界争取新闻出版自由的斗争，并取得一定成效。

（一）"新闻自由"这一词语和观念得到普及推广

有研究者认为："直至20世纪40年代中期，国人一直尚未明确而清晰地提出'新闻自由'这一概念。"❷ 这一论断值得商榷。笔者查阅大量民国新闻学著作发现，至迟在1938年中国已经开始使用"新闻自由"词汇和概念。1938年7月，报人任毕明在其著作《战时新闻学》中先后两次使用"新闻自由"一词："在抗战期间，最大的自由，是从'抗日第一'、'民族利益'之下而产生的。……同时大家都要明白，'言论自由'和'新闻自由'也有区别。……同样，我们此时不能破坏抗战政策的限制而有'新闻自由'。"❸ 词是概念的物质外壳，概念是词的思想内容。因此，"新闻自由"一词出现，说明其概念萌发。但是，"新闻自由"这一新闻词汇的普及推广与国际新闻自由运动密不可分，这一点从笔者利用数据库制作的《1940年代报刊使用"新闻自由"量表》中清晰可见。1943年以前，四大数据库显示使用数量是"0"。1944年，情形有所变化，《中央日报》刊登16次以"新闻自由"为标题的新闻，《申报》为"0"是因为此时《申报》被上海日伪汉奸控制。从1945年至1947年，"新闻自由"一词的使用频率渐有增长之势，1948年达到高峰。期刊方面，1944年，《民主周刊》刊登《新闻自由运动》一文，介绍国际新闻自由运动在美国的兴起；《时与潮》第2期发表《威尔斯：新闻自由与世界和平》，翻译美国原国务卿威尔斯支持国际新闻自由的言论；《民主

---

❶　MARGARET A BLANCHARD. The crusade for worldwide freedom of information：American attempt to shape World War Ⅱ peace treaties. Journalism Quarterly，1983（Winter）：588.

❷　路鹏程. 言论自由、出版自由与新闻自由概念传入中国的历史考察. 中国传媒报告，2009（4）：71.

❸　任毕明. 战时新闻学. 汉口：光明书局，1938：67.

世界》第 14 期刊载翻译稿《新闻自由：和平的第一步》，介绍美国古伯支持国际新闻自由的文章。此后"新闻自由"一词每年均有出现。新闻著作方面，1945年，张西林编著的《最新实验新闻学》和桑榆撰写的《新闻背后》均出现用"新闻自由"制作的章节标题；同年年底，侨声书店出版书籍《新闻自由》。1947 年，广州出版发行以"新闻自由"命名的报纸《新闻自由报》。可见，在中国响应国际新闻自由运动中，"新闻自由"一词频频出现在报章书籍中，不断得到普及推广。

随着"新闻自由"的普及推广，其概念含义日渐明朗清晰。1944 年 9 月 14日，马星野指出"新闻自由"是指"采访及发电之自由及采用收登之自由"。同年 11 月 21 日，《大公报》报道说："新闻自由，不外以下三事曰：采访自由、传递自由、收受及发表自由。"1946 年 7 月，马星野在《新闻自由论》中特别论述言论自由、出版自由和新闻自由的区别。他认为新闻自由与出版自由是新旧问题："'新闻自由'之名词，为晚近所提出，其较旧之名词，则为出版自由。"言论自由与出版自由的区别在于发表意见方式的差异，"在英美各国，言论自由（freedom of speech）乃指以口舌发表意见之自由；出版自由（freedom of press）则指以印刷方式发表意见之自由"。而"言论自由、出版自由在中国常常容易混为一谈❶。1948 年，新闻学者储玉坤指出，"战后新闻学上最时髦的名词莫过于'新闻自由'了"，其概念含义"实有五种自由：（一）采访的自由；（二）传递的自由；（三）刊载的自由；（四）批评的自由；（五）发行的自由"❷。

（二）引发新闻自由学术讨论，促进新闻自由学术研究发展

中国新闻界在响应国际新闻自由运动的过程中引发新闻界关于新闻自由的学术讨论，包括"中国自古有无言论自由"和美苏两国不同新闻自由观在中国的传播。一些学者发表关于新闻自由的文章，出版新闻自由论文集，促进新闻自由学术研究发展，进一步普及推广新闻自由观念。

1945 年 3 月 30 日，《中央日报》和《大公报》分别发表社论《拥护新闻自由，欢迎美国同业代表团》和《欢迎新闻自由》，虽然均表示赞成国际新闻自由运动，但在有关新闻检查的问题上存在分歧。《中央日报》承认"战争中有某种检查制度"，但辩解说："这是为了国家生存之必要，不能不忍痛暂予保留的……

---

❶ 马星野 . 新闻自由论 . 南京：中央日报社，1948：49.
❷ 储玉坤 . 现代新闻学概论 . 3 版 . 上海：世界书局，1948：367.

今日之检查，仅以维持抗战及公共安全之必要为限度，且在日益放宽尺度。"❶
《大公报》则认为获得新闻自由的途径就是取消国内新闻检查制度，并阐发中国
"自古从来没有过新闻自由与言论自由"和"自古以来就是统制思想干涉言论"
的观点，引起国民党强烈不满。次日，马星野撰写社论《中国言论界的自由传
统》反驳以上观点"似乎与历史事实略有出入"。他针锋相对地认为："研究四千
年中国历史，觉得言论界之自由与独立，乃是中国可宝贵的传统，那控制思想，
蹂躏言论界只是变态的现象，是亡国的现象。……如果我们一笔抹煞，以为新闻
自由、言论自由都是舶来品，这个荒漠如何能种新的花果。我们要爱惜自己珍贵
的历史传统，不受利诱，勇敢真实的精神，才配做炎黄子孙，才配兀立于四大自
由的世界！"❷

　　《中央日报》和《大公报》关于"中国自古有无言论自由"的争论引发一些
研究者关注。4月20日，成都《华西日报》主笔黎澍撰写的长篇论文《中国自古
无言论自由》在《大学月刊》发表。他尖锐地指出："不但没有产生过保障言论
自由的宪法，也没有存在过类似言论自由的史实。中国四千年历史是一部等级制
度发展史。"❸该文对马星野的观点进行了有力回击。他写道："马星野胡扯几节
毫不相干的历史，就给可怜的中国言论界证明早已有了这么一个'自由传统'，
到后来，马星野越说越嘴滑。竟把一班倒霉的老祖宗说得摩登起来。简直认为早
有宋朝被视为中国最初形态的报纸就在享受'新闻自由'。"❹黎澍的《言论自由
古史辨》一文继续了对马星野观点的批驳。

　　在新闻界关于"中国有无言论自由传统"的争论中，燕京大学新闻学系学生
唐振常在黎澍建议下，直接以《论新闻自由》作为大学毕业论文的选题。他对新
闻自由的意义、历史发展和现实状况以及未来愿景进行了系统研究。论文篇幅达
156页，4万多字。内容包括：前言、第一章 新闻自由的意义、第二章 新闻自由
的缘起、第三章 新闻自由的性质、第四章 由历史上看新闻自由、第五章 中国人
民自来无自由、第六章 战时新闻检查制度、第七章 战事结束后中国的新闻自由、
结论新闻自由的必须获得。《论新闻自由》参引当时各大报章关于新闻自由的文
章，是当时研究新闻自由文章的集大成者。美苏两国不同的新闻自由观念在中国

❶　拥护新闻自由，欢迎美国同业代表团.中央日报，1945-03-30 (2).
❷　中国言论界的自由传统.中央日报，1945-03-31 (3).
❸　黎澍.中国自古无言论自由.大学月刊，1945，4 (5-6)：64.
❹　同❸64.

交汇传播。1945 年年底，侨声书店出版书籍《新闻自由》，汇集《美国的新闻自由》《新闻自由与世界和平》《新闻里的真实》等 12 篇反映美国新闻自由理念的文章。1946 年，苏联驻华大使馆新闻处编辑出版《论新闻自由》小册子，汇集苏联研究者撰写的《论新闻自由和报纸的责任》《论新闻自由问题》和《论苏联的言论与出版自由》等三篇文章，阐述苏联新闻自由观点。

随着联合国将新闻自由纳入讨论议程，中央日报社意识到加强新闻自由研究的必要性。1946 年 6 月，马星野亲任主编，在《中央日报》开设《报学》双周刊，投入新闻自由宣传。该刊先后刊登《世界各国新闻自由概况》（第 2 期）、《世界新闻自由现状之研究》（第 2 期）等 21 篇有关新闻自由的文章，可见他对新闻自由的高度关注。随着联合国新闻自由会议即将召开，马星野将自己关于新闻自由的 11 篇文章汇编成《新闻自由论》一书，交由中央日报社出版。同时，他亲任主编创办《报学杂志》，组织"我国应否参加国际新闻自由公约"讨论。试刊号刊登朱抚松文章《新闻自由与报业托拉斯》，创刊号发表黄席群翻译书评《自由而负责的出版事业》，第三期登载谢然之书评《新闻自由的原理》。这三篇文章是对社会责任论经典性著作《一个自由而负责的新闻界》和《新闻自由：原则的纲要》的最早介绍，向中国新闻界传播美国刚刚问世的报刊社会责任理论，使中国新闻界初步了解西方兴起的社会责任论。❶

（三）促进"拒检运动"发展，废除新闻图书出版检查制度

美国报纸编辑协会代表访华期间，中国政要纷纷表态支持国际新闻自由运动。王世杰在会谈中表示："自新闻自由运动在美国发展后，中国人士对之极感兴趣，中国在战后很可能废除检查制度，中国目前在战时，对于检查尺度，时时力求放宽。"❷

1945 年 8 月，中国抗战取得胜利。国民党高唱和平民主论调，政治上玩起"和谈"阴谋。新闻出版界积极反对新闻图书出版检查制度，掀起争取新闻出版自由斗争的热潮。8 月 7 日，以《延安归来》一书的出版为标志，重庆杂志界率先发起"拒检运动"。17 日，重庆杂志界 16 家杂志社发表"拒检"联合声明，宣布：自 9 月 1 日起一致不再送检，并将这一决定正式函告国民党中央宣传部、宪

❶ 邓绍根．浅谈社会责任论在我国的早期传播//新闻学论集：第 20 辑．北京：经济日报出版社，2008：67.
❷ 美报界三代表拜会王部长等，交换新闻自由意见．中央日报，1945 - 03 - 30（3）.

政实施协进会和国民参政会。27 日，重庆杂志界在"拒检"声明上签名的杂志社增至 33 家。由生活书店、新知书店等 19 家出版社组成的新出版业联合总处宣布坚决支持拒检声明。❶

　　"拒检运动"中，《新华日报》连续刊登世界各国取消新闻检查制度的消息，如《美总统杜鲁门下令　取消新闻检查　澳洲新闻检查也取消》（8 月 17 日）、《日本取消新闻检查》（8 月 22 日）、《印度新闻检查　将尽快撤销》（8 月 23 日）、《新闻检查　英国也取消》（8 月 24 日）、《新闻邮电检查制度　欧美各国都在取消》（8 月 31 日）、《新闻检查　埃及即废止》（9 月 1 日）等，反映取消新闻检查制度的世界舆论。同时，《新华日报》猛烈抨击国民党新闻检查制度，9 月 1 日，发表社论《为笔的解放而斗争："九一"记者节所感》指出："在争取自由民主的神圣抗战中，检稿、扣报、罚令停刊，唆使流氓特务殴伤报童，阴谋放火，这算是'合法'行为；而在中小城市，那么逮捕记者、封闭报馆，更是家常便饭。"呼吁政府顺应世界潮流取消新闻检查制度，"连法西斯的阿根廷、战败了的日本都已经取消检查制度了，……而我们呢，好像连这一点伪装的勇气也没有，'即将'取消、'决定'取消话也听得很久了，实施何日?"号召新闻界为争取新闻自由而斗争，"今天应该是中国新闻记者起来洗刷羞辱的时候了"❷。9 月 4 日，《新华日报》再发社论《走向和平的新中国》呼吁："现时的一切束缚人民的言论出版结社集会自由的法令必须立即废除。"❸ 这些社论的发表有力地推进了争取新闻出版自由运动向纵深发展。

　　9 月 8 日，成都新闻界响应重庆"拒检运动"。《华西晚报》等 16 家新闻出版机构发表《致重庆杂志界联谊会公开信》予以声援，宣布不再送交任何机关检查。9 月 15 日，昆明新闻出版界也行动起来。《民主周刊》杂志等 11 个新闻出版机构集会，成立昆明杂志界出版界联谊会，响应重庆、成都两地的拒检斗争。

　　在世界各国纷纷取消战时新闻检查制度和国内争取新闻出版自由运动不断升级的背景下，国民党当局被迫于 9 月 12 日对外宣布：我政府已决定自 10 月 1 日起废止战时新闻检查制度，但收复区在军事行动尚未完成以前除外。9 月 22 日，国民党中央第十次常委会通过废止新闻出版检查制度的决定与办法。至此，新闻出版界取消新闻出版检查制度的斗争获得初步胜利。但是，检查制度在收复区继

---

❶　方汉奇，宁树藩．中国新闻事业通史：第 2 卷．北京：中国人民大学出版社，2000：1039．
❷　为笔的解放而斗争："九一"记者节所感．新华日报，1945 - 09 - 01（2）．
❸　走向和平的新中国．新华日报，1945 - 09 - 04（2）．

续执行。因此，斗争继续发展。11 月，上海新闻出版界联名发表宣言，反对国民党压迫人民自由，要求废止收复区新闻检查制度。12 月，上海 30 余名新闻记者联名发表宣言，反对上海市政府实行统制新闻措施。1946 年 1 月 8 日，重庆生活书店等 35 家出版社联名致函即将召开的政治协商会议，提出废止出版法、取消期刊登记办法、撤销收复区检审办法、明令取消一切非法检扣、取缔寄递限制等五项要求。1 月 10 日，政治协商会议开幕，蒋介石宣布"人民享有身体、信仰、言论、出版、集会、结社自由"等项承诺。会议通过《和平建国纲领》，明确规定废止新闻出版检查办法。❶ 至此，在国际新闻自由运动推动和中国新闻出版界不懈努力下，新闻出版自由得到了一定的保障。

四、尴尬的结局

随着 1945 年 10 月联合国成立，国际新闻自由运动转向由联合国主导制定国际新闻自由公约草案的时期。12 月，美国新闻协会主席休巴伊建议制定"新闻自由之国际宪章计划"❷。美国报纸编辑协会副主席福勒斯特主张战后"和平条约中加入新闻自由一款"❸。美国新闻界关于国际新闻自由的宪章得到联合国支持。

1946 年 1 月 10 日，第一届联合国大会召开。菲律宾代表罗贝兹向大会提议召开"国际新闻会议，以促进世界新闻自由"，"大会当即赞同，将此案列入补充议程"❹。1 月 30 日，联合国大会通过决议：成立人权委员会，开始研究新闻自由问题。6 月，联合国人权委员会决定成立"世界新闻自由小组委员会"，研究新闻自由实施办法。9 月，美国报纸编辑协会正式向联合国提交新闻自由议案。对此，《中央日报》特别报道说"国际新闻自由协定，我原则上赞成"，并建议"实施协定时，并应设立其他机构，以保证被诽谤或被误解之国家，并惩罚不负责任之记者"❺。1947 年 1 月，世界新闻自由小组委员会正式成立。6 月，世界新闻自由小组委员会召开会议，决定于 1948 年 3 月召开国际新闻自由会议。

1948 年 3 月 23 日，联合国在日内瓦召开国际新闻自由会议，共有 51 个国家

❶　方汉奇，宁树藩 . 中国新闻事业通史：第 2 卷 . 北京：中国人民大学出版社，2000：1044.
❷　新闻自由宪章，休巴伊提供意见 . 申报，1945 - 12 - 16 (2).
❸　和约中应加入新闻自由一款 . 申报，1945 - 12 - 19 (2).
❹　国际新闻会议决定立即召开 . 申报，1946 - 01 - 12 (2).
❺　国际新闻自由协定，我原则上赞成 . 中央日报，1946 - 09 - 11 (4).

参加。中国政府派出五人代表团，其中，政府代表为张彭春和邓友德，新闻界代表为马星野、程沧波和刘豁轩。国际新闻自由会议分四个委员会进行讨论：第一委员会讨论新闻自由原则暨新闻事业权利与义务问题；第二委员会讨论新闻采访自由及传递自由问题；第三委员会讨论新闻出版自由及无线广播的收听自由问题；第四委员会讨论有关新闻自由的各种法律及永久性机构设立问题。大会上，各国代表对新闻自由展开激烈讨论。张彭春在第一委员会发表演说，表明中国对新闻自由的态度，受到各国好评。在第二委员会中，中国代表提出限制外国通讯社在他国滥发干涉内政之消息的提议。在第三委员会中，中国代表提出有关新闻教育以及改进新闻质量的意见。在第四委员会，中国代表参与了有关法律及组织问题的讨论。❶ 4 月 21 日，国际新闻自由会议闭幕。大会通过《新闻采访传递自由公约草案》《错误新闻更正公约草案》《新闻自由公约草案》以及载有保障新闻自由条款的《人权公约草案》，讨论新闻自由基本原则、采访自由、传递自由、发表自由、收听自由、常设机构设立等六方面决议案 43 件。

联合国国际新闻自由会议是世界各国讨论新闻自由的盛会。中国新闻界广泛关注，纷纷刊登有关会议的新闻报道，《中央日报》和《申报》基本上每日均有一两则国际新闻自由会议的相关报道。5 月，马星野回国后，组织中央日报社资料室编译出版《新闻自由宪章》，收录公约、人权宪章、决议案三部分，并撰写《出席联合国新闻自由会议报告》，介绍大会组织、大会经过和大会成就，最后提出四大建议：（1）在最短期内发动全国新闻界研究新闻自由之公约及决议；（2）在最短期内成立全国性之新闻记者公会；（3）设立新闻事业研究机构及改进新闻教育；（4）刷新新闻界之风气，提高新闻界之责任感，在守法自治之原则下善用新闻自由。❷

虽然联合国国际新闻自由会议通过了关于新闻自由的三大公约草案，国际新闻自由运动取得初步成果，但它们毕竟仅仅是草案，没有实际效力，各国对它们能否有效实施深有疑虑。《申报》就指出："新闻自由会议的本身，已可谓相当成功；但这种精神能否在实施上始终贯彻，且为世界各国所共同遵守，且还要看以后的事实表现。"❸ 此话不幸言中。从国际上看，由于各国意见分歧，尤其是苏联强烈反对，新闻自由三大公约草案修正陷入僵局，《新闻自由公约》在旷日持久

❶ 曾虚白. 中国新闻史. 6 版. 台北：三民书局，1989：875.
❷ 中央日报社资料室. 新闻自由宪章. 南京：中央日报社，1948：48 - 49.
❸ 君默. 联合国新闻自由会议之经过及其决议. 申报馆内通讯，1948（7）：5.

的争论中无疾而终，国际新闻自由运动转由国际非政府组织来推动。中国国内的情形更糟，法律规定的新闻出版自由成为一纸空文，新闻检查变本加厉。1947年5月，上海警备司令部查封《文汇报》、《新民报》晚刊、《联合日报》晚刊三家报纸。《观察》周刊为此发表《新闻自由的低潮》一文指出："希望中国走向新闻自由之路的人，若翻阅最近数月以来的报纸，不时可以发现怵目惊人的消息，而不觉戚然心忧。……中国报业进入一个悲惨的低潮时期。"❶ 在国际新闻自由会议召开之后，中国新闻自由状况不仅没有改善，反而每况愈下。至1948年12月，《观察》周刊也被国民党封馆抓人。国民党败离中国大陆后，在台湾地区实行"报禁"政策，以致倡导新闻自由的国际新闻学会（IPI）以"没有新闻自由"为理由拒绝其参加大会。作为国际新闻自由运动的积极参与者、联合国研究新闻自由组织原始发起国之一，民国新闻界遭遇如此尴尬结局真是始料未及，令人唏嘘不已。

---

❶ 葛思恩 . 新闻自由的低潮 . 观察，1947（16）：8.

百年回望：
美国《新闻记者信条》在华传播及其影响研究*

邓绍根

  1908 年创办的密苏里新闻学院是世界最早的新闻学院。在百余年发展中，该学院至今仍是全球最好的新闻传播学院之一，位居世界新闻教育前列，引领新闻教育潮流。新闻伦理课程是密苏里新闻学院的一大特色。该院的新闻伦理教育在全美开设较早，且教学内容比较完善。其首任院长沃尔特·威廉（Water Williams，民国时期亦有人译为威廉士、惠廉）于 1914 年制定的《新闻记者信条》（The Journalist's Creed，亦译为《报人信条》）则是该院"新闻伦理的早期代表，它的内容给出了新闻伦理最早的质的规定性"❶。该信条制定后，由个人的新闻道德主张演变为密苏里新闻学院规范手册，受到师生广泛认同，"学院要求低年级新闻本科生背诵信条，并将信条作为学生考试内容"❷。至今该院图书馆、教学楼墙壁都镌刻着《新闻记者信条》。《新闻记者信条》首次系统地提出新闻职业道德规范，是世界上最早成文的新闻职业道德规范❸，并逐渐成为美国整个行业性质的新闻职业道德规范出现的标志之一，被译为 100 多种语言在世界各地流传。但是，目前研究者对《新闻记者信条》并没有深入研究，仅有论文《威廉的新闻伦理观及其对中国的影响》和《密苏里新闻伦理教育的内涵及借鉴》对其粗略涉及，以致其制定时间在中国著述中以讹传讹，有 1906 年、1908 年、1911 年等各种版本；关于其在华传播时间，有学者认为：1921 年 12 月密苏里大学新闻学院院长威廉博士到中国访问，带来了他的《新闻记者信条》。该论断值得商榷，需要修正。因此，笔者根据第一手中外史料，系统梳理了威廉院长制定《新闻记者

---

  * 原载于《新闻与传播研究》，2015（10）：11 - 27.

  ❶ 李建新. 密苏里新闻伦理教育的内涵及借鉴. 新闻大学，2012（5）：129.

  ❷ RONALD T FARRAR. A creed for my profession：Walter Williams，journalist to the world. St. Louis，Missouri：University of Missouri Press，1998：203.

  ❸ 徐新平. 威廉的新闻伦理观及其对中国的影响. 新闻大学，2002（2）：64.

信条》的情况及其在华传播过程，深入分析了其在华传播效果及其对中国新闻职业道德建设产生的影响和现实意义。

一、沃尔特·威廉院长制定《新闻记者信条》及其对外传播

19 世纪末，随着大众化报刊的大发展，美国新闻业迎来了前所未有的繁荣景象，也预示着"记者时代"（age of the reporter）的来临。记者地位提高，薪水稳步增长。到 19 世纪八九十年代，新闻业逐渐成为美国城市内一个注重自我、荣华显贵的职业。❶ 但是，新闻业繁荣表象的背后弊病丛生，黄色新闻泛滥，煽情主义盛行，虚假报道不断，报纸商业化严重，恶性竞争剧烈。新闻工作者中的一些有识之士积极探索新闻道德准则，借此提高记者的社会地位，如著名报人查尔斯·达纳（Charles A Dana）于 1888 年在威斯康星编辑协会发表了关于新闻职业道德的演说，强调新闻业应该有像医生、律师一样的职业规范，如"获取新闻，得到所有的新闻，除了新闻，没有什么；转载别的出版物的内容，并不可取；未经采访对象同意，不得发表其访问稿；广告绝不能作为新闻出版，广告就是广告，不能混淆界限；不许用谩骂讥笑的文字发表言论，攻击软弱无力者……"❷。1890 年，美国学者威尔默（Lambert Wilmer）出版《我们这帮报人》（*Our Press Gang*），从 14 个方面批评新闻道德失范问题。她研究发现，1889－1890 年，美国出现了第一篇运用"伦理"和"行为准则"等词汇批评新闻道德失范的文章。❸ 1904 年 5 月，普利策在《北美评论》上发表《新闻学院》（The College of Journalism）一文，强调新闻教育的重要性，重申建立新闻学院培养新闻人才，取得与律师、医生、牧师、建筑师一样的职业地位；他列出的新闻学第二门课程就是新闻"伦理"（Ethics），阐述说："报纸的灵魂存在于它的道德意义，它的勇气，它的完整性，它的人道，它对被压迫者的同情，它的独立性，它对公共福利的献身，它对公共服务的焦虑。"❹ 正是在美国新闻业蓬勃发展和积极探讨新闻职业道德的过程中，沃尔特·威廉逐渐成为密苏里报刊协会领袖和新闻职业道德的探索者。

---

❶ 舒德森. 发掘新闻：美国报业的社会史. 陈昌凤，常江，译. 北京：北京大学出版社，2009：61.

❷ RONALD T FARRAR. A creed for my profession：Walter Williams，journalist to the world. St. Louis，Missouri：University of Missouri Press，1998：201.

❸ 迈克尔·埃默里，埃德温·埃默里. 美国新闻史：大众传播媒介解释史. 8 版. 展江，殷文，译. 北京：中国人民大学出版社，2001：211.

❹ JOSEPH PULITZER. The college of journalism. North American Review，1904（5）：667.

　　沃尔特·威廉，1864 年 7 月 2 日出生于密苏里州库珀郡布恩维尔（Boonville，Cooper County，Missouri）。1879 年 5 月，高中毕业后，他作为印刷学徒加入《布恩维尔论坛报》（*Boonville Topic*），开始了报人生涯。❶ 当"编辑因事外出或因病请假"时，他积极参与采写报道和编辑工作。1884 年 7 月，他加盟《布恩维尔广告报》（*The Boonville Advertiser*），出任首席编辑。两年后，成为该报股东。1887 年，年仅 23 岁的他当选为密苏里报刊协会第三副会长❷，随后代表该协会参加全国编辑协会（The National Editorial Association Convention），并当选为该会助理秘书，给人留下深刻印象。1889 年，25 岁的威廉当选为密苏里报刊协会会长。此后，他先后在《圣路易斯共和报》（*St. Louis Republic*）、《哥伦比亚先驱报》（*Columbia Herald*）任职。1893 年，他当选为全国编辑协会会长，是历届最年轻的会长，成为"哥伦比亚最受欢迎的人"❸。《哥伦比亚先驱报》发行人斯蒂芬斯称赞他："是全美编辑界中的翘楚。他既文采飞扬，又勤奋高产。纵观过去数十年，在这片土地上似乎很难找到第二人。其作品数目之多，结构之有序，无人能出其右……他天赋聪颖，性情纯正，充满人格魅力。"❹ 在新闻业界成功后，他转向新闻教育。1899 年 5 月，密苏里州政府任命他为密苏里大学董事会董事，逐渐成为密苏里大学杰西校长的得力助手。1905 年 7 月 24 日，密苏里大学校务执行委员会组成新闻课程指导委员会，全权筹划新闻教育。1906 年 12 月 18 日，密苏里大学通过了威廉等人起草的关于成立新闻学院的决议："建立一个具有与法律、医学和其他专业学院同等地位的新闻学院或系。"❺ 1908 年 4 月 2 日，密苏里州议会通过决议正式拨款给密苏里大学筹办新闻学院。1908 年 9 月 1 日，密苏里大学成立新闻学院，威廉出任首任院长。

　　1908 年 9 月，密苏里新闻学院开学后，威廉院长决定：新闻道德必须成为"新闻学历史和原理"（history and principles of journalism）课程的重要组成部分。❻

---

　　❶ STEVE WEINBERG. A journalism of humanity，a candid history of the world's first journalism school. Columbia and London：University of Missouri Press，2008：6.

　　❷ RONALD T FARRAR. A creed for my profession：Walter Williams，journalist to the world. Columbia and London：University of Missouri Press，1998：49.

　　❸ 同❷67.

　　❹ Columbia Herald. 1901－11－15.

　　❺ Earl English. Journalism education at the University of Missouri-Columbia. Marceline Missouri：Walsworth Publishing Company，1988：2.

　　❻ RONALD T FARRAR. A creed for my profession：Walter Williams，journalist to the world. St. Louis，Missouri：University of Missouri Press，1998：202.

是年，密苏里新闻学院编辑出版《作为职业的新闻业教育》（*Training for Journalism as a Profession*）手册，卷首语强调："新闻业，作为一个职业，每年吸引着越来越多的人加入它的行列。然而，训练有素、能力突出的记者依然不能满足需求。"❶ 其开列的新闻课程"新闻学历史和原理"是新闻本科生第一门专业课程。他讲授的内容不仅包括报纸工作原则，而且涉及新闻道德。他认为，讨论所涉及的伦理原则比规避它更重要。在"社论"（The Editorial）课中，他要求每个学生去讨论职业行为守则。每个学生在课堂上都要求阐述对许多特定新闻道德问题的看法，例如，应该如何对待政治政党？编辑应该有任期吗？报纸应该发表更正吗？如果这样，怎么办？报纸应该做新闻吗？报纸应该扮演揭露丑恶的侦探吗？报人应该接受外界"礼遇"吗？新闻应该戴有色眼镜看吗？钳制它吗❷？同时，威廉院长主张新闻教育要具有国际眼光。1909—1910 学年始，他开设"比较新闻学"（comparative journalism）课程，学习世界各国的新闻业现况并与美国新闻业进行对比研究。"新闻学历史和原理"和"比较新闻学"两门课程，使他把崇高的专业主义理想和公共服务结合起来。据威廉夫人说，正是这两门课程激发了威廉制定《新闻记者信条》的灵感。❸ 1913 年 6 月至 1914 年 5 月，威廉院长在卡恩基金会（Kahn Foundation）资助下，环游世界，先后考察世界各国 2 000 多家报馆，对这些国家的新闻业现状进行了对比研究，撰写著作《世界新闻业》（*The World's Journalism*）。这次考察丰富了"新闻学历史和原理"和"比较新闻学"课程的教学内容，坚定了他制定世界新闻职业伦理标准的信心。

1914 年 5 月，威廉院长返回密苏里新闻学院后，开始思考撰写新闻伦理成文规范《新闻记者信条》。他制定的《新闻记者信条》不仅仅是一个守则（Code）或一个誓言（Oath），而且是一种自信崇高的职业信念❹，全文如下：

> 我相信，新闻是一种职业。
>
> 我相信，公众信赖报纸上所刊载的文章。凡与报纸所刊载文章有关的人，就其全部职责而言，均为公众所信赖的人，因此，不为公众服务而仅为

❶ WALTER WILLIAMS. Training for journalism as a profession. St. Louis，Missouri：School of Journalism University of Journalism 1908：3.

❷ RONALD T FARRAR. A creed for my profession：Walter Williams，journalist to the world. St. Louis，Missouri：University of Missouri Press，1998：202.

❸ BTEEY HOUCHIN WINFIELD. Journalism，1908 birth of a profession. St. Louis，Missouri：University of Missouri Press，2008：226.

❹ 同❷202.

私利驱使者，均为背信弃义之徒。

我相信，思想清晰，说理明白，正确而公允，是优良新闻业的基础。

我相信，新闻记者，只须写出心目中认为真实的事物。

我相信，对新闻压制均属错误，除非为国家社会幸福而设想者。

我相信，出言不逊者，不适宜从事于新闻之写作。受本身偏见所左右及他人偏见之笼络，都应该避免，绝不能因威逼利诱而逃避本身之责任。

我相信，广告、新闻与评论，均应为读者的最高利益服务。因此，一种有益的求真求实的观念高于一切，是唯一的标准。新闻业的良莠，视其对社会服务的多寡决定。

我相信，新闻业的最大成功者，也就是最应该获得成功者，必使上苍与人间有所敬畏。它独立不挠，傲慢权势，均不能使其动摇。重视建设性、宽容性，而不取粗率性。自制而忍耐，经常尊重读者，而始终无所恐惧。勇于打抱不平，但不为特权者的要求或群众的吵闹所惑。在法律、忠诚及互助的认识下，尽量给予人人平等的机会。深爱我们的国家，又诚心促进国际善意，加强世界友谊。这样的全人类新闻业，为今日世界所共有，亦为今日世界所共享。❶

威廉院长制定的《新闻记者信条》可分为三个层次：（1）职业态度，即第一条"我相信，新闻业是一种职业"。信条运用"profession"，特别强调了新闻职业的专业性；因为在英文世界中，它特指那些需要在文理科方面有一定的教育程度，具备一定理论水平的人才的职业。在新闻职业备受争议之时，威廉院长旗帜鲜明地表明新闻职业的崇高地位，是社会职业之一，以此唤起社会对新闻职业的尊重和新闻业者对新闻工作的热爱，从而强调新闻教育的极端重要性。（2）职业行为，包括第二至第七条，阐述了新闻工作对新闻记者的要求，如"社会服务""公众服务""正确公允""真实""自由""客观公正"等，指出"思想清晰，说理明白，正确而公允，是优良新闻业的基础"，认为"求真求实的观念高于一切，是唯一的标准。新闻业的良莠，视其对社会服务的多寡决定"。（3）职业理想和目标，即第八条。在"独立"和"责任"的基础上，"新闻业的最大成功者，也

---

❶ RONALD T FARRAR. A creed for my profession：Walter Williams，journalist to the world. St. Louis，Missouri：University of Missouri Press，1998：203. 译文参考李瞻《新闻学》，197 页，台北，三民书局，1969。

就是最应该获得成功者，必使上苍与人间有所敬畏。……深爱我们的国家，又诚心促进国际善意，加强世界友谊"。它从思想伦理的角度对新闻记者提出了具备高尚人格和自律意识的要求，如为公众服务的目的、正确公平的态度、求真求实的观念、超然独立的地位和廉洁不贪的作风等等，揭示出新闻职业的伦理和自律目标，成为充满着正义、善良和智慧的职业道德文献，奠定了西方新闻职业道德规范的基础，成为最早的成文新闻伦理文献❶。研究者认为："学者探讨新闻伦理，应以创立美国第一所新闻学院——密苏里大学新闻学院华特·威廉斯博士为始。……（《新闻记者信条》）对新闻伦理接橥了具体的指标。"❷

《新闻记者信条》首先出现在 1914 年出版的《密苏里新闻学院手册》（*The Deskbook of the School of Journalism*）中。这是一本由学院教职工为学生《密苏里人报》和教学工作编撰的手册。《新闻记者信条》发表后，立即受到学院师生的广泛认同。学院要求新闻学生背诵信条，该院中国留学生钱震曾说："凡在密苏里新闻学院读书的人，规定要能背诵信条全文。"❸ 此后，它被载入《密苏里新闻学院手册》各个版本，如 1915 年第 5 版、1919 年第 6 版、1920 年第 7 版、1932 年第 11 版、1946 年第 16 版等。《密苏里新闻学院校友录》（*Missouri Alumni in Journalism*）也不时刊载其内容，如 1923 年版、1925 年版、1928 年版和 1934 年版等。《密苏里校友杂志》（*The Missouri Alumni*）也经常登载该信条。

不久，《新闻记者信条》跨出校园，影响到社会，受到美国新闻界认可。《印第安那波利斯星报》认为，《新闻记者信条》为新闻工作者提出了一个崇高的奋斗目标。《纽约时报》刊文认为，它为新闻职业奋斗目标制定了标准，它对编辑、发行人、记者等产生了广泛影响，成为消除客观新闻报道主观因素的重要因素之一。❹ 1921 年 10 月，在檀香山召开的来自 50 多个国家的 2 300 余名代表参加的第二届世界报界大会上，《新闻记者信条》受到世界新闻界认同。美国《编辑和出版》编辑布朗先生（James Wright Brown）在演讲中说："一个国际伦理信条和

---

❶ BETTY HOUCHIN WINFIELD. Journalism，1908 birth of a profession. St. Louis，Missouri：University of Missouri Press，2008：87.

❷ 马骥伸. 新闻伦理. 台北：三民书局，1997：52.

❸ 钱震. 新闻新论. 台北：五南图书出版公司，2003：356.

❹ RONALD T FARRAR. A creed for my profession：Walter Williams，journalist to the world. St. Louis，Missouri：University of Missouri Press，1998：204.

实践标准将极大地支持新闻自由，它就是威廉主席的信条。"❶ 他随后向大会与会者宣读《新闻记者信条》全文，代表们热烈鼓掌通过。遍布全球的密苏里新闻学院的校友们将《新闻记者信条》翻译成各国文字，传播到世界各地。至 1928 年，《新闻记者信条》已在世界各地翻译成 40 多种语言，为世界新闻界推崇。❷ 此后，新闻界开始突破个人模式，全行业的职业道德规范逐渐出现，如 1923 年美国报纸编辑人协会的《新闻界信条》（Canons of Journalism）、1934 年美国记者公会制定的《记者道德律》等。随着时间的推移，《新闻记者信条》已经以 100 种以上的语言在世界各地流传。至今密苏里新闻学院网站自豪地写着：一百多年来，《新闻记者信条》，是关于全球新闻记者的职业原则、职业价值和职业标准的最清晰的论述。❸

二、《新闻记者信条》在民国新闻界的传播过程及其反响

关于《新闻记者信条》在民国新闻界的传播情况，任白涛认为："经威廉博士在 1921 年 12 月亲自带到中国，但它的最先的传布是国闻社从《字林西报》（North China Daily News）上转译的。"❹ 其实，早在 1921 年前，《新闻记者信条》已经在中国译出并经报纸公开发表。据笔者查阅民国报刊书籍发现，从 1919 年 2 月开始，《新闻记者信条》通过威廉院长、密苏里新闻学院在华校友、燕京大学新闻学系师生、其他新闻学者等人的演讲和报刊书籍的介绍，进行了口头和文字传播，据不完全统计达 44 次以上，分别是 1919 年 2 次，20 世纪 20 年代 19 次，20 世纪 30 年代 12 次，20 世纪 40 年代 11 次。根据传播者主体的变化，《新闻记者信条》在民国新闻界的传播过程及其反响大致可以分为以下四个阶段。

第一阶段，是密苏里新闻学院威廉院长来华亲自向民国新闻界传播《新闻记者信条》时期。1919 年 2 月 7 日，威廉院长抵达上海，开始了第二次访华之旅（1914 年 3 月底第一次访华），主要目的是邀请中国新闻界参加第二届世界报界大会。在沪期间，他拜访中国政要唐绍仪、参观申报馆等。11 日，他启程北上。12

---

❶　WALTER WILLIAM. The press congress of the world in Hawaii. Columbia, Mo.：E. W. Stephens Publishing Company，1923：248.

❷　WILLIAMS, SARA LOCKWOOD. Twenty years of education for journalism：a history of the school of journalism of the University of Missouri. Columbia, Missouri, U. S. A. 1929. Columbia, Mo.：The E. W. Stephens Publishing Company，1929：323，293.

❸　http：//journalism. missouri. edu/about/creed. html.

❹　任白涛. 综合新闻学. 上海：上海商务印书馆，1941：88 - 89.

日，上海《民国日报》发表新闻《威廉博士之名言：新闻家之信条》，刊登《新闻记者信条》全文：

> 我信新闻之职业。
>
> 我信公共新闻纸是一种公共信托物。关涉公共新闻纸之一切事物，皆公共所信托者。其责任最完全。凡新闻家若承受较轻于公共服役之役务，是为负此信托。
>
> 我信清白之思想，与清白之宣述，一切大公无私，为良好新闻主义之基础。
>
> 我信惟应写述心中所认为真实无妄者。
>
> 我信除因关系社会幸福外，苟钳制或隐匿新闻，其咎无可辩白。
>
> 我信凡人自视为君子人，所不欲出诸口者，即不应以新闻家之资格，而笔之于书，其以自己之钱袋行贿，与以他人之钱袋行贿，同一不正当。再凡受他人之训令或金钱而行辩护者，绝不能逃个人之责任。
>
> 我信广告、新闻及评论三者，应同一为读者谋最良好之利益，应同以有益公众之理明同达为唯一标准。盖凡良好新闻之最确试验，即视其对公众服务之程度如何？
>
> 我信凡新闻主义之得占优胜者，惧畏天而敬人。强毅不屈，不生意气之虚慢，不作权威之欹疾，论不虚夸，必有所成。宽容而不放纵，能克忍耐，时时尊重读者而不生畏葸，遇不公平事则愤慷立发，不惧于利，不慑于威，志在予人以机会，如为法律及公平价值及人类博爱之观念所许，则予人人以均等之机会。尤必当爱国心。且当诚恳鼓吹国家之亲善，奖进世界之提携，造成适合今世纪人类之新闻主义。❶

上海《民国日报》对《新闻记者信条》的报道，并没有说明其信息来源，仅注明"兹录博士所著新闻家之信条一则如下"。2月15日，天津《益世报》以《威廉博士离沪之谈话》为题，刊登《新闻记者信条》内容，但遗漏了最重要、最简短的第一条，且将第四、五两条合并，译文也没有《民国日报》通顺，却清晰地交代了信息来源——威廉院长"离沪之谈话"，"十二日沪函云：世界报界大会会长威廉博士已于昨晨启程至京，兹纪其谈话"❷。威廉院长的《新闻记者信

---

❶ 威廉博士之名言. 民国日报，1919-02-12.
❷ 威廉博士离沪之谈话. 益世报，1919-02-15.

条》谈话，虽引起南北新闻界的关注，但反响不大。直到 1921 年威廉院长第三次访华后，《新闻记者信条》在民国新闻界的反响逐渐扩大开来。

1921 年 10 月，第二届世界报界大会在檀香山召开，黄宪昭、董显光、钱伯涵、王伯衡、许建屏、王天木等六名中国新闻界代表出席大会，亲耳聆听并见证了大会通过威廉院长的《新闻记者信条》。大会闭幕后，威廉院长于 12 月 1 日抵达北京，开始第三次中国之行。他先后在北京大学、全国报界协会欢迎茶话会演讲。12 月 11 日，他南下上海访问，先后接受《密勒氏评论报》、上海总商会和美国大学俱乐部与太平洋会宴请，参观上海总商会商品陈列所、吴淞大中华与华丰两家纺织厂，在圣约翰大学和沪江大学发表新闻学演讲，访问《申报》和新闻报馆，并同上海新闻记者联欢会进行座谈。14 日，威廉院长乘船返美。12 月 21 日，上海《申报》和《民国日报》同题同文发表《威廉之新闻记者信条》一文。据国闻通信社报道说："日昨《字林西报》接到世界新闻记者大会会长威廉君寄来其所著之《新闻记者信条》八条。"❶ 但是，其刊登的《新闻记者信条》全文却延续了 1919 年 2 月天津《益世报》的错误，遗漏了最重要的第一条。从"日昨《字林西报》接到"推测，时间应为 12 月 20 日，经国闻通讯社翻译后，于 21 日在上海《申报》和《民国日报》同时见报；它是威廉院长离华后通过字林西报社赠送给上海日报公会的，因而立即引起中国各地新闻界的积极响应。12 月 23 日，《申报》报道说："威廉博士别后，并将最有价值之信条远道寄来，足征友善。"同日天津《益世报》发表《威廉博士所著之新闻信条》，不仅再次刊登了《新闻记者信条》后七条，而且说明来源，"万国报界大会会长威廉士前日来沪，上海日报公会设宴欢迎，今博士特制新闻记者信条一帧，分赠上海日报公会在会各记者，以志纪念"❷。12 月 27 日，上海《银行周刊》刊载《威廉博士论新闻记者之信条》。1922 年 1 月 1 日，《申报》协理汪英宾发表《1921 年来华之英美新闻家》一文时再次转载《威廉博士之新闻记者信条》。1923 年 2 月，申报馆为纪念建馆 50 周年出版大型书册《最近之五十年》，其中《世界名人来华之言论丛辑及余之感想》一文又一次转载《威廉博士之新闻记者信条》，但是，《新闻记者信条》译文比 1919 年版更不雅顺，而且还有一大遗憾，即明确说《新闻记者信条》八条，却只刊登了后七条，将最重要的第一条"我相信，新闻是一种职业"遗漏了。任

---

❶ 威廉之新闻记者信条. 申报，1921 - 12 - 21.
❷ 威廉博士所著之新闻信条. 益世报，1919 - 12 - 23.

白涛解释其原因，"也许是由于中国的新闻记者对于职业的忽视吧"❶。不过，《新闻记者信条》在华传播范围和影响逐渐扩大，仅上海日报公会成员就有多人领取了《新闻记者信条》，如：《新闻报》总经理汪汉溪、协理汪伯奇、总编辑李伯虞，《时报》馆主狄楚青、总编辑戈公振，《神州日报》总编辑余谷民、编辑吴瑞书，《时事新报》总编辑张东荪，《中华新报》经理吴应图、总编辑张季鸾，《民国日报》总经理邵仲辉、总编辑叶楚伧，《新申报》总经理席子佩、总编辑袁道冲，《国语日报》总经理王博谦，《商报》总经理汤节之、编辑沈仲华，《四民报》总经理林泽丰和史允之、总编辑喻血轮，《中国晚报》经理沈卓吾、编辑朱赓石等。除津沪两地外，内地的长沙《大公报》也曾刊登《新闻记者应守之信条》。

第二阶段，是以密苏里新闻学院校友为主的传播者向民国新闻界传播《新闻记者信条》时期。1908 年密苏里新闻学院成立后，中国人黄宪昭（1912）、董显光（1912）、李干（1922）、汪英宾（1923）、钱伯涵（1923）、陈钦仁（1924）、张继英（1924）、饶引之（1924）留学毕业于密苏里新闻学院。他们在该院接受威廉院长的《新闻记者信条》教育与熏陶，在课程考试中背诵过信条，使得他们回国后积极传播《新闻记者信条》，其中，表现最突出者是汪英宾。汪英宾早在1921 年就代表《申报》采访威廉院长并陪同他前往各处参观；在威廉院长离华后，曾传播《新闻记者信条》。1922 年夏，他赴密苏里新闻学院留学。1923 年毕业后，他前往哥伦比亚大学新闻学院继续留学，并于 1924 年 7 月毕业回国。回国后，他积极介绍美国新闻事业情况。是年 11 月 15 日晚，他应邀在环球中国学生会演讲《新闻——职业》，结束后，他拿出重新翻译的《新闻记者信条》分赠与会嘉宾。16 日晚，他又应邀参加戈公振主持的上海新闻记者联欢会三周年纪念会。他向与会者赠以"印刷于美丽之纸上"的《新闻记者信条》❷，完整刊出信条八条内容，译文"余"改为"予"。汪英宾的传播立即收到了响应。戈公振接到汪英宾重新翻译的《新闻记者信条》后，以《威廉博士之箴言》作为附录，收入其翻译的《新闻学撮要》。1925 年 1 月，新闻研究者伍超出版的《新闻学大纲》也刊登了《新闻记者信条》八条全文，但译文略有不同，如第一条译文"（一）吾信新闻事业是我之职业"❸。

---

❶ 任白涛. 综合新闻学. 上海：上海商务印书馆，1941：89.
❷ 记者联欢会明日开三周纪念会. 申报，1924-11-15.
❸ 伍超. 新闻学大纲. 上海：上海商务印书馆，1925：38.

是年 11 月 29 日，上海报学社成立，新闻界李昭实、汪英宾、潘公展、戈公振等 50 余人出席。会议最后汪英宾再次介绍《新闻记者信条》，倡议"共作格言"❶。1927 年 8 月，威廉院长第四次访问中国，受到热烈欢迎。原计划"假青年会集会所请博士演讲《报人信条》，兹因博士恐过于劳苦，乃取消"❷，但是仍然引起了新闻学者对《新闻记者信条》的关注。如 1927 年 12 月，报人鲍振青在《新闻学刊》第四期发表《威廉博士之略历与信条》。1928 年 8 月，威廉院长第五次访问中国时，《新闻记者信条》在民国新闻界逐渐深入人心。一些报人积极呼吁，学习《新闻记者信条》，将其作为新闻业者座右铭。是年 10 月，报人张静庐在其著作《中国的新闻纸》结论中写道："末了，我们借重世界著名新闻学家、美国密梭里大学新闻学部长、全美新闻主笔协会会长威廉博士的名论作为本篇的结论。我愿我中国从事新闻事业的同志们都铭诸座右，时时读之，时时加以努力，使中国的新闻纸得有'日日新又日新'的进步。"❸ 然后，刊登《新闻记者信条》八条全文。译文较之以前，更加白话化，文言"余""之"等字改为"我""的"，便于读者阅读。1930 年 6 月，复旦大学新闻系周年纪念日，汪英宾特意用《新闻记者信条》题词："我信明思明论正确与公平为优美报业之基础，复旦大学新闻系专刊出版，为书威廉博士报人信条一则以互勉。"❹

第三阶段，是以燕京大学新闻学系师生为主的传播者向民国新闻界传播《新闻记者信条》时期。1927 年燕大新闻学系暂时停办后，密苏里新闻学院积极响应校友聂士芬重建燕大新闻学系的号召，从 1928 年至 1934 年通过承认燕大学分、募集资金、交换研究生、互派师资、提供图书资料等五项措施，给予燕大新闻学系"学术和行政上的指导"，极大地支持和帮助了燕大新闻学系的崛起发展，燕大新闻学系由此成为民国新闻教育和学术研究的重镇。❺ 燕京大学新闻学系被密苏里大学新闻学院视为其"产品或副产品"（products and by-products），是该学院在中国新闻扩张的有机体。❻ 燕大新闻学系师生视《新闻记者信条》为"系

---

❶　上海报学社成立纪 . 申报，1925 - 11 - 30.

❷　威廉博士昨日到沪 . 申报，1927 - 08 - 22.

❸　张静庐 . 中国的新闻纸 . 上海：光华书局，1929：86.

❹　汪英宾 . 题词//复旦大学新闻学系纪念刊，1930：12.

❺　邓绍根 . 中美新闻教育交流的历史友谊：密苏里新闻学院支持燕大新闻学系建设的过程和措施探析 . 国际新闻界，2012（6）：57.

❻　WILLIAMS, SARA LOCKWOOD. Twenty years of education for journalism: a history of the school of journalism of the University of Missouri. Columbia, Missouri, U. S. A. 1929. Columbia, Mo.: The E. W. Stephens Publishing Company, 1929: 323, 293.

训"，不遗余力地传播推广它。1932年4月28日，燕京大学新闻学系第二届"新闻学讨论周"在贝公楼大礼堂开幕，黄宪昭在开幕式上阐述了"新闻学讨论周"的意义，并宣读了威廉博士的《报人信条》。6月，该系刊印《新闻学研究》，两次全文刊登汪英宾重译的《新闻记者信条》。密苏里新闻学院中国校友、燕大新闻学系主任黄宪昭对信条注解说："世界报界联合会会长米苏里报学院长威廉博士所撰《报人信条》，为汪英宾君重译，燕京大学新闻学系同人均持此信条为'圭臬'，本书印成，特至之于此。"全文如下：

吾信报业乃为职业。

吾信公众新闻，为公众信托，凡与有关系者——以尽量责任而言，皆为公众委任人。凡不受公众役务而受较轻役务者，皆羞负此稀信托。

吾信明思明论，正确与公平，为优美报业之基础。

吾信报人写作，当限于其心中持以为真者。

吾信遏止新闻而不为社会幸福设想者，难为辩护。

吾信报人之落笔，无君子之不当言者，屏去本人手册之贿赂，一如屏去他手册之贿赂，个人责任，不得因他人之指挥或酬劳而放弃。

吾信广告、新闻及评论栏，均须为读者谋极端福泽，全部分须真实纯洁，而唯一标准，以公众服务为优美报业之高等试验。

吾信报业成功最佳及最应成功者，畏天而敬人，独立不挠，舆论狂傲，权势之贪婪，无足动之。其为业也，为建设的，宽恕而不苟，自束忍耐，始终对于读者，敬而无畏心，对于不公不义，必愤怒不为权利引诱，不为民乱摇动，凡法律，忠实工资及人类互助方面所能为者，总期予人人以一机会——一相等之机会。既极爱本国，而又诚诚恳恳增世界美感，培养国际友谊，为人类之报业，属于今日世界，且为今日世界而设者也。❶

汪英宾重译的《新闻记者信条》达到了"信、达、雅"的翻译标准，受到民国新闻界普遍认可，并引起广泛的反响。此后新闻界多以汪英宾重译的《新闻记者信条》为准，不断被书刊转载。如1933年11月聂世琦出版的《新闻记者》称赞说："新闻记者的信条，最切实的、最完备的当推世界报界联合会会长、美国米苏里报学院院长威廉所定的《报人信条》。"❷ 1934年，《学风》杂志第8期刊

---

❶ 报人信条//新闻学研究. 燕京大学新闻学系刊印，1932：345-346.
❷ 聂世琦. 新闻记者. 上海：光华书局，1933：39.

登《新闻记者信条式范》。1935 年元旦，申时电讯社出版的《报学季刊》刊登《报人信条》全文。1935 年 7 月，威廉院长逝世，民国新闻界纷纷刊登《新闻记者信条》以之追悼。8 月 2 日，上海《申报》发表社评《悼惠廉博士》，追述威廉博士的生平事迹，对威廉博士的辞世表示深切的哀悼，其中一半的篇幅介绍了《新闻记者信条》内容，高度评价 "《记者信条》乃惠廉博士一生教学思想之结晶"❶。8 月，燕京大学新闻学系创刊《报人世界》，发表纪念文章《纪念华尔特威廉士博士》，文章最后刊登了《新闻记者信条》。1936 年 1 月，复旦大学新闻学会为纪念复旦大学 30 周年出版世界报纸展览纪念刊《报展》，刊登《威廉博士（Dr. Walter Williams）手订〈新闻记者信条〉》。同年 9 月 24 日，北京《世界日报》副刊《新闻学周刊》刊登了金燕的文章《新闻记者的信条》，梳理了欧美新闻伦理信条发展历史，其中发表了威廉《新闻记者信条》八条内容，并评价说："米苏里大学新闻学院院长威廉博士，曾经立有新闻记者的信条，该校新闻系学生，常将这些信条，奉为圭臬。"他也客观地认为："威廉博士的信条是在教职上，是在指导将来为记者的学生之地位上说的，不免是极抽象的。"❷ 1937 年 7 月，燕大新闻学系第六次新闻讨论会召开，《燕大友声》以《在〈报人信条〉下母校新闻学系召开第六次新闻讨论会》为题进行报道，印证《报人信条》作为该系 "系训" 说法。

　　第四阶段，是其他新闻学者积极向民国新闻界传播《新闻记者信条》时期。抗战爆发后，《新闻记者信条》在华传播有增无减，不断在新闻书报中出现。1939 年 3 月，新闻学者赵君豪在《中国近代之报业》书中写道："威廉氏两次游华。甚得国人之欢迎，其所著 '记者信条'（Journalist Creed），亦脍炙人口。"❸ 是年 9 月，储玉坤出版《现代新闻学概论》，将汪译《新闻记者信条》作为该书最后附录。1941 年 4 月 21 日，马星野在获悉重庆《大公报》荣获 "密苏里新闻荣誉奖章" 后，撰文《米苏里之荣誉奖》，再次叙述《新闻记者信条》全文，促进它在华传播。是年 5 月，《江西建国通讯社周年纪念特刊》再次刊登《新闻记者信条》。7 月，任白涛在《综合新闻学》第二章 "新闻事业道德" 中重新翻译了《新闻记者信条》，认为："这信条都译为《新闻记者信条》，我觉得还是译为

---

❶ 悼惠廉博士 . 申报，1935 - 08 - 02.
❷ 金燕 . 新闻记者的信条 . 世界日报副刊・新闻学周刊，1936 - 09 - 24.
❸ 赵君豪 . 中国近代之报业 . 上海：上海商务印书馆，1939：123.

《新闻业信条》较为妥当。"❶ 但译文并未达到"达雅"标准，流传不广。1943 年
3 月，管翼贤在《新闻学集成》第二篇"新闻记者篇"中专设第二章"新闻记者
信条"，两次刊登《新闻记者信条》。前次是重新翻译的，译法有所不同，强调
"我认为"，且在有些条文后加上注解，如第一条，"我对于新闻职业是具有信念
的"，注解为："成为新闻记者的职业，是绝对神圣而应该尊敬的职业，总之，是
认为应该把新闻职业当作光明磊落的男子底（的）愉快职业之意。"❷ 这易于读者
理解，但译文并不雅顺。他评价说："威廉氏因为担任教职，所处地位是指导那
可以成为记者的多数学生，所以他的信条，是有正确性的。"❸ 他认为汪英宾"译
笔甚为简明"，故将汪译《新闻记者信条》再次全文刊登。此后，《新闻记者信
条》陆续出现在一些新闻书报中，如 1943 年 10 月，《世界报业现状》刊有《世
界报学会新闻记者信条》；1944 年 1 月，《上海记者》又登载《新闻记者信条》；
1945 年 5 月，燕大新闻学系毕业生曹德谦、谢宝珠将全文翻译约斯特英文著作
《新闻学原理》（*The Principles of Journalism*）作为学士论文，其中包含有《新
闻记者信条》。抗战胜利后，储玉坤《现代新闻学概论》第二版于 1945 年 12 月
出版，仍附录刊出《新闻记者信条》。1947 年 5 月，韦恒章在《新闻学季刊》发
表《新闻道德之研究》一文，将《威廉士 Williams 所论之新闻记者信条（The
Journalism Creed）》置于首要地位。1948 年 4 月，《现代新闻学概论》出版增订
第三版，仍刊有《新闻记者信条》。

从 1919 年 2 月《新闻记者信条》开始在华传播的四个阶段看，民国新闻界
始终保持对它的积极反响，其传播者主体逐渐扩大。首先是《新闻记者信条》制
定者威廉院长充分发挥了权威传播者作用。他身兼世界第一所新闻学院院长和世
界报界大会会长之职，利用自己访华的机会，亲自在中国把《新闻记者信条》赠
送给中国新闻界，让中国报刊纷纷发表，宣传他的新闻道德思想。其次，威廉院
长的在华弟子们——密苏里新闻学院在华校友由被动接受到主动传播，发挥了重
要作用。尤其是汪英宾，重新翻译《新闻记者信条》，内容简洁明了，雅顺精当，
得到了民国新闻界的推崇，成为民国时期流传最广的翻译版本。再次，传播者主
体进一步扩大到密苏里新闻学院在华校友所主办的机构，如密苏里新闻学院的产
品——燕京大学新闻学系。其师生将《新闻记者信条》作为"系训"，成为在华

---

❶ 任白涛 . 综合新闻学 . 上海：上海商务印书馆，1941：90.
❷ 管翼贤 . 新闻记者篇//新闻学集成：第 2 辑 . 中华新闻学院，1943：39.
❸ 同❷40.

传播的积极推动者。最后是其他新闻学者。他们虽与密苏里新闻学院没有什么关系，但也积极响应并传播《新闻记者信条》。四个阶段的传播者虽然不能严格地区分开来（尤其是第二、第三阶段），但是其传播者主体的变化，不仅体现出其与密苏里新闻学院的密切关系，而且大致反映出《新闻记者信条》在华传播的扩展及其反响升级的基本情况。

三、《新闻记者信条》对中国新闻职业道德建设的影响

《新闻记者信条》在民国新闻界的积极传播并引发热烈响应，有着深刻的国内因素。《新闻记者信条》在华传播于五四时期，中国新闻职业化思潮运动刚刚起步，而作为宣传"新闻是一种职业"理念的《新闻记者信条》正好迎合了中国新闻职业道德建设的需求。当时中国的新闻业虽然逐步由政论本位向新闻本位转型，但新闻界中存在着严重的腐化堕落现象。报格低下，低俗之风盛行；报人不顾人格，卖身投靠；报馆因陋就简，根本不成体统。提高新闻职业道德，进行新闻教育，将新闻业引向职业化方向成为情势所需。当时徐宝璜、邵飘萍等新闻学者积极开展新闻学研究，成立北大新闻学研究会，培养新闻记者，力求推动中国新闻职业化发展。有研究者认为，五四时期新闻学研究的另一个"破天荒"意义是："第一次触及和研究中国报刊的职业化问题，并形成了中国新闻思想史上第一个关于新闻职业化的思潮。"❶ 徐宝璜在《新闻学》第六章第十三节"访员应守之金科玉律"和第十四节"访员之资格"专门讨论新闻记者职业道德规范问题，提出新闻记者应具备敏捷、勤勉、正确、知人性、有健全之记忆力、有至广或至深之知识等品格素质。❷ 邵飘萍在《实际应用新闻学》中主张新闻记者应"品性为第一要素"，"人格、操守、侠义、勇敢、诚实、勤勉、忍耐及种种新闻记者应守之道德"❸。重视人格品性成为中国新闻学者对新闻职业道德的共同追求。而《新闻记者信条》从职业道德的高度要求新闻记者具备高尚人格、公众服务目的、正确公平态度、求真求实观念、超然独立地位以及廉洁不贪作风等，与中国报人提升自身的职业地位以及增强记者的荣誉地位的需求和主张有着共同的精神追求。因此，《新闻记者信条》在华传播后，产生了积极热烈的反响，对中国新闻职业道德建设产生了深远影响。

❶ 黄旦.五四前后新闻思想的再认识.浙江大学学报（人文社会科学版），2000（4）：5-13.
❷ 徐宝璜新闻学论集.北京：北京大学出版社，2008：76.
❸ 邵飘萍新闻学论集.北京：北京大学出版社，2008：18.

《新闻记者信条》对中国新闻职业道德建设的影响表现在思想、制度和实践三个层面：其一，思想理论上，《新闻记者信条》成为中国新闻界进行新闻职业道德立论著说的理论依据。新闻界人士纷纷征引《新闻记者信条》，呼吁树立新闻职业意识。1921年12月23日，上海《民国日报》发表时评《威廉底新闻记者信条》说："威廉底《新闻记者信条》中，第一条便说'新闻纸是一种公共信托业'，我要问中国新闻纸，是否自负受中国人公共的信托；中国人公共信托的事业，是否鼓吹革新政治。……中国新闻纸在良心上，究竟能否不负信托？我是代一般新闻纸抱歉，愿中国新闻纸得威廉氏信条以后，视为一种教训，力图对得住公共才好。"❶ 1924年11月15日，汪英宾发表演讲《新闻——职业》，深刻阐述《新闻记者信条》内含的职业道德，认为：新闻职业范围广泛，"包括编辑、采访、印刷、发行等等。此项事业，系一种职业，办事人之所获者不多，绝非如营业，以金钱为目的；而其职务则甚重大，对于政治担任指导。……吾国新闻事业，尚未达到职业时代"❷。他在《中国报业应有之觉悟》一文中认为，改良报业办法首先就是报人应具有"报业为职业"觉悟，反复强调新闻职业"并非手技，亦非营业，乃一职业，新闻解释者之职业也"，"其关于国家社会逐生种种责任"❸。吴贯因在《新闻职业化与科学化》一文中指出："新闻之成为一种职业，乃属近世之产物。新闻之成为一种科学，更属于近世之产物。"他提出了"职业与科学，合为一体"的主张。❹ 刘豁轩在《报纸的去向》一文借用《新闻记者信条》论述了报纸是"公共组织或公用事业"的观点，"报人而兼最早新闻教育的创始者瓦尔特·威廉士所订《报人信条》，开宗明义就说'我信报纸是公众信托'"❺。程仲文在《新闻评论学》中借用《新闻记者信条》论述克服新闻主观倾向弊端的补救之道，"用新闻记者的职业精神来限制主观的偏见。米苏里新闻学院院长威廉博士所订《新闻记者信条》，第一条即说：吾信报业乃职业。因为报业是职业，所以报业有自己独立的地位，自主的目标"❻。《新闻记者信条》在华的传播及其响应过程，不仅使该信条成为中国新闻界新闻职业道德立论著说的理论依据，而且促使中国新闻界坚定地树起新闻职业化观念。

---

❶ 威廉底新闻记者信条.民国日报，1921-12-23.
❷ 汪英宾君昨晚在寰球学生会演讲.申报，1924-11-16.
❸ 汪英宾.中国报业应有之觉悟//新闻学论文集.上海：光华书局，1930：32-33.
❹ 吴贯因.新闻职业化与科学化.上海：联合书店，1930：97-98.
❺ 刘豁轩.报纸的去向.新北辰，1937（2）：114.
❻ 程仲文.新闻评论学.台北：力生文化出版公司，1947：7.

其二，制度建设上，《新闻记者信条》在华传播过程中逐渐成为中国新闻职业标准的参考规范。1925 年，伍超在其著作《新闻学大纲》论述"访事员"时提出："今更申其义，将威廉氏所论之新闻记者之信条录于后，以供为记者之规范焉。"❶ 1932 年，郭德浩在《新闻事业者所负之使命》一文中直接呼吁将《新闻记者信条》作为中国新闻业者的参考，"新闻事业者应当有个努力的目标，工作的信条，免不致使社会的改革茫无头绪。美国密苏里报学院长威廉博士曾拟过一个新闻事业者信条，我们不妨来做个参考"❷。在总结新闻工作者使命时，他直接引用《新闻记者信条》语句："新闻事业者的使命主要是记载社会，批判社会，改造社会。再进一步更为增进世界美感，培养国际友谊，为人类之报业，然而他取的手段及其工作的方法之标准，永远不能离开真、善、美。"❸ 1934 年，徐景贤在文章《新闻学常识讲话》中将《新闻记者信条》作为示范："现在介绍曾任世界报界大会总会长，并可以说是'报学权威'威廉博士所撰新闻记者的信条，以示模范"❹。1941 年，任白涛在《综合新闻学》中认为："威廉博士的信条，也是同前举各种规律一样，……就大体上说，是可以当作一种标准的。"❺ 1945 年 3 月 30 日，国民党党史会总纂办秘书林一厂在日记中写道："世界报学会威廉博士所订之《报人信条》……为报界之金科玉律。"❻

其三，行为实践上，在《新闻记者信条》影响下，中国新闻界开始尝试制定中国新闻职业道德规范。抗战爆发后，战时新闻事业需要新闻业者组织起来。1937 年 11 月 8 日，"中国青年新闻记者协会"宣告成立，1938 年 3 月 15 日改名为"中国青年新闻记者学会"，出版《新闻记者》杂志，制定了《中国青年记者学会会员信条》，"努力自我修养，健全本身人格，巩固共同意志，促进新闻事业，维护大众利益，发扬民族精神"❼。信条内容虽然简单，但号召新闻记者从自身修养和人格出发团结抗战，掷地有声。此后，新闻界积极呼吁制定一个全行业的新闻记者信条。1939 年 11 月，俞颂华在《新闻学季刊》发表《论报业道德》一文指出："道德的伦理的信条之所以重要，也就在它有激发报业人员共同自动

❶ 伍超 . 新闻学大纲 . 上海：上海商务印书馆，1925：38.
❷ 郭德浩 . 新闻事业者所负之使命//新闻学研究 . 燕京大学新闻学系刊印，1932：240.
❸ 同❷228.
❹ 徐景贤 . 新闻学常识讲话 . 学风，1934（8）：18.
❺ 任白涛 . 综合新闻学 . 上海：上海商务印书馆，1941：90.
❻ 林一厂 . 林一厂日记：下 . 北京：中华书局，2012：547.
❼ 中国青年记者学会会员信条 . 新闻记者，1938（2）：6.

努力的作用。……中国之报业团体与各报社如能参酌国情与中国之道德精神，制定完备的道德信条，共同守信，以造成内部更加健全而良好之服务精神与习惯，为社会一般，立一模楷，为自己本业，奠一伦理的基础，则岂独报业之幸，抑亦社会国家之福。"❶ 1942 年 9 月 1 日，中国新闻学会举行年会，会议提案之一就是拟订新闻记者信条。密苏里新闻学院校友、中央政治学校新闻学系主任马星野受中国新闻学会委托起草《中国新闻记者信条》12 条。从其每条开头的"吾人深信"的形式和内容看，此 12 条是参考威廉院长的《新闻记者信条》并根据中国新闻界的传统与实际情况而制定的。该信条前三条强调宣传贯彻国民党"三民主义"，其余九条总结了中国资产阶级办报的经验。《中国新闻记者信条》倡导加强新闻职业道德的建设，但由于战争环境，只能在大后方国民党管辖的部分地区新闻界实行；它被认为是我国最早的较为明确和规范的新闻职业道德自律文件，是"我国近代新闻史上第一个也是唯一的全国性新闻职业道德准则"❷。

　　由于与民国新闻界有着思想道德上的共同追求，《新闻记者信条》在中国长期的传播产生了广泛影响，不仅成为中国新闻学者构建中国新闻职业道德的理论依据，而且是中国新闻工作者新闻职业道德行为的参考规范，更成为中国新闻界制定新闻职业道德信条的蓝本。《新闻记者信条》蕴含的新闻职业道德理念在民国新闻界生根发芽，开花结果，衍生出《中国新闻记者信条》。但是，也不用讳言，《新闻记者信条》在华传播过程中遇到了一些困难，如战争频仍，时局动荡，中国新闻职业化程度低，新闻教育刚刚起步，再加之该信条自身的一些局限性（它并非从新闻业界经验出发，而是基于新闻教育培养未来记者的立场）等，所有这些都约束并限制了它对中国新闻界新闻职业道德建设作用的发挥。

四、《新闻记者信条》在当代中国的传播和现实意义

　　1949 年，国民党政权退守台湾后，台湾新闻界不仅正式通过了受美国《新闻记者信条》影响的《中国新闻记者信条》，而且被台北市报业新闻评议会、编辑人协会、杂志事业协会等新闻团体采用为新闻职业道德规范。20 世纪 60 年代，随着台湾新闻职业道德建设的理论探讨，威廉院长的《新闻记者信条》重新焕发出生机，不断被新闻著述引证或作为附录出现。如 1966 年，台湾政治大学新闻

---

❶ 俞颂华. 论报业道德. 新闻学季刊，1939（11）：2.

❷ 郎劲松，初广志. 传媒伦理学导论. 杭州：浙江大学出版社，2007：122.

学系李瞻编撰《世界新闻史》，将《新闻记者信条》改名为《报人守则》纳入附录。此后，如《新闻学》（1969）、《新闻道德》（1969）、《新闻自由与自律》（1974）、《小型报刊实务》（1975）、《新闻编辑学》、《采访写作》（1982）、《新闻学境界》（1982）、《新闻写作》（1993）等著作将其收入或使用其作为新闻职业道德建设的参考性规范。

新中国成立后，中国人民大学新闻系为批判资产阶级新闻学，于 1960 年重新翻译约斯特《新闻学原理》，作为内部材料出版。该书第十四章"新闻伦理"以《报人信条》为名全文翻译了《新闻记者信条》，但从翻译的语句中并没有体现出批判意味，如"非常精辟的个人的表示"，"大多数负指导并在实践中注意伦理行为的报人，都会自觉地承认上述的这些原则，并且努力去应用它们"❶。改革开放后，中国新闻界开始新闻职业道德建设。威廉院长的《新闻记者信条》作为西方新闻职业道德规范词条收入新闻工具书，如《新闻学简明词典》（1984）、《图书、报纸、期刊、编印发业务辞典》（1990）、《新闻学大辞典》（1993）、《新闻侵权法律辞典》（1994）、《中国新闻实用大辞典》（1996）等。新世纪后，随着新闻职业道德建设和理论探索的深入，《新闻记者信条》成为新闻伦理研究者参考西方新闻道德规范的典范，其名（《新闻记者信条》，或《报人信条》《记者守则》）或内容在各种新闻传播学著作中频频出现，如《新闻伦理学简明教程》（2001）、《新闻传媒——制衡美国的第四权力》（2002）、《当代新闻学原理》（2003）、《新闻哲学》（2004）、《新闻理论教程》（2005）、《新闻法规与职业道德教程》（2006）、《新闻伦理与规制》（2008）、《新闻职业精神论纲》（2009）、《新闻采访写作》（2012）、《新闻法规与职业道德教程》（2013）等。2008 年 3 月 14 日，西藏拉萨发生打砸抢烧事件后，CNN、BBC 等西方媒体肆意对拉萨事件、奥运火炬传递进行歪曲报道，恶毒攻击中国人民。《新闻记者信条》被学者临时作为中国新闻界以其人之矛攻其人之盾的道德批判武器。4 月 20 日，中国高等教育学会新闻学与传播学专业委员会发表中英文公开信，指出："在中国新闻教育的课堂上，我们会让我们的学生阅读一百年前美国密苏里新闻学院的创办者沃尔特·威廉姆斯撰写的《新闻记者的信条》这种充满着正义、善良和智慧的职业道德文献。我们也建议今天 CNN 和 BBC 的从业者们重温一下这个历史文献，领悟其中的精神，理解其中的原则，进而面对神圣的新闻职业道德，反省你们今天在

---

❶ 中国人民大学新闻系．批判资产阶级新闻学资料：新闻学原理．1960 年编印本：119.

专业领域的所作所为。"❶ 中国各大媒体和网站纷纷刊登该公开信，建议西方媒体重温《新闻记者信条》。新闻学术刊物也曾发表论文《对照〈新闻记者信条〉看西方媒体对新闻专业理念的背叛》(《新闻与写作》2008 年第 8 期) 对西方媒体进行严厉批判。2011 年以来，随着全国新闻战线"走基层、转作风、改文风"活动的开展，《新闻记者信条》又成为树立新闻记者职业信念的精神食粮。高钢教授在《中国新闻界履行社会责任的实践宣言——"走基层、转作风、改文风"活动的意义思考》中写道："世界上第一所新闻学院密苏里新闻学院的创始人沃尔特·威廉姆斯（Walter Williams）在他撰写的《新闻记者的信条》(Journalist's Creed) 中开篇直言：'我相信：新闻是一种专门职业。'新闻工作是一种伴随着理想信念、责任意识和专业技能的职业工作。"❷ 回望百年，密苏里新闻学院威廉院长制定的《新闻记者信条》作为西方新闻职业道德的经典规范，对目前中国新闻界仍有一定的现实意义。

---

❶ 中国高等教育学会新闻学与传播学专业委员会公开信. 国际新闻界，2008（4）：扉页.

❷ 高钢. 中国新闻界履行社会责任的实践宣言——"走基层、转作风、改文风"活动的意义思考. 光明日报，2011－09－26.

在服从宣传需要与尊重新闻规律之间[*]
——中国当代记者心态史研究

王润泽

新中国成立后，中国新闻事业的实践一直受"服从宣传工作需要"和"尊重新闻传播规律"两股力量作用。❶ 改革开放后，随着市场经济观念的影响，西方新闻专业主义和新闻价值多元化倾向慢慢在业界普及，贬低宣传的观念普遍存在于新闻工作者的头脑中，虽然他们在所有公开场合的表态和发言中并没有表现出这样的思想，但在具体新闻理论讨论和发表中，常常表现出对宣传理念和专业职守的二元对立，甚至有研究指出，中国新闻工作者中已经分裂出几种不同追求的记者。❷

其实从新闻工作实践看，"宣传"应该是中国社会主义新闻事业的目的和宗旨，而"尊重新闻传播规律"是社会主义新闻事业获得成功的路径和方法，两者之间从理论上是有协调和统一的空间的，只是这种协调和统一一般在实践中体会的机会比较少，因此学界对这种实践上的讨论显得乏善可陈。

但中国当代主流新闻记者❸，即那些受到政府褒奖又得到社会业界认可的群体，他们是如何实践的？他们对新闻专业理念和宣传理念是如何感受和协调的？要回答这些问题，必须通过深入到位的访谈，获得他们最真实的想法。我们摒弃了问卷调查和有方向目的性的访谈方式，因为问卷调查并不能解决我们的问题，而有目的性的访谈会让被采访者很容易按照行业思维的惯性滑到既有的答案中，

---

* 原载于《国际新闻界》，2017（4）：117-136。

❶ 遵循新闻工作的规律进行报道，是目前比较中国式的表述，它类似于西方的"新闻专业主义"，但明显理论的基础和目的是不一样的，西方专业主义有一系列行业理念和行为准则，使新闻成为一种独立的专业；而尊重新闻传播规律则仅仅是一种职业或专业的行为准则。但为了表述方便，我们下文用专业理念来代替"遵循新闻工作规律进行报道"来论述。

❷ 陆晔、潘忠党在《成名的想象》一文中，对此有过论述。

❸ 本文并不打算界定主流新闻记者的确切概念内涵，但在研究对象的选择上有以下标准：一般发表过获得社会认可的新闻作品，无论是获奖还是得到社会好评都在其列；真正热爱这个行业，利用新闻报道追求金钱和地位的记者不在此类。

而这个答案受政治或流行观念影响隐秘而深远，不易控制还不易发觉，所以我们选择让记者们主要谈自己的工作经历和经验教训，在总结经验教训的放松状态下，全面表达自己关于专业理念的最深刻的潜在的意识和想法，通过这些文字，我们来捕捉那些来自新闻实践中的思考。

当然，我们深刻知道人思想的复杂多变和难以琢磨，受各种因素和情境影响很大，不可能被完全准确捕捉，但和问卷调查、有目的的深度访谈，或者社会学以及人类学的田野观察、浸入式观察一样，所有的研究结论都有采访者本人和受访者本人的主观倾向因素，因此，我们不会期待这种观察毕其功于一役式地得出"正确"结论，只是想通过这种观察方式接触现有研究难以触摸的层面，看到关于这个问题的不一样的侧面，补充当下已经比较丰富的研究成果。

本次研究共深度访谈 20 余名记者，访谈时间从 3 小时到 30 小时不等。选择的记者是获得过各种奖励和好评的优秀记者，也就是本研究所认定的"主流记者"群体部分代表（名单见文后附表）。

一、新闻还是宣传：实践中的分野与消弭

新闻学术界，尤其是理论界，愿意用专业新闻主义和宣传新闻主义来解释这两种张力。不过除特殊年代用宣传完全代替新闻外，中国新闻工作者比较认可用尊重新闻规律的做法，达到宣传的目的，当代记者在平常实践中还是会尽量将二者协调统一起来。实际上改革开放以来宣传工作中的优秀成果恰恰是那些遵循新闻规律进行生产的作品，一般也是获得政府和体制认可的优秀作品；而那些被体制遴选出来的各种优秀记者们，一般都有将宣传工作的成效和遵循新闻规律进行协调一致的能力。背离了新闻专业路径的所谓宣传文字，最后都进了历史垃圾堆。

在口述历史的访问中，我们发现从老一代新闻工作者（新中国成立前就参加革命工作的）到新一代新闻工作者（新中国成立后开始参加新闻工作的）甚至新世纪新闻工作者（改革开放后参加新闻工作的），能普遍感受到这种张力，但不同时期，随着个体经历不同，他们对这个问题表现出不同的关注点、有不同的话语表达。

老一代的新闻记者，尤其是亲身经历过各种政治运动的，在当时也发表过各种宣传文章，对宣传会表现出反思和反感。访谈中，明确表达过这种反思的是王

强华老师❶，他在回忆"大炼钢铁"和"大跃进"时说，"我们在基层采访也确实是跟着跑，但当时听党的话，做驯服工具，很多农业高产的新闻就这么出来了。刘少奇曾有一句话，大跃进啦，共产风啦，出了问题新闻单位要负一半责任。当时就是凭着热情去采访，新闻单位头脑发昏，我作为记者也跟着发昏"。"宣传和新闻是有本质区别的，前者是鼓风机，煽风点火，是'吹'，总是要达到个什么目的，而新闻则是事实，是真相，这就是新闻和宣传的不同。以前人们往往把新闻和宣传等同起来，所以新闻改革首先是新闻理念要改革"。"新闻有几个功能，有一个宣传功能。如果宣传跟新闻分不清了，就像我的书里写的，舆论监督就搞不起来了。因为宣传就是宣传好的东西嘛，坏的东西被认为不是新闻，不能宣传。事实上，坏的东西生活里是存在的。"王强华们使用的宣传，其概念的内涵是"虚假报道"，比较贴合西方部分学者对"宣传"的界定。

不过大多数新闻工作者在谈到自己工作时，还是很自然地使用了"宣传"这个概念，从语境上看，大部分"宣传"都是在讲新闻产生的效果和目的，比如"用自己的知识宣传革命"的于友，"为革命、干宣传"的钟沛璋，把"真理标准"宣传出来的王强华，用典型报道进行农村政策宣传的陈大斌，以及为"宣传科学和普及知识"创办各种电视智力竞赛的寿沅君等等。这个"宣传"的概念已经离开了"虚假报道"的内涵核心，而仅仅是从传播效果的角度讲的，即为了某种目的而进行的传播，传播的内容必须是真实、公正的。

中国记者常常使用的概念"新闻宣传"表面上看是联合词组，实际上是重视宣传效果的偏正词组。因为每一种新闻的选择和报道，背后都有某种价值观潜在或显在的传递。而热爱这个工作的记者，会从工作中找到职业价值，实现个人价值，实践中两种价值的统一可以弥合两种张力带来的认知不协调和反感情绪。也就是说虽然大家感受到这种张力，但没有太受到这种张力的影响。

二、从家国情怀到社会责任：中国记者职业价值与个人价值统一的内驱力

新闻工作是一门职业，新闻工作者中的记者只是从业人员。记者从事职业安身立命的同时，会对职业价值进行反思，对生产产品进行价值评判，并获得从职业实践而来的成就感。但如果这种成就感仅仅止于职业或专业层面，那职业的实践和作为人的价值实现就无法获得统一协调，职业的提升和延续会缺乏必要的动

---

❶ 本文中所有出现的访问对象生平请详见附表。

力。但如果职业的实践和个人价值实现之间获得过协调统一，即通过新闻职业的实践能与个人价值的实现密切联系起来，其个人在精神领域的获得超过了一个普通职业——完成物质层面的生产，获得收入和荣誉——的范畴，从职业实践中构建或重塑了个人的人生观和价值观，即个体通过职业实践获得的感悟和思考超越了职业所赋予的专业层面意义，而进入具有哲学意义的个人价值层面，哪怕只有短暂的一时，也会成为这个记者未来职业生涯源源不断的内驱力。当然不是所有记者都会达到这样的境界。

这种内驱力有别于马斯洛的人的五种需求理论。❶ 该理论的出发点是将人作为独立而完整的个体来思考和衡量其价值实践和实现的程度，完全是出于个人的立场。而作为记者，其职业生涯和评判被设定在标准相对固定的价值判断框架之中，价值观的确立不是以独立个体作为出发点和归宿的，而是以认可所谓组织机构性的制度规定和价值标准为前提的，这样就必然形成某种作为组织机构和独立个人之间的张力。

这不仅是中国记者面对的，也是每个不同国家制度和价值观之下的记者所面临的共同问题：美国新闻界的出发点是维护民主制度，也有多重多种政治正确的限制；中国新闻界的出发点在维系"人民"和"党"之间的联系，起到各个阶层之间的桥梁和纽带作用。作为国家意识形态和上层建筑，新闻界在每个历史时空中所担负的责任是大同小异的——维护目前所在社会和文化价值的稳定。因此作为记者这种职业，必然要面对一种个人价值和职业价值之间的张力。只有消弭了这种张力的记者个体，才能获得职业实践与个人价值之间的统一感，接近马克思所说的"人的解放"的层次。而从人的解放层次和境界看去，记者面对所谓的服从宣传需要和尊重新闻规律就是技术层面的事情了。

（一）老一代记者的家国情怀

在中国，是否有这样的记者存在呢？如何能达到这样的境界呢？仔细研究这些记者的口述实录，我们发现存在这样的记者，他们的职业价值追求既有专业普遍性——真实、全面地搜集信息，及时准确地报道，更有作为共产党新闻工作者的特性内涵——准确及时地宣传党的方针政策，做党和人民之间的桥梁。虽然从表面上看，这种职业价值的确立似乎和学习引进苏联党报思想有必然联系，但不

---

❶ 马斯洛需求层次理论是行为科学的理论之一，它将人类需求像阶梯一样从低到高按层次分为五种，分别是：生理需求、安全需求、社交需求、尊重需求和自我实现需求。

能否定中国传统新闻工作者在继承中国传统知识分子家国情怀观念和社会责任方面的传统渊源，这既是一种文化，也是一种思想。不论是中国最早一批报人，如王韬、陈霭廷、梁启超、谭嗣同等所认为的报纸在"通上下""通内外""通风气"等方面的作用，还是在数次办报高潮过去之后，梁启超所提出的报纸应该对社会有所裨益，"监督政府""向导国民"。以"沟通"为最终目的的媒体，构建出我国新闻业的底色。不论是宣传也好、鼓吹也罢，能有效地沟通、如何有效地沟通是中国新闻人在实践中的原动力。

但每个时代的新闻工作者达到这种境界的路径并不相同。老一代群体（20世纪 30 年代之前出生的那批人），以于友、何燕凌、钟沛璋、郭梅尼等著名记者为代表，他们有着共同的经历和事业追求，虽然人生经历不尽相同，但对社会和国家民族的情怀是显见和热烈的。他们有的从一线记者做到管理层，有的成为中国新闻事业的高层领导，思考得比较深刻。尤其是经历过新民主主义革命的党媒记者，存在着把个人和党组织、国家、民族紧密联系在一起的家国情怀。他们把对社会主义民主宪政的追求和对新闻事业的坚守紧密结合在一起，职业价值与个人价值的统一性更高。他们的人生是从执着追求和追随中国共产党开始的，因此在信念上有着当代记者所没有的坚定和无畏，在一些关于新闻与国家、新闻监督、新闻与政权等方面的思考深度上，从以党的利益为核心转到以国家利益为中心。

钟沛璋，1939 年加入中国共产党，1946 年在上海创办中共领导下的第一个公开的中联广播电台，还编辑出版了《学生报》《青年知识》等杂志。新中国成立后，负责创办上海《青年报》并任总编辑；后任《中国青年报》副总编辑、中共中央宣传部新闻局局长等职。他自己总结道："我奋斗了一辈子，没有遗憾，我尽了自己最大的努力。中国向何处去？中华要怎么振兴？现在要重新审视中国想要建成什么样的共和国。新中国到底怎么走，振兴中华的路要怎么走，这个我下一步要好好读书研究。"

（二）新一代记者的社会责任

新一代记者更多表达的是社会责任。一方面他们没有经历过革命战争，没有经历过战争年代新闻事业成为战争动员重要力量的实践，缺少将党的新闻事业和党的未来、国家民族的未来结合在一起的情怀。他们对新闻工作的价值追求更多体现在新闻对社会当下的影响上；在和平年代尤其倡导经济建设的时期，少了政治和意识形态的底色，体现了对新闻工作本身的回归。

洪民生，曾任中央电视台副台长，参与开创了一批中国电视名牌栏目，如《新闻联播》《春节联欢晚会》等。他最终创建电视大学，虽然这离新闻工作比较远，但却成为他自己最欣慰和自豪的成就，因为这正是用新闻媒体改造了社会。他自己回忆道："我办的最感到欣慰的节目不是'春晚'，而是'文化大革命'结束后的电视教育节目，后来改名为电视大学。这是我个人历史中最重要的一个部分……这是我一生当中最感欣慰的事情，因为电教节目可以说挽救了当时的教育。""根据社会最需要的科目，我们开了三门课，分别是数学、电子和英语。当时只有北京能收看到节目，很多都是工厂组织集中收看。我到下面去看播出效果，那场面很壮观，偌大的教室里面放了九台电视机，工人们一个一个坐着做笔记，有的工人还拿着望远镜在看……记得当时电教节目出版教材，王府井新华书店门前排起了购买的长队，人群居然从西单排到东单菜市场，一条街都是买材料的人。当时人们的学习热情空前高涨，很多人都学英语。"

同样是央视的寿沅君老师，也是念念不忘参与创办的对社会进步起点滴作用的各种节目，从知识竞赛类节目到关注青少年进步成长的《十二演播室》、积极鼓励妇女自尊自强的《半边天》栏目等，可以看出新一代新闻工作者利用媒体对社会产生正面影响和积极作用的追求，富含中国传统新闻传播的"教化"情结。

央视第一代著名主持人沈力老师提得最多的就是做新闻工作者必须要有社会责任感和责任心，"我觉得首先要把观众放在心里，你在给观众介绍这个新闻稿件或者这个节目主题的时候，你还要有极高的神圣责任感，不能在这儿出错，我们是对观众负责任的。要想为观众朋友们做好服务，就得把心态摆好"……"我们还要有一颗责任心，我不是为我个人在做，我是要把节目做好，我是要对得起观众，对得起自己的良心，要去努力做好，把它当成一个事业来做。"

（三）新闻工作者的个人价值

上文我们提到，个体通过职业实践获得的感悟和思考超越了职业所赋予的专业层面意义，而进入具有哲学意义的个人价值层面，哪怕只有短暂的一时，也会成为这个记者未来职业生涯源源不断的内驱力。在访谈中，我们普遍感到这些记者对自己的职业生涯是认可和评价积极的。虽然不是所有的记者都谈到这个职业带给他们的人生价值观的提升，但当我们聊得比较深入的时候，就有记者会非常动情地谈到这些问题。

写过《生命的支柱——张海迪之歌》的郭梅尼、采访过袁隆平的曲志红，以及对王顺友进行采访的张严平记者，在访谈中特意谈到了她们从新闻工作中获得的对个人价值观的重塑和提升。郭梅尼 18 岁走上记者之路，当了 50 多年的记者，一辈子都在从事新闻记者的工作，她说："记者工作是我的人生追求。……主要是两个动力：我的采访对象和我的读者。我的采访对象，是他们的故事感动了我，鞭策着我。因为他们的事迹好，我才能写出好的稿子。我的读者给了我非常大的教育，读者热爱你的作品，然后才热爱你这个记者。……我不图万贯家财，也不求高官厚禄，只想积累思想，积累生活，积累知识，做一个富有的记者，去歌颂我们时代的新人，这就是我今生的追求。"

采访王顺友的张严平记者也特别感动地说过："我采访过很多人物，但王顺友对我来说是最特别的一个。他在我心里，永生难忘。……他说，他特别感谢我，说我最懂他的心。……其实我更应该感谢他。他给了我太多太多东西，不光给了一篇稿子，还给了我内心很多感动，教会我怎样进行生命与生命之间的交流，丰富了我作为人的情感。如果没有遇见王顺友，没有走他的邮路，没有这样一次采访，也许到现在为止，我的内心都会有一段是空白的，甚至我到现在都不知道是空白。遇到他就是一种洗礼，一种生命的升华。这种升华不是那种空洞的什么主义，它是一种卑微的、渺小的生命的升华。他是被人们遗忘在一个角落里的生命。但他活成了后来的样子，活出了他的高尚，活出了他的灿烂，活出了他的忠诚，这就是一种升华……"

其实我们在访问中明显感到做人物专访的记者普遍能从新闻工作中获得职业价值和人生价值的良性互动，正能量比较多。但做调查性报道的记者则不一样，常年从事调查性报道，内心压力比较大。这涉及我国记者在进行批评报道和舆论监督方面遇到的困境和压力。这里我们就转到了新闻事业的另外一个侧面，记者们积极争取的新闻独立和舆论监督方面的问题。

三、新闻独立与舆论监督：尊重新闻规律的核心问题

老一代新闻工作者对新闻事业的思考都是一些原则性的大问题：独立思考问题、真实性问题、党性问题、人民性问题、舆论监督问题等。这些问题不是理论的构建，而是基于丰富实践的反思，因此具有现实的指导价值。

（一）新闻工作的独立思考

首先是新闻事业的独立思考问题。新闻独立思考和资产阶级新闻理论的"第四等级"等内容比较类似，第一代新闻工作者并不避讳，如钟沛璋说："我是一个共产党员，一贯听组织的话，党把我从一个年轻记者培养成为《光明日报》的

副总编，直至做到新闻出版署副署长的高位。但是身居高位的我常会反思我的一生经历，觉得最受益最值得坚持的原则就是新闻人要独立思考。这话不是我说的，其实是毛主席他老人家的一句名言，在毛选上有一篇文章《记者头脑要冷静》❶（展示《毛泽东文集》，并开始读）：'做报纸工作的，做记者工作的，对遇到的问题要有分析，要有正确的看法、正确的态度。……记者要善于比较。……记者要善于运用这种方法。不要看到好的就认为全好，看到坏的就认为全坏。……记者的头脑要冷静，要独立思考，不要人云亦云。……记者，特别是记者头子，头脑要清楚，要冷静。'毛主席这个观点是对的，这是他50年代的一个讲演。依据我的亲身经历，我觉得作为一个新闻人，培养独立思考的能力是最为重要的。"

党的高级领导提出新闻记者要"独立思考"，最有代表性的是1948年刘少奇的《对华北记者团的谈话》，其中提到记者要具备四个重要条件，"独立地做相当艰苦的工作。……首先思想上要艰苦，……真实地反映情况，独立地去作判断"❷就是其中之一。其实，毛泽东在1958年11月对新华社社长、《人民日报》总编辑吴冷西的谈话要点里提到的这个"独立"和十年前刘少奇说的记者要独立，其范畴和意义已经有所不同。刘少奇所提的独立，是记者本身工作的性质和状态，甚至有相对于党和政府的独立；而毛泽东在1958年所提的独立，仅仅是针对"大跃进""放卫星"的假数据说的，当时记者跟风做假报道，毛泽东的意见是"记者到下面去，不能人家说什么，你就反映什么，要有冷静的头脑，要作比较。……现在全国到处乱哄哄的，大跃进，成绩很大，头脑热了些。"

很多从"文化大革命"中走过来的记者都有这种体会。王强华说，"我觉得搞新闻嘛，尤其是新闻人，要讲党性原则，更重要的就是独立思考"。于友老先生也说，他的新闻理念受当年刘尊棋影响比较大，"他主张新闻工作者要有自由的表达权，有独立思考的能力，应该支持先进的，反对保守的。他这样的观念对我们有很深刻的影响"。

段存章是新中国成立后从基层通讯员锻炼起来的优秀记者，他从基层起步，了解百姓心声，因在"学大寨"报道中表现突出，一步步来到《人民日报》。他反省自己的记者生涯，指出党的记者要时刻"保持高度的警惕"、"更要学会在逆境中保持冷静的独立思考，否则，很容易陷入逆境、走弯路"，"如果大的政策

---

❶ 毛泽东. 记者头脑要冷静//毛泽东新闻工作文选. 北京：新华出版社，1983：211-212.

❷ 刘少奇. 对华北记者团的谈话//中国共产党新闻工作文件汇编：下册. 北京：新华出版社，1980：263.

'风向'不对，新闻记者就要保持高度的警惕，在大'风向'中有自己的独立思考。……在大环境下，新闻记者有独立思考的能力，并能够用文字反映出来才是真正的本事。"他希望《人民日报》要争取坚持党性和人民性的统一，"80 年代，《人民日报》农村报道有个不成文的规定，各地驻站记者要与所在省委保持适当的距离，不能走得太近，要尽量保持人民日报社独立的观察视角，对人民日报社负责任。现在来看，很多驻站记者与当地省委关系太过于亲密，贴得太近，容易被当地省委牵着鼻子走，成为省委的发声孔，缺乏独立视角，这样的新闻报道多数是为省委站台，歌功颂德，毫无任何批判精神，这也是不正常的新闻报道。……现在《人民日报》上新闻评论的量虽然很多，大多数是抄过来抄过去的'炒剩饭'，缺乏独立的新意，缺乏源于人民群众的创造性评论内容。习近平总书记讲到'空谈误国'，我认为新闻媒体也要少一些空谈，多一些贴近群众的报道"。

（二）新闻工作与舆论监督

其次是正确处理党性和人民性的统一，发挥舆论监督的作用。舆论监督能否实现成为记者观察和体会社会报道环境与开放尺度的重要标准，因此，受到新闻学界、业界和管理层的高度重视。老一辈新闻工作者在谈到这个问题时更愿意从中央那里找理论和思想上的根据，从高处着手，将舆论监督的独立和社会主义民主建设相提并论。

钟沛璋说："我在新闻局做工作就主张舆论要独立，要使舆论监督成为力量。胡耀邦同志在报告里提出要进行全面改革，我认为新闻改革的一个重要方面就是应该'党政分开'。新中国成立初期有新闻出版署，管行政的，后来被撤销，所以我提出应该恢复新闻出版署，宣传部就应该管思想。后来新闻出版署恢复了，党政被分开了。我作为党的宣传干部，认识到舆论应该掌握在人民手里面，人民有权利监督政府官员。2000 年，我跟江泽民谈的时候，也谈到民主宪政问题。民主宪政第一步就是要开放舆论，人民要有说话的权利，要有监督官员的权利。"

钟沛璋说的新闻总署成立和恢复成立，的确是政府尊重新闻规律办事的重要步骤。1949 年 10 月 19 日，新中国成立后不久，中央政府决定成立新闻总署，作为管理全国传播和新闻工作的行政机构。该署制定了一系列关于报纸和广播等的行政规章。首任署长胡乔木。当年年底在新闻总署召开了全国报纸经营工作会议，在会议上提出报纸应该按照企业化来经营的进步指导原则和思想。但 1952 年新闻总署就被撤销了，直到 1987 年才重新恢复设立。

新中国成立初期的舆论监督从实践上看更多的表现在批评报道上，尤其是对各级政府和官员的批评上。1950 年 4 月 19 日中共中央发布了《关于在报纸刊物上展开批评和自我批评的决定》，以《人民日报》为代表的媒体开始对新中国成立初期的各种问题进行批评报道，每天大约有四篇以上的批评稿件，1952 年的批评稿高达 1 750 多篇。但 1954 年 7 月，中央发布《中共中央关于改进报纸工作的决议》，要求报纸上的批评必须要正确，并要在党委的领导下进行，当年批评稿件就下降到仅有 210 篇。实际上在 1954 年，中国新闻界还兴起了全面学习苏联新闻界的做法，把 1942 年延安整风运动背景下《解放日报》改版中丢掉的"莫斯科式的马克思主义的紧身衣"又套在了身上。比如《人民日报》头版必须一天一篇社论，不论题目如何，一律 2 500 字；用意识形态的标准选择新闻，对社会主义国家只报好消息，对资本主义国家只报坏消息，敌人批评我们的内容一律不见报；新闻的写作上完全模仿《真理报》，在通栏大标题下组织各种报道，而且还不登广告。这些都违背了按照新闻规律做事的原则。因此全国新闻界学习苏联的做法，在实践中遇到了很大的阻力。1956 年 4 月随着"双百方针"的提出，主管宣传工作的刘少奇在 5 月和 6 月对新华社、广播事业局同志的三次谈话中明确提出了新闻工作的八字方针，"客观、真实、公正、全面"，同时必须是有立场的。1956 年《人民日报》在 7 月 1 日再次进行了改版。这次新闻界的改革力度很大，甚至《人民日报》提出了报纸是"社会的言论机关"，"人民的公共的武器、公共的财产，人民群众是它的主人"等口号。

改版后的《人民日报》努力在遵循新闻规律的原则下进行报道，取得了明显成效。1956 年 8 月 1 日，中共中央下发第 124 号文件，批转《人民日报》的改版报告。该文件指出："今后《人民日报》发表的文章，除了少数的中央负责同志的文章和少数的社论以外，一般地可以不代表党中央的意见，而且可以允许一些作者在《人民日报》上发表同我们共产党人的见解相反的文章。这样做就会使思想界更加活跃，使马克思主义的真理愈辩愈明。""我们党的各种报纸，都是人民群众的报纸，它们应该发表党的指示，同时尽量反映人民群众的意见；如果片面强调它们是党的机关报，反而容易在宣传上处于被动地位。"❶

改版后的情况：头两个月的头版头条 62 个，经济新闻 31 个，会议新闻仅两条。批评性报道从 6 月的 29 条上升到 7 月的 150 条。设立固定副刊（原来只有专

---

❶ 中国共产党新闻工作文件汇编：中册 . 北京：新华出版社，1980：483 - 484.

刊、专页）。读者来信 7 月 3.1 万封，8 月 4.07 万封，而 6 月 2 万封。8 月相对客观地报道了波兰的"波茨南事件"，10 月相对客观地报道了震惊东欧的"匈牙利事件"。较为客观地报道这些社会主义阵营的"坏事"，以前是不可想象的。

由于 1956 年 6 月"反冒进"的文章受到毛泽东批评，《人民日报》的批评报道越来越少，到 1957 年 2 月基本绝迹，而随着反右扩大化运动的开展，《人民日报》的改版也慢慢终止，最终由于党的指导思想发生"左"倾错误而夭折。完全服从宣传需要的工作理念重新在中国新闻界占据统治地位。

1958 年"大跃进"再次让中国新闻界背弃了新闻规律和原则。不过毛泽东认为大跃进"成绩很大，头脑热了些"，"现在全国到处乱哄哄的"，毛泽东同志对新闻界开出的药方是"记者，特别是记者头子"，"头脑要冷静，要独立思考"；刘少奇开出的诊断是"大跃进啦，共产风啦，出了问题新闻单位要负一半责任"；参与报道的记者则承认，当时报道的主要原则是"跟风为主，那个时候不跟风也不行"。

需要指出的是，这些记者要求舆论监督和新闻独立，并不是要反对共产党领导、反对社会主义制度，他们反倒是对党对国家很忠诚，他们要求舆论监督和新闻独立，恰恰是要将那些真正违背中央政策方针的地方公开出来，这是必须要澄清的。

改革开放以后，随着政治氛围的宽松、市场经济的发展和新闻规律的重新被重视，舆论监督常常成为新闻界的热门词语。尤其是在以朱镕基、胡锦涛、习近平等党和国家领导人对舆论监督或尊重新闻规律的提倡和重视下，新一代新闻工作者在实践中对此颇有体会。

和老一辈新闻工作者不一样的是，新一代新闻工作者强调舆论监督更侧重于新闻本体的角度，知道舆论监督不能做什么。如长江韬奋奖获得者刘万永看到了真实对舆论监督的重要性和记者个人由于各种原因在报道中的局限性："我觉得理想的新闻工作状态应该是，舆论监督让这个社会变得更干净。记者通过披露事实，促进事件解决，引起社会重视，最好从制度上对类似的事件有一个预防作用。"而一个记者的能力是有限的，面对社会的各种问题，记者报道所能发挥的舆论监督也是有限的，"作为一个记者，要给自己一个恰当的定位，不要奢求太高。记者只是事件的记录者。现在，有的记者愿意将自己变成事件当事人，希望通过一个事件就把自己搞成新闻人物。我觉得这是不应该的。记者应该去记录历史，用精准的语言把事实真相记录下来，将来如果谁对这件事情感兴趣，拿记者的记录来看，就可以准确地知道当时发生了什么，我觉得这才是一个记者应该做的事情。如果记者参与事件其中，这样做的话就越界了"。

《农民日报》的宋逊风老师也做过多次批评报道。"新闻工作者要为人民群众办事，要对社会起到舆论监督的作用，这是记者应有的一种责任心。一般的记者都只愿意唱颂歌，认为你好我好大家都好，这样不得罪人。但是问题不揭露出来就不会解决；问题不解决，工作就不会推动；工作不推动，事业就不会发展。"在批评报道中他的经验是"记者搞批评报道要有一种原则，即坚持以事实为依据。记者在采写的时候要坚持新闻的真实性。只有把真实性放在第一位，批评报道才能立于不败之地。不管是谁查，都不怕"。

和单纯提倡批评报道和新闻监督的提法不同的是，老记者们认为，批评也要遵循新闻传播规律，这应该是这些经验丰富的记者们对本行业从业者的自律性表达。

四、调研与内参：中国新闻实践的特殊方面

和西方记者不同的是，新华社、《人民日报》等各级体制内记者可以将不宜公开发表的文章写成内参，通过正常渠道直接报给中央和相应的各级领导。这是中国体制内记者的权利和义务。

内参中的报道能提供到哪个级别一般是保密的，视其重要和敏感程度分送不同级别的领导。从中央到省级媒体甚至国家机关都创办了内参。内参最大的特点就是，其真实度、敏感度、深度都远超公开报道，是各级党政官员获得社会动态的最重要渠道。写过内参的老记者说，"新华社有内参制度，内部稿件可以一下子送到政治局，领导人就看到了"。

毛泽东曾在一次谈话中说现在的报纸他只看一些消息，但《参考资料》《内部参考》每天必看。《建国以来毛泽东文稿》中披露，毛泽东看过的内参品种多达30多种，他批示过的内参至少200多件。《邓小平年谱》也记载邓小平阅读和批示内参数量达220件左右。"中国领导层获得信息的途径很广泛，信息渠道是多种多样的。"胡乔木在1989年三四月访美期间做了《中国领导层怎样决策》的演讲，透露了内参是领导及时了解信息的最重要的来源之一。所以现在看来，能影响到中央决策的记者稿件中，内参是最重要的一种了。

（一）调研与内参

据记载中国主要的内参有以下几种（见下表）。

主流媒体的主要内参

出版单位	内参名称	发送范围
新华社	国内动态清样附页	政治局常委及委员
	国内动态清样	省部级以上领导
	国际《参考清样》	省部级以上领导
	内部参考	地市级
	参考选编	县团级
中央党校	思想理论内参	政治局、书记处以及中办、国办等单位
人民日报社	群众来信摘编	
	情况汇编	
	情况汇编特刊	

另外，像光明日报社、中国青年报社、国务院信访室、中央办公厅等单位都办有《情况汇编》《情况反映》《群众来信摘编》之类的内参文件。

访问中，很多新华社和《人民日报》记者都跟笔者提到了内参，做内参要进行大量的调查研究。没有调查研究就没有内参。由于内参在政治决策中的重要地位，对真实、客观的要求更高。新华社记者出身做到多国驻外大使的王殊对笔者说："当时新华社记者的报道分两部分。一部分叫公开报道，就是可以发新闻；一部分是内部参考，简称'内参'。新华社有好几种内参。有的内参是一本一本的，有的一天能出好几本。那时，有的内参是手写的，是给政治局常委过目的。所以记者的工作，一方面是报道，另一方面是研究问题。"

《人民日报》的何燕凌也提到了中央对内参的态度："'文化大革命'以前的内参的确是不适合公开发表的，那个时候的内参绝大部分中央还是支持的，中央希望把这些内参反映上去，那时没有因为写内参发生打击记者的问题。"

按照新华社 20 世纪 50 年代末向中央书记处提交的报告，内参采写内容涉及几个方面，包括：实际工作和群众运动中刚刚冒头的新问题、萌芽状态的重要情况，以及能反映风向的一些重要资料，各地在执行党的政策、方针中发生的一些偏差和问题重要的敌情、疫情、天灾、人祸等。1984 年，在时任中共中央总书记胡耀邦的推动下，新华社还召开了改革开放后第一次内参工作会议，定下了新时期的内参方针，大原则应该不变。在谈到如何把握内参的写作时，张曙光说："我的体会是，认真学习政治理论，特别是党在最近一段时期内的文件，是认识当前社会存在的各种现象、问题的指南。表扬什么、提倡什么、批评什么、反对什么，这些重要的问题记者心里要有一本清楚账。特别是要把学习到的东西和实际工作相联系，来指导自己的内参报道。"

改革开放前多次参与农村报道的新华社国内部农村组组长陈大斌老师，在新华社原社长穆青的指导下，经过全面艰苦的调查研究和思考，在比较了山西辉县和昔阳县不同的农村建设思路和成效后，认为"农业学大寨"不能再搞下去了，于是也用内参的形式向中央尽心汇报。"1977 年 11 月，我……去参加全国性的农业会议，陈永贵、李先念同志主持会议。这个会议提出了很多极左的口号，决定在全国推行'农业学大寨运动'。我觉得这个问题很严重，如果真的这么搞下去，中国要乱套，农村非乱套不行。穆青建议我赶快写内参，我就对这些问题以内参的形式向中央做了反映。最后，中央领导人决定暂缓全国执行普及农业学大寨的步伐，避免了一场重灾。"

内参不仅是针对国内的情况，国际问题也常常有内参，其来源一是包括国外媒体对我们的报道、不宜公开发布的内容；另一部分来自驻外记者的汇报。新华社原记者王殊是中国第一批驻外记者，先后在 80 多个国家和地区工作过，因为成绩突出，先后被任命为联邦德国、奥地利大使馆参赞、大使，外交部副部长等职务。

20 世纪五六十年代，由于非洲、拉丁美洲和欧洲等很多国家还没有和我国建交，新华社派驻的驻外记者身负多种使命，其中汇报所在国对华动向就十分必要，"新华社记者的身份和任务除了采访新闻，另外一个就是了解中国和非洲各国建交的困难，为国家外交决策提供情报，这样我本职是记者，但早已兼职成了外交官"。王殊当年写了很多内参，为国家外交政策提供了很多正确信息。比如，"1961 年我还是新华社记者的时候，去刚果的斯坦利维尔❶采访。当时刚果总理卢蒙巴在军事政变中被杀害，副总理基赞加代理总理职务。新华社派我去那里了解代总理的对华态度。在采访中我感觉基赞加缺少同政变军方长期斗争的态度，而是准备等反政府军队提出和解条件后再讨价还价，争取对自己有利的位置。了解这一情况后，我奉命回国向总理汇报"。由于准确汇报了所在国的情况，为中国外交政策提供了很有价值的信息，因此，王殊后来获得面见总理直接汇报工作的权利。他回忆道："后来见总理是 1972 年 7 月的事情了。那时候我回国汇报西德的情况。周总理急着见我，了解德国的情况。他很认同我对德国情况的分析，催我快快回去，去跟德国人说中国可以谈判建交。1972 年，周总理就让我参与

---

❶ 后更名为基桑加尼。——编者注

中德建交谈判。"

内参抓取的是不易察觉但非常重要的事实，这些事实如何获得、如何呈现要多考虑，因为虽然是事实的表达，但事实的选择和叙述有可能对中央决策有影响。王殊老师对此有自己的经验："写内参的时候，你要去了解采访国总统或总理的心思，不明白的内容、翻译不通的地方就通过估计和揣测了解大意。有的问题不是表面能看清楚的，对于潜在的问题，一时看不清也没有关系，只要肯下功夫研究，肯定能分析明白。所以，记者采访脚踏实地非常重要，这种态度是和在使馆当外交官没有差异的。"

1972 年王殊通过在欧洲的工作，撰写了一系列报告，分析当时的中苏和中欧之间的关系，"得出两点结论：一是苏联不会改变对美战略，因'珍宝岛事件'而进攻中国；二是联邦德国由于内政变化，可以适时与之建交。这些报告两次受到外交部的表扬，我感到我的报告可能被毛主席和周总理看到了"。

现在有人说，善于写内参的记者中走仕途的比较多，这一点在王殊身上倒是应验了。"1972 年 7 月 21 号我回到北京，24 号就接到了毛主席的邀请到中南海见他老人家。……因为这次会见，改变了我的命运，我从记者转向当了外交官。"

内参一定要经过深入细致的调查研究，因为直接面对的是各级领导，影响各级政府的意见看法，甚至有时会对中央决策产生重要影响作用，因此真实和客观是其第一生命力。比如新华社天津记者站写内参反映天津驻军大量占用民房后，就遭到了审查。陈大斌写内参批判大寨也感受到政治压力，"我们当时和大家保持一定距离是要冒一定政治风险的。当时陈永贵的秘书就问我：'你们新华社怎么搞的，老弄些消极的东西？'他觉得落实政策就是批判大寨"。

（二）内参的呈交与效果

不是所有的内参都能起到作用，尤其是动摇国家原有大政方针时，内参的提出和呈交时机也是一门学问。一般来看，如果中央内部已经有不同声音和意见时，新华社记者等的内参可以起到作用的机会比较大。王强华提到《实践是检验真理的唯一标准》为何能在全国获得重大反响，关键就是邓小平同志的领导："领导是领导，支持是支持，领导肯定是支持，但支持不一定是领导。后来中央有个提法，胡锦涛在改革开放 30 年大会上的讲话中提出，真理标准讨论是在邓小平领导、其他老一辈革命家支持下开展的。我觉得这个说法比较准确，符合历史的实际。"陈大斌 1977 年质疑大寨的内参之所以获得中央的注意，他自己有如下分析："当时中国出现了两个潮流，一个是中央、国务院几个人推行的'学大寨运动'，一个是安徽、四川的'包产到组'的落实政策。中央支持'学大寨运动'，我们怎么能公开地批判这个问题呢？所以我们就让'学大寨运动'的声音慢慢低下去，'包产到组'的落实政策慢慢高上来。第一批农民落实政策的报道先是发生在安徽，《一份省委文件的诞生》《安徽大步赶上来了》《生产队有了自主权　农业必增产》等。新华社发文章，《人民日报》就配发评论，我们写消息他们写评论，两个一块发，在农村改革时期我们两家配合得非常好。"

内参是中国新闻事业中比较独特的一种现象，它独有的调查方式、发布渠道和读者对象，使得中国新闻工作者的职业价值评判标准多元化了，甚至成为体制内"名记者"的一条路径；而通过内参制度实际上加强了党对新闻记者工作的影响。一位老内参记者说："在中国，有些事情并不适宜公开见报。这包括那些仍在进行中的事情，或者政治上非常敏感的大事。中国记者的角色和西方的不一样。我们是在中国共产党领导之下的。"❶

新中国成立后的三代记者群体，虽然处在不一样的历史环境，彼此对新闻的理解也有差异，但其中中国新闻记者心系人民，严格遵守党性原则，坚持党性与人民性的统一，心怀家国，努力为民，积极向上的劲头，都是中国特色社会主义新闻事业的最为宝贵的精神财富和力量。正如习近平所说，我们的新闻舆论工作的职责和使命就是高举旗帜、引领导向，围绕中心、服务大局，团结人民、鼓舞士气，成风化人、凝心聚力，澄清谬误、明辨是非，联结中外、沟通世界。

五、新闻与宣传的结合：典型报道的变化

在我国，新闻与宣传结合的代表就是典型报道，从解放战争到改革开放，它在各个历史时期都曾经发挥过重要的组织动员作用，是中国独有的一种报道形式。从不同时期中国典型报道生产机制和记者对典型报道的认知来分析，新闻工作者的观念已经发生了很大变化。

（一）典型报道生产机制的调整

中国农村典型报道是典型报道的鼻祖和重要组成部分，其生产机制既要尊重新闻传播规律，也要服务宣传目的，要求记者"吃透两头"，即要求记者既要深入实际做调查研究，更要有对各种中央农村政策出台背景、内容、重点所在有足

❶　高语阳．直通中南海的内参，如何影响中国．（2017-01-01）．http：//star.news.sohu.com/20160420/n445080969.shtml．

够的理解和研究；尤其是政策发生变化时，要捕捉中央调整的意图和重点所在，这样树立的农村典型才能和当时中国农村工作方针相匹配，对中央政策推进有积极作用，也能经得起历史检验。

新中国成立后，农村建设一直是党的工作重心，新华社和《人民日报》设有专门的农村组，允许记者到一个报道点蹲点调查，了解情况，写出大文章来。如果出现中央认为的"大典型"，对全国有示范作用和意义，还会组织全国的记者前去采访，形成中国当时特有的"宣传战役"。很多全国性的农村典型报道都是在一次次宣传战役中出现的，记者们也非常重视典型报道。新华社国内部农村组组长陈大斌说："我们接触新闻这个行业的时候（20世纪五六十年代），毛主席就讲过：典型宜多，综合宜少……对记者来说，都愿意下力气搞典型报道，一年能抓几个好的典型报道就觉得很好了。这一块，新华社是重视的，但多数的所谓典型报道是典型事件、典型经验，是一种运动中涌现出的先进典型，这种东西写得比较多。……当时大家都比较重视典型报道，大家都觉得这样才能显出记者的功力来。"

农村典型报道的生产机制有一定的规律可循。首先，典型报道大部分起源于基层记者。如果说典型报道起源于中央指定的宣传任务是不合适的，因为大部分典型报道最初是来源于基层记者的报道，当报道被具有慧眼的主抓宣传的领导看到后，进行深入挖掘，才能提升原有报道所缺乏的高度和影响，最终可能成为在全国范围内有影响的典型报道。陈大斌回忆道："多数典型应该是记者在实践中发现的。好比大寨这个典型，在本社写之前，《山西日报》已经报道很多了，广播电台也都报道了，北京就开始注意了，这样的典型大家都觉得很重要。分社与总社花了很大力气，派好几个人去采访。"

其次，当确立了典型报道对象后，还需要调兵遣将组织报道、深入"加工"。这种加工不是造假，而是深入挖掘典型事件、人物的报道价值，提炼其中的意义和时代精神，看是否可以成为典型。穆青有个说法："好新闻是跑出来的，但是好稿件是改出来的。……发现了好新闻不等于写了好稿子。我们的新闻很多都是急就章，大家激情满怀，拿到了新闻就写，写完了就发，……多半都不深入。要求每篇稿子都下功夫慢慢写不行，但是有些稿件时效性并不怎么强，思想性要求比较强，这样的稿件完全可以稍微深入一下，思考一下，由表及里想一些问题，由此及彼推想一些事情，这样可以对这个事件的认识更加深入，可以表现出更深刻的思想。"穆青把这种做法叫作"磨"，稿子要不停地"磨"。磨稿子的过程是重新创作的过程，很多典型事例和经验就是在磨的过程中出现的。

和之前记者"磨"稿子不同，新时代的记者更加重视新闻事件或人物本身的自然特点，典型报道的生产机制有一定变化。张严平认为，典型人物报道可以感动社会，这种感动来自人物自身的魅力，并不需要多少提炼和加工。如果说记者有什么作用的话，那就是细致深入地采访后，将人物真实地呈现在受众面前。"为什么王顺友的故事震撼这么多人呢？王顺友这种生活条件、这种工作状态，我们绝大部分的城市人都难以想象。我们只是把它传达出来，它本身就具有这种震撼力。这个故事，你只要说出来，就足够震撼了。"曲志红也认为，"首先这个人应该有一个好的故事，然后记者去讲好这样一个好的故事"。而更多典型报道也来源于群众的发现，"近些年来所谓的'草根英雄'，好多都不是新闻媒体发现的，是群众发现的。有网络以后，诸多的普通群众、网民自己发掘、传播新闻事件，然后媒体才跟进。不像以前，越高层次的典型越是从上而下去报道，跟这种群众中涌现出来的新闻事件的宣传效果差异还是蛮大的"。

（二）对典型报道的反思和反正

在实践中，中国典型报道的报道常常出现对传播规律的"突破"，即过多过高地推进新闻传播的广度和效度，用曲志红的话讲，是"先弄出一个人来然后再去挖掘他的故事，反过来了"，人为制造新闻，甚至屈服于各种压力之下，那就是违背了新闻传播的规律。在典型事迹报道中，这种情况并不少见。陈大斌表示，大寨典型树立起来之后，"地方领导说粮食多少产量我们就报道多少。粮食产量不是统计出来，而是县委开会研究出来的。……第一年粮食产量高了，虚数已经出来了，为了要保持增产，第二年还得再高，虚数更大，第三年就完全虚报产量了"。

除此之外，典型报道要树立的"高大全"形象，单纯维护所谓"典型"的地位，对其存在的问题避而不谈甚至虚假隐瞒，更是违背了新闻传播规律。陈大斌表示，大寨的典型树立起来以后，"新华社的记者也只能顺从领导的意思去报道……当时政治气氛非常紧张，记者一句话说不好，就有人说你反大寨，甭管你是新华社还是《人民日报》的记者，都给你哄走。……你只要说过大寨的坏话，就说你是反大寨的，就不让你去采访。有个女记者是《山西日报》总编辑的老婆，这个总编辑说过反大寨的话，最后也给这个女记者插标签，说她是'反大寨'的老婆，去大寨采访就被赶走"。

但改革开放后，在多年尊重新闻规律的原则影响下，从事类似报道的张严平们已经表达对"典型"的不同理解了："我不喜欢'典型''典型人物'这样的宣传方式。……我写的这些年轻人物,大部分都是基层人物,在没说他是'典型'之前,谁也不知道他是'典型','典型'是我们强加的一个概念,……千万不要用'塑造'这个字眼,新闻人物绝对不是'塑造'出来的。你只是传达和记录,新闻里面的细节都不是编的。"这种认识并不是从她这一代记者开始的,显示出作为中国典型报道大本营的新华社在这个问题上的普遍认知,"新闻人物绝对不是'塑造'出来的。你只是传达和记录,新闻里面的细节都不是编的。我们刚进社时,老记者一直在提醒我们这个事情"。

而年轻记者林天宏直接表达了对以往典型人物报道的否定,"'树典型'属于官办媒体一贯的宣传方法,一个'高大全'的人物往往都是虚假的"。笔者不能完全认同他的看法,但这种看法有一定普遍性,尤其是市场化媒体从业者,对典型报道的态度已经发生了逆转,他们考虑的是"好故事"和"完整的故事"如何呈现给读者。林天宏认为,"一个好故事必然具备我和你说的那些要素——遭遇、冲突、受阻、克服"。"要的是一个完整的故事,就像拍电影一样,一个好的写作者,必须要有写剧本的概念。好莱坞的编剧是怎么做这套东西的,三分钟一个小高潮,五分钟一个中高潮,十分钟一个大高潮,……我跟记者说,你们写稿子就是要不断地制造悬念,不断地吸引读者往下读。"

在林天宏们的新闻理念里,似乎已经没有新闻与宣传之间的困惑了,他们思考的是新闻和市场之间的关系,显示出中国新闻实践中最近一段时间的新趋势。

新闻虽然有独立、自由、客观等标准和要求,但实践中受各种文化、政治、经济、社会、技术甚至媒体机构特点和记者个人业务素养等因素影响深远。中国新闻记者在服从宣传需要和尊重新闻规律之间进行了大量的实践,两者之间的张力也塑造了中国记者们对新闻事业的认知情感和较为独特的实践历程。

附表　本次研究深度访谈的部分记者名单

姓名	简介	访谈时间
于友	于友(1916年—),浙江湖州市人。曾任《光明日报》国际部主任、编委;《中国日报》副总编辑。	2011.5
何燕凌	何燕凌(1922年7月—),西安人,1952年以后长期从事农村报道和评论,曾任《人民日报》编委、农村部主任。	2013.5
钟沛璋	钟沛璋(1924年—),浙江镇海(今宁波)人。先后任《中国青年报》副总编辑、中共中央宣传部新闻局局长等职。创办政治评论杂志《东方》。	2011.5

续前表

姓名	简介	访谈时间
王殊	王殊（1924年— ），江苏常熟人。新中国第一代驻外记者。后投身外交工作，历任联邦德国、奥地利大使馆参赞、大使，外交部副部长、中国驻联合国等国际组织代表等职。	2012.6
沈力	沈力（1933年— ），祖籍江苏。中国第一位电视播音员、第一位电视主持人，现任中国视协主持人专业委员会副主任。	2012.5
王强华	王强华（1933年— ），江苏南京人。《光明日报》副总编辑。1987年4月调任国家新闻出版署副署长；参与《实践是检验真理的唯一标准》一文的编辑发表工作。	2012.6
洪民生	洪民生（1933年— ），浙江宁波人。曾任中央电视台副台长。参与创办"春晚"等一系列中国电视名牌节目，电视大学的创办人。	2013.10
郭梅尼	郭梅尼（1935年2月— ），女，湖北孝感人。先后在《中国青年报》《科技日报》工作，获评"全国优秀新闻工作者"（首批入选），荣获首届"范长江新闻奖"等奖项。	2011.5
陈大斌	陈大斌（1937年11月— ），回族，安徽淮北人。新华社国内部副主任兼农村组组长，《瞭望》周刊原总编辑。	2012.6 2013.2
寿沅君	寿沅君（1938年1月— ），女，浙江诸暨人，中国电视界优秀节目制作人。创办《十二演播室》《半边天》等品牌栏目。	2012.6
段存章	段存章（1938年12月— ），山西左权人，《人民日报》高级记者。先后任驻大寨首席记者、驻黑龙江省首席记者、《人民日报》机动记者组组长等。	2013.11
杨继绳	杨继绳（1940年11月— ），湖北浠水人，新华社高级记者、教授，《炎黄春秋》原主编。	2011.5
曲志红	曲志红（1956年9月— ），女，河北保定人，新华社记者。采访袁隆平所写的《永远执著的美丽》一文，被选入语文（上海版）七年级上册。	2013.5
张严平	张严平，女，新华社高级记者。她的作品多篇获社内外各种奖项，其中通讯《索玛花儿为什么这样红》荣获2006年第16届中国新闻奖一等奖。	2013.4
刘万永	刘万永，《中国青年报》著名记者、十八大代表。第十二届长江韬奋奖（2012）获得者之一，代表作品《王佳俊冒名顶替读大学路线图》《一个退休高官的生意经》。	2013.2
林天宏	林天宏，福建福州人。《中国青年报》冰点周刊特稿记者。2011—2012年，任《中国周刊》总编辑助理。2012转战《人物》杂志，担任副主编一职。	2013.4

中国新闻学百年回望与思考 *

郑保卫

中国新闻学自 1918 年诞生，迄今已走过一个世纪的风雨历程。在这百年中，它从无到有，由弱到强，如今正以"中国特色社会主义新闻学"的崭新姿态屹立于世界学术之林，以自己独特的风格和气派，成为具有独特品质的新闻学。

在纪念中国新闻学诞生百年之际，回顾其发展历程，总结其历史经验，探讨其未来发展，对于我们不忘初心，牢记使命，在习近平新时代中国特色社会主义思想和十九大精神指引下，继续创新发展中国新闻学，加快构建中国特色社会主义新闻学科学体系，具有重要的理论价值和实践意义。

一、中国新闻学百年发展的时代轨迹

中国新闻学从诞生到发展大体经历了三个阶段：传统新闻学—社会主义新闻学—中国特色社会主义新闻学。这三个阶段标示着中国新闻学从无到有，由弱到强，从传统到现代，从学习借鉴他人到形成独特品质的发展过程。

（一）中国传统新闻学的诞生

"中国传统新闻学"，指的是从 1918 年北京大学新闻学研究会创办到 1949 年新中国成立这一阶段的新闻学，它是中国近代新闻事业产生之后所形成的新闻学，是中国近代民主革命时期中国新闻学的成果结晶。

如果以首部新闻学著作出版时间作为新闻学诞生标志的话，我国传统新闻学诞生的准确时间应该是 1919 年。这一年，北京大学教授徐宝璜撰写的我国第一本新闻学专著《新闻学》面世。然而，对中国新闻学来说，1918 年是个更值得纪念的年份。

这一年，在北京大学校长蔡元培的倡导和支持下，在留美学习新闻学回国执

---

* 原载于《新闻与写作》，2018（1）：5-15。

教的徐宝璜的具体操办下，北京大学新闻学研究会宣告成立（见下图），这是我国第一个新闻教育和研究团体。这个以"新闻学研究"为名称和职责的学术团体的诞生，标志着我国有了自己的新闻教育和新闻学研究。而且 1919 年出版的《新闻学》一书，也正是作者徐宝璜依据他 1918 年在北京大学新闻学研究会举办的新闻学培训班讲课的讲稿整理而成的。故此，我们将 1918 年作为中国新闻学的诞生之年。

1918 年 10 月，北京大学新闻学研究会成立

进入 20 世纪 20 年代后，我国新闻学发展迅速，其标志是几本有代表性的新闻学专著的出版：1923 年邵飘萍的《实际应用新闻学》和 1926 年戈公振的《中国报学史》相继出版。这两本书加上徐宝璜的《新闻学》，分别是研究新闻理论、新闻业务和新闻史的专著。虽然它们在结构和体例上还不是很完善，内容上也还不够全面深入，但却标志着我国新闻学已经有了自己最早的学术专著，已经形成了自己最初的学科知识体系，因为作为新闻学三大组成部分的新闻理论、新闻业务、新闻史都有了代表性著作。

特别是徐宝璜的《新闻学》，作为我国第一本新闻学专著，其篇幅虽然不长，但内容十分丰富，既包括"新闻学性质""新闻定义""新闻价值"等基础理论内容，又有新闻采写编评和经营管理等各种业务知识。此书成为当时国内最有影响的代表性新闻学著作，成为人们认识新闻、了解新闻工作、学习新闻学必须阅读的最初的入门范本，而且迄今依然是后人研究新闻学的重要依据。徐宝璜也因其在新闻学教育和研究方面的杰出贡献被誉为"中国新闻教育开山鼻祖"和"中国新闻学著述第一位大师"。当时《京报》曾评论此书："在中国新闻学史上，有不

可抹灭之价值，无此书，人且不知新闻为学，新闻要学，他无论矣。"❶

自 20 世纪 30 年代起，我国新闻学研究逐步深入，并不断扩大自己的研究成果。仅在 30—40 年代，就有百余种新闻学专著出版，显示出很强的发展势头和很大的发展潜力。其中著名的有黄天鹏的《新闻学名论集》、储玉坤的《现代新闻学概论》、任白涛的《综合新闻学》和萨空了的《科学的新闻学概论》等，这标志着我国传统新闻学已经初步形成自己的理论体系和知识体系。

而这一时期，中国共产党的新闻事业在同国民党的斗争中开始艰难发展，新闻学研究也于 40 年代在陕北根据地起步，作为其理论成果的中国共产党新闻思想在延安时期逐步走向成熟，既为中国传统新闻学的发展提供了支撑，也为中国社会主义新闻学的兴起奠定了基础。

（二）中国社会主义新闻学的兴起

"中国社会主义新闻学"，指的是从 1949 年新中国成立到 1978 年中共十一届三中全会召开，中国开始实施改革开放政策这一阶段的新闻学。它是中国新闻学形成和发展第二个阶段的理论成果，是以中国共产党的新闻思想为基础、依据和核心形成的。

严格地说，这一阶段中国共产党的新闻思想包括党从成立之初到取得全国政权以前，和新中国成立以后到 1978 年改革开放这两个时期的理论成果。前期我们称之为"中国无产阶级新闻学"时期，后期称之为"中国社会主义新闻学"时期。"中国无产阶级新闻学"时期是中国社会主义新闻学的准备阶段和过渡时期，正是在这一时期形成的中国共产党的新闻思想，奠定了新中国成立后中国社会主义新闻学的理论基础。

1. 中国无产阶级新闻学的形成

从 20 世纪 20 年代开始，中国共产党新闻事业的形成和不断发展成为中国新闻史上的重要事件。中国共产党人的报刊实践及其办报思想成为中国无产阶级新闻学的重要理论来源。

中国共产党早期领导人陈独秀、李大钊、毛泽东等人都非常重视新闻工作，而且都有着丰富的报刊活动实践。他们在指导革命斗争和报刊工作的过程中，对党的新闻宣传工作的性质、任务、工作原则和工作方法等做过许多阐释和论述，

---

❶ 引自黄天鹏 1930 年为徐宝璜的《新闻学》一书重印所作的序，重印时书名改为《新闻学纲要》，参见徐宝璜：《新闻学》，15 页，北京，中国人民大学出版社，1994。

形成了他们独特的报刊思想，也为中国无产阶级新闻学的形成做出了重要的理论贡献。

中国共产党人有组织地开展新闻学研究是在延安时期。1941 年，延安中央研究院设立新闻研究室，开启了中国共产党研究新闻学的进程。在 1942 年开始的整风运动期间，中国共产党在根据地的新闻队伍中配合全党的党风、学风和文风教育进行了一场无产阶级新闻观的教育运动。这场运动不但统一了大家的思想，纯洁了队伍，使广大新闻工作者对党的新闻事业的基本性质、工作原则、职业作风、写作文风等新闻理论基本问题有了明确的认识，而且也促进了新闻学研究的开展。

整个 40 年代成为中国共产党新闻思想研究深入发展并取得重大成果的重要时期，也是中国共产党新闻思想研究进入成熟期的关键性时期。这期间，中国共产党对党的新闻宣传工作提出的一系列方针、政策、要求，制定的一系列文件，《解放日报》改版、《晋绥日报》"反客里空运动"，从正反两方面总结的党的新闻宣传工作的经验和教训，陆定一的《我们对于新闻学的基本观点》、毛泽东的《对晋绥日报编辑人员的谈话》、刘少奇的《对华北记者团的谈话》等几篇有关新闻宣传工作经典文献的发表，对中国共产党党报理论做了较为系统的总结，为无产阶级新闻学充实了丰富的内容。

这一时期，中国共产党关于党报工作的理论总结构成了中国无产阶级新闻学的基本内容，也为后来中国社会主义新闻学的形成奠定了理论基础。

2. 中国社会主义新闻学的探索及成果

社会主义新中国的建立，为我国新闻事业的发展创造了前所未有的环境和难得的物质条件，也对新闻学的发展提出了新的要求和任务。新闻事业如何继承和发扬自延安整风以来所形成的优良传统，如何更好地适应社会主义革命和建设的需要，更好地为人民群众的劳动生产和日常生活服务，成为新闻学研究需要解决的重要课题。

1956 年 7 月以《人民日报》改版为代表的新闻改革，成为新中国建立初期中国新闻改革成果的标志，也成为中国社会主义新闻学研究的重要成果。这次包括报纸、通讯社和广播等新闻机构在内全面开始的改革，在新闻观念、报道内容、传播方式和文风建设等方面都有许多新突破，特别是把突出人民群众在新闻工作中的主体地位作为当时党报改革的重要内容，使得改革后的新闻工作更加适合人民群众的需要，更加适合各项工作的需要。

这次改革，以及在改革中所形成的理论成果，为正在探索起步的中国社会主义新闻学研究提供了实践经验，奠定了理论基础。

然而从 1957 年开始的反右斗争，却使得这场刚刚取得效果的改革被中断。从那以后，一直到"文化大革命"结束，由于"左"的路线的长期影响，中国新闻事业的发展受到严重挫折，新闻学研究也几乎陷入停顿状态。

（三）中国特色社会主义新闻学的建构

"中国特色社会主义新闻学"，指的是从 1978 年中共十一届三中全会召开，中国进入改革开放新时期以来至今这一阶段的新闻学。它是中国新闻学形成和发展第三个阶段的理论成果，是中国新闻学走向繁荣与发展的关键时期。

1976 年 10 月，新闻事业和新闻学都迎来了发展的春天。这一时期新闻界的首要的任务就是拨乱反正，消除"左"的路线的影响，恢复新闻事业的优良传统，回归新闻学的本体地位。经过真理标准讨论等一系列工作，广大新闻工作者澄清了是非，辨明了黑白，重新回到对新闻工作和新闻学的正确认识上来。

1978 年年底中共十一届三中全会召开，确定了国家实行改革开放的整体战略，从此中国新闻事业进入了一个新的发展时期，新闻学研究也迎来了历史上不曾有过的最好时期。

这一时期发生了一系列对中国新闻学后来发展具有重要意义的事：1978 年经胡乔木提议中国社会科学院新闻研究所成立，这标志着我国新闻学研究被纳入了国家社会科学研究系列之中；自 1978 年起，中国人民大学、中国社会科学院研究生院、复旦大学、北京广播学院（后更名为中国传媒大学）等院校陆续开始招收新闻学研究生、组建新闻学研究机构、出版学术刊物、组织新闻学术活动；一些省市和新闻媒体也开始组建研究机构，开展新闻学研究。所有这些都为后来的新闻改革和新闻学研究起到了促进作用，推动了新闻学研究和新闻改革的全面展开。

随着新闻改革逐步提上日程，新闻学术活动逐渐展开，各种学术讨论会频繁召开，许多新闻改革实践与理论问题诸如报纸性质、作用和任务，报纸党性和人民性，新闻批评与舆论监督，新闻真实性、客观性，报纸指导性、倾向性，新闻工作客观规律等一些基本理论问题，进入新闻学研究的视野，对促进新闻改革、深化理论研究具有重要意义。

这一时期，一些新闻学者开始学习和引介西方新闻学与传播学的研究成果，同时结合新闻改革实践，对新闻观念、报道内容、传播形式、管理体制、经营理念和运行机制等深入开展研究，取得了许多成果。例如，在新闻改革过程中提出的"信息观念""受众观念""服务观念""竞争观念""效益观念"等一系列新观念，就集中体现了当时新闻改革和新闻学研究的广度及深度，为新闻工作挣脱旧观念、旧传统和旧机制的束缚，建立一套适合新时期社会发展和人民生活实际需要的新的新闻观念和传播机制提供了思想和理论上的支持；在管理和经营方面逐步确立起"事业单位，企业化管理"的新思路，形成了新的运行体制和机制，开始逐渐步入企业化管理、市场化经营、社会化服务的发展道路，有力地推动了传媒业的发展。这些反映新闻改革最新成果的新闻观念和经营理念，大大丰富了社会主义新闻学的理论内涵，也促进了新闻改革的深入发展。

作为社会主义新闻事业，我国新闻工作在进行观念更新、业务和经营改革的同时始终坚持党性原则，坚持正确舆论导向，注意解决好坚持正确方向和促进事业发展的关系，为新时期新闻事业的繁荣和发展积累了经验，也为社会主义新闻学充实了许多新的内容。

当然，这一时期的新闻学研究也有一些挫折和教训。如在自由化思潮的影响下，出现了一些背离党的路线、违反社会主义新闻工作基本原则的理论观点，如有人提出"人民性高于党性""开放新闻自由"等观点，留下了深刻的教训。

1992年中共十四大确立建设社会主义市场经济体制的方针后，我国改革开放进入了新时期，新闻学研究也跨入了新阶段。其表现是：专业性学术话语开始受到重视；新闻院校专业研究力量迅速崛起；学术研究空间进一步拓宽；研究成果大量出现；研究内容、视角、路径呈现多元化趋势等。总之，研究涉及的领域越来越广，探讨的问题越来越深，采取的方法越来越多样化。

特别是进入新世纪之后，传媒业作为一种文化产业开始探寻产业化发展的路径，传媒经济理论研究越来越受到学界和业界的关注，得以快速发展。而以互联网为代表的新媒体的出现，改变了原有的传播格局，引发了新闻传播领域的深刻变革，媒体融合的趋势日益明显。这一时期的新闻学研究始终立于时代前沿，基于传媒实践进行跟踪研究，为新媒体发展，同时也为传统媒体适时应对新媒体的挑战、加大改革创新和融合发展的力度提供了强有力的理论支持。

这一时期，面对转型期社会发生的急剧变化，和为适应这些变化，党和政府对新闻媒体在新闻传播和舆论宣传方面提出新任务、新要求，新闻学研究注重对热点报道、典型宣传、舆论监督、主题宣传、危机应对等方面的工作进行总结和探讨，形成了许多有价值的研究成果，为搞好新闻宣传和舆论引导工作、提升政府和媒体的舆论引导能力起到了理论支撑和政策咨询作用。

另外，随着我国经济的发展和国际地位的提升，新闻学研究开始关注如何改进对外传播、讲好中国故事、扩大国际话语权、提升国际影响力、改善我国国际形象等问题，而且取得了一些研究成果，对提升我国对外传播和国际传播影响力发挥了积极作用。

总之，在迈入 21 世纪，国家进入新的历史时期和新的发展阶段以来，中国社会主义新闻学研究始终瞄准党和国家工作大局的需要，瞄准人民群众的信息与文化需要，瞄准媒体深化改革发展的需要，坚持结合新闻工作实际和遵循新闻学术规范开展研究，在服务媒体改革、服务学科建设和服务社会发展等方面取得了重大进展，发挥了智库的作用。

经过 60 多年的努力，特别是改革开放近 40 年的创新发展，中国社会主义新闻学研究如今已是硕果累累。虽然这一时期时不时地会受到"新闻无学论"的冲击和影响，但是作为一门独立的人文社会科学学科，其学术地位已日显成熟和巩固。

1997 年，新闻学与传播学一起被确定为一级学科（新闻传播学）；2004 年中央又将新闻学确定为国家重点发展的九大哲学社会科学学科之一，同时将其列入马克思主义理论研究和建设工程之中；2016 年习近平总书记在哲学社会科学座谈会上的讲话中把新闻学列为对中国哲学社会科学具有"支撑作用"的 11 个重要学科之一，同时提出了要以马克思主义为指导，紧密结合中国实践，加快构建中国特色社会主义理论的任务。

这些举措为中国社会主义新闻学的繁荣发展，并为最终构建起中国特色社会主义新闻学的科学体系，开拓了更加广阔的发展道路。

如今，中国社会主义新闻学的学科地位不断巩固，影响日益增强，它标志着我国社会主义新闻学已进入历史上最好的繁荣发展期。这是党和政府关心支持的结果，也是我国几代新闻理论和实务工作者不懈努力的结果。

二、中国新闻学百年发展的历史经验

中国新闻学的百年发展可谓筚路蓝缕，历经曲折。但在百年之后再回望过去会发现，正是在经历曲折之后，我们才积累了丰富的经验和教训，而这恰恰是今后继续发展的动力和基础。

（一）与国家同命运，与时代同进步，与社会同发展

中国新闻学百年发展的历史说明，其发展的每个阶段始终都与国家同命运，与时代同进步，与社会同发展。

自鸦片战争开始至辛亥革命前后，我国陆续出现了一批资产阶级思想家、政治家和报刊活动家。他们积极倡导创办报刊，其目的都是为了服务于政治斗争实践。例如洪仁玕在其《资政新篇》中就强调报纸具有沟通上下、监督政府和移风易俗的作用。王韬在其《论各省会城宜设新报馆》等文章中就主张放宽言禁，设立报馆，开展对外宣传。郑观应在其《盛世危言》一书中提出设报馆可以"通民隐""达民情"等。

最为典型的是梁启超，他阐述办报主张的一篇文章题目就叫《论报馆有益于国事》。他把报纸比作"耳目喉舌"，强调其具有"去塞求通"的功能，应担负起"监督政府"和"向导国民"的两大"天职"，这些都是为了实现其维新变法的政治目标。

孙中山明确提出办报是为了革命宣传的需要，并把宣传革命政党确立的纲领和主张作为报纸的首要任务。他在为《民报》写的发刊词中希望《民报》能成为同盟会的"喉舌"，担负起"先知先觉之天职"，发挥好"舆论之母"的作用。

中国近代一些资产阶级政治家的办报主张反映了中国知识分子以"修身齐家治国平天下"为己任的思想情怀和政治追求。他们希望通过办报来抨击旧传统，宣传新思想，鼓吹社会变革，启迪教育群众，引领社会风气，实现民族独立和国家富强。

以毛泽东为代表的中国共产党人始终把国家和人民的利益置于最高位置，把实现民族解放、国家富强、人民幸福作为奋斗目标，而创办党报党刊就是要为实现这些目标服务。毛泽东在《政治周报》发刊理由中就明确表示办报是"为了革命"。在延安时，他强调党的报刊要为边区人民服务。

中国共产党几代领导人都极为重视新闻工作，他们把新闻事业看作党和人民的"耳目喉舌"，是重要的"政治阵地"，是组织工作的"思想武器"（毛泽东），是安定团结的"思想中心"（邓小平），是党的"生命的一部分"（江泽民），是党的"执政资源"（胡锦涛），是"治国理政、定国安邦""事关国家前途命运"的大事（习近平），这些都是中国共产党新闻思想的核心观点和精髓所在。

由以上所述可以看出，虽然近代以来中国革命历经曲折，但是一批批革命者和知识分子都把救国救亡和为国为民作为自己的政治追求，他们阐述的新闻思想

都离不开这一主题。特别是中国共产党的领导人始终把新闻工作与实现国家富强、民族幸福、人民富裕的政治目标相联系。这说明，中国新闻学的形成发展始终都与国家的发展进步和前途命运相联系。

国家的命运与时代的进步和社会的发展是紧密相连的。我国新闻理论始终倡导新闻工作者要立于时代前沿，记录时代风云，把握时代脉搏，反映时代精神，促进社会发展，推动社会进步。习近平总书记就把做"党的政策主张的传播者、时代风云的记录者、社会进步的推动者、公平正义的守望者"❶ 作为对新闻工作者职业身份的定位和职业责任的要求，这说明我们的新闻学也是在追求与时代同进步，与社会同发展。

（二）以马克思主义为指导，以人民为中心，以实践为基础

马克思主义作为一种科学理论是我国一切工作的指导思想，新闻学尤其需要坚持以马克思主义为指导思想。习近平总书记在党的新闻舆论工作座谈会上的讲话中就提出"要把马克思主义贯穿到新闻理论研究、新闻教学中去，使新闻学真正成为一门以马克思主义为指导的学科"❷。

中国新闻学百年发展历程证明，中国共产党从马克思主义传入中国后，就始终坚持以其作为指导新闻工作和开展新闻学研究的指导思想。学习马克思恩格斯，特别是列宁及俄国布尔什维克党的办报传统、经验和办报思想成为中国共产党新闻工作的重要原则。

在 20 世纪 20 到 40 年代中国共产党的新闻实践中，列宁的新闻思想成为党的新闻工作的重要指针，党的许多有关新闻宣传工作的文件、领导人的讲话和报刊的重要文章中有不少是阐释列宁的办报经验和办报思想的。特别是列宁关于报纸是集体的宣传员、鼓动员和组织者的思想，从 20 年代到 40 年代始终是中国共产党经常宣传的重要的指导思想。

20 世纪 40 年代在解放区逐渐成形并趋于成熟的中国共产党新闻思想中的许多重要内容，如党性原则、实事求是、真实客观、群众办报、新闻批评等，都同当时学习苏联共产党的办报经验和列宁的新闻思想有着密切关系。

新中国成立以来，我们党的几代领导人都反复强调要坚持用马克思主义来指导新闻工作，指导新闻学术研究。习近平更是明确提出要以马克思主义为指导，

---

❶　担负起新闻舆论工作的职责和使命. 人民日报，2016 - 02 - 20 (4).

❷　同❶.

构建中国特色社会主义新闻学，为中国特色社会主义新闻学学科建设指明了方向。

中国社会主义新闻学还要坚持以人民为中心的研究导向。习近平在哲学社会科学工作座谈会上的讲话中指出，我国哲学社会科学工作要解决的核心问题就是"为什么人"的问题。新闻学研究要始终坚持以人民为中心的研究导向，牢牢树立为人民做学问的思想，深入了解和准确把握人民群众的信息需求与接受心理，真正把他们的意愿和诉求作为学术研究的出发点和归宿，多出一些能够经得起人民和历史检验的研究成果。

实践还说明，新闻学研究还要坚持以实践为基础，以问题为导向，要紧密联系当前新闻工作改革发展所面临的重大而紧迫的问题，使得研究成果能够紧跟时代步伐，回应时代关切，满足社会和公众的需要，同时适应传媒业改革创新发展的需要。唯此，才能使得新闻学研究真正出成效，有实效。

（三）不忘本来、吸收外来、面向未来

习近平总书记在哲学社会科学工作座谈会上的讲话中指出，我国哲学社会科学研究要按照立足中国、借鉴国外、挖掘历史、把握当代，关怀人类、面向未来的思路，着力构建中国特色哲学社会科学，在指导思想、学科体系、学术体系、话语体系等方面充分体现中国特色、中国风格、中国气派。这既是对中国新闻学研究，以及构建中国特色社会主义新闻学学科体系所提出的应该坚持的原则和方向，也是对中国社会主义新闻学建设多年来所积累的实践经验的总结。而"不忘本来、吸收外来、面向未来"，就是对这些经验的高度概括。

所谓"不忘本来"，是指要立足中国国情、总结中国经验、继承中国传统。中国新闻学的形成与发展就是在基于中国实践，不断总结中国经验、继承中国传统的过程中实现的。

新闻学建设要建立在继承以往传统的基础之上，我们不能任意无视传统，更不能随意颠覆传统，要注意分清以往的哪些传统和理论是应当继续坚持和发扬的，要在继承以往一切优秀理论成果的基础上开辟创新发展之路。

中国新闻事业自诞生以来，经过百年实践，逐渐形成了自己的工作传统和职业规范。特别是中国共产党的新闻事业，经历了战争年代和社会主义革命、建设以及改革开放和现代化建设时期的丰富实践，在不断总结经验的基础上形成了特有的工作传统、运行规律和独特品质。这些都是我们新闻学理论体系中的重要内容，需要很好地加以总结并将其作为财富继承下来。

所谓"吸收外来",是指要把握当代,借鉴国外,吸收一切人类文明成果,遵循事物普遍规律。中国新闻学的发展,包括中国社会主义新闻学的形成和发展,同样是在坚持这些原则的过程中实现的。采取"拿来主义",做到"西为东用""洋为中用""他为我用",是我国新闻学形成发展的历史经验。

在世界新闻学发展进程中,西方新闻学是先于中国新闻学产生的。它们在揭示新闻传播的一般特征和普遍规律方面做出了有益贡献。其中许多内容迄今依然具有一定理论价值和实践意义,值得我们学习和借鉴。徐宝璜当年写作《新闻学》就借鉴了许多西方新闻学的内容。近几十年来,我们也借鉴了许多国外新闻学和传播学的理论成果,丰富发展了我们的新闻学。

因此,今后我们应该继续学习借鉴国外新闻学和传播学的理论成果,来更好地理解新闻传播的基本特征和新闻工作的一般规律,特别是新媒体背景下新闻传播的新特点新规律,用以充实我国社会主义新闻学的研究内容,丰富其学科体系,同时也更好地维护新闻学的学科地位,增强新闻学的学术品位。

当然在学习借鉴过程中也要注意弄清哪些是值得吸收和借鉴的有益的东西,哪些是不符合我国国情、对我们的实际工作没有益处的东西,哪些又是完全体现和代表西方特有价值观的东西。在介绍和阐释这些理论观点的时候,要注意运用辩证唯物主义和历史唯物主义的方法来分析与论证其形成背景、理论内涵、应用价值及历史局限,真正做到"学有所值""为我所用"。

所谓"面向未来",是指要关怀人类社会发展,把握未来世界走势,引领人类文明进步,特别是要把握时代精神,构建能够体现中国自身需要及特点的学术话语,促进我国传媒业的改革创新和新闻学的丰富发展。

改革开放以来,我国新闻学坚持立足当代,在继承以往工作传统和学术成果的基础上面向未来进行理论总结和学术创新,适时回答了实行改革开放政策后我国新闻事业所面对的各种理论与实践问题,从观念和思维创新开始,形成了包括体制、机制、形式、手段、路径、方法在内的一系列创新理论,解决了新闻工作如何坚持正确政治方向,自觉为党和国家工作大局服务、为群众生产生活服务、为民族和谐团结服务、为世界和平发展与合作服务,以及如何实现传媒业自身改革发展等问题。这些都是具有中国特色的理论成果,是为推动我国各项事业发展进步,以及促进我国传媒业改革创新服务的。

习近平总书记指出,在解读中国实践、构建中国理论上,我们应该最有发言权。这是因为我们始终立足在中国的土地上,始终实践在中国改革发展的事业中。当然我们也要看到，目前我国哲学社会科学在国际上的声音还比较小，还处于有理说不出、说了传不开的境地。因此，要善于提炼标识性概念，打造易于为国际社会所理解和接受的新概念、新范畴、新表述。这项工作要从学科建设做起，要构建成体系的、能够参与国际学术交流的学科理论和概念。

这就需要我们始终面向未来，勇敢地立于时代前沿，汇入国际潮流，构建国际话语权，提升国际影响力，要努力在国际学术平台上展示自信，发出声音，表达立场。

（四）坚持正确政治方向

在中国共产党新闻事业及其社会主义新闻学的发展历史上，曾出现过多次由于"左"或右的思想倾向的干扰，致使带来不良影响和造成严重损失的情况。

例如，在全国解放战争时期解放区土地改革的宣传报道中，一些新闻机构出现了"完全丧失马列主义原则立场与完全脱离中央路线"的"过左"❶ 行为。后来在纠正了"左"的倾向之后，一些新闻机构又出现了"弦绷得太紧"，宣传又右了的情况。

新中国成立后，从 1957 年反右开始至"文化大革命"结束，"左"的思想倾向一直居于主导地位，新闻宣传工作背离了实事求是的思想路线，给党和人民的事业带来重大损失。

这些教训告诉我们，新闻宣传要始终坚持正确的政治方向、指导思想和新闻理论，既要注意认清背离马克思主义理论原理的偏激思想的影响，防止"左"的干扰，又要注意抵制资产阶级自由化思潮的侵蚀，防止右的干扰。同时，要特别注意在反"左"的时候警惕右的东西，在反右的时候防止"左"的倾向。

在我国社会主义新闻学发展过程中，"新闻无学论"是长期制约其发展的一种有害观点。"新闻无学论"的要害是否定中国社会主义新闻学有学。在持这些观点的一些人看来，西方的"新闻专业主义"理论才是学问，而我国长期坚持的党报理论，如"党性原则""舆论导向原则""正面宣传为主方针"等都不算是学问。

因此，我们要旗帜鲜明、理直气壮地捍卫中国社会主义新闻学的学科地位，同时要积极创新和发展中国社会主义新闻学，并努力构建中国特色社会主义新闻学的学科体系。

---

❶ 中国共产党新闻工作文件汇编：上册．北京：新华出版社，1980：183.

（五）汇聚政治家论著、学者成果、业界经验共同智慧

中国新闻学的形成和发展离不开一些政治家对于新闻事业性质功能的定位和方针原则的理论阐释，离不开新闻学者的学术成果，离不开长期奋战在新闻工作一线的新闻从业者的业务经验。也就是说，正是汇聚了政治家的新闻论著、新闻学者的学术成果和业界的实践经验，才促成了中国新闻学的形成和发展。

如前所述，从以梁启超为代表的维新派人士，到以孙中山为代表的革命派人士，再到以毛泽东为代表的中国共产党人，在新闻理论与实践方面都有许多论著，这些论著对我国传统新闻学和社会主义新闻学的形成和发展都做出了重要贡献。特别是毛泽东、邓小平、江泽民、胡锦涛和习近平等党的几代领导人关于新闻宣传和舆论工作的论著，都成为中国社会主义新闻学的重要组成部分。

而在新闻学者中，徐宝璜、邵飘萍、戈公振的新闻学著作，对中国传统新闻学的形成起到了奠基性的作用。新中国成立后，特别是 1978 年国家开始实行改革开放之后，许多新闻学者为中国社会主义新闻学的兴起和发展做出了积极贡献。例如中国人民大学甘惜分教授 20 世纪 80 年代初编写的《新闻理论基础》，和后来方汉奇教授编写的《中国近代报刊史》，以及复旦大学和北京广播学院等一些新闻院系老师所编写的新闻学教材，都为充实和丰富我国社会主义新闻学做出了积极贡献。

业界经验也是中国新闻学得以形成与发展的重要支撑。自中国近代报刊诞生以来，一代代新闻人在长期的新闻实践中不断摸索、总结，积累了许多采写编评业务的经验，以及媒体经营管理的经验，其总结与提炼出的成果都成为我国新闻学的重要内容。特别是近几十年来，在改革开放的大潮中，在新兴媒体快速发展的背景下，我国传媒业取得超常规发展，迅速壮大成为有一定传播力、影响力、引导力和竞争实力的传媒集团，这方面积累了大量现代化传媒发展特别是融合发展的经验，成为构建中国社会主义新闻学，特别是中国特色社会主义新闻学的重要内容，其价值和意义不容忽视。

三、中国新闻学未来发展的理论思考

中国新闻学已走过了百年发展道路，如今正在走向第二个百年。此时恰逢党的十九大胜利闭幕，大会确定了新时代我国改革发展砥砺前行的新的历史方位，制定了我国实现中华民族伟大复兴的基本方略和发展蓝图，开启了我国现代化建设的新征程，尤为重要的是把习近平新时代中国特色社会主义思想写入党章，与

毛泽东思想、邓小平理论、三个代表重要思想、科学发展观一道作为我国一切工作的指导思想，为我国各族人民不忘初心，牢记使命，在新的历史时代坚定不移地沿着中国特色社会主义道路继续前行树起了一面光辉旗帜。

从现在起，今后的几十年将是我国发生更加深刻变革并将取得更大发展的伟大时代。面对新时代、新百年，中国新闻学应该对未来发展做深刻的理论思考和长远的建设规划。

（一）以构建中国特色社会主义新闻学学科体系为目标

思考中国新闻学的未来发展，首先需要确定新百年的奋斗目标。习近平在哲学社会科学工作座谈会上的讲话中，提出了要高度重视马克思主义在我国哲学社会科学领域的指导地位，结合中国特色社会主义伟大实践，加快构建中国特色哲学社会科学的战略任务，为我们在新时代条件下做好包括新闻学在内的哲学社会科学工作指明了正确方向，确定了指导原则，提出了行动要求。

新闻学是我国哲学社会科学领域的一门重要学科，在这次讲话中，习近平把新闻学与哲学、历史学、经济学、政治学、法学、社会学、民族学、人口学、宗教学、心理学等学科作为对"哲学社会科学具有支撑作用"的、需要加快完善发展的基础学科。

事实说明，新闻学的研究内容及其理论成果对于巩固马克思主义在意识形态领域的指导地位、培育和践行社会主义核心价值观、巩固全党全国各族人民团结奋斗的共同思想基础，对于促进社会公平正义、涵养社会伦理道德，对于促进国家经济社会发展和现代化治理、加快建设社会主义文化强国，对于增强国家文化软实力、提高我国在国际上的话语权和改善我国的国际形象等，都能够发挥重要作用。

因此，我们要善于从宏观上，从党和国家事业总体发展的战略高度，来考察和布局我国新闻学的建设和发展问题，要使中国社会主义新闻学在新的时代，在新的政治、经济、文化和社会环境与条件下，能够在继承以往历史传统和理论成果的基础上，不断充实新的内容，获得新的发展，以求更加系统、更加完善、更加科学，特别是要努力构建起中国特色社会主义新闻学的学科体系，用其理论成果来促进和推动我国各项事业的发展。

（二）以习近平新时代中国特色社会主义思想为引领

党的十九大阐释的习近平新时代中国特色社会主义思想，是党的十八大以来习近平治国理政、定国安邦的思想高度凝练的理论成果，它融入了中国基因，展示了中国风格，体现了中国特色，显示了中国气派，充分体现了中国共产党人对中国特色社会主义理论内涵的把握和理解，是中国共产党人把马克思主义的基本原理同当代中国具体实践相结合的产物，是当代马克思主义中国化的最新成果，是引领我们实现未来发展目标的基本遵循。

习近平总书记在哲学社会科学工作座谈会上的讲话中曾指出，中国特色社会主义理论在世界上是独一份的，而习近平新时代中国特色社会主义思想就是独具特色的马克思主义理论。

中国新闻学的建设与发展，一方面要坚持用习近平新时代中国特色社会主义思想作为总的指导思想，来谋划如何加强学科建设与发展，构建中国特色社会主义新闻学，另一方面可以通过学习习近平总书记的新闻思想来引领新闻学学科建设与发展，因为习近平的新闻思想是新时代中国特色社会主义思想的重要组成部分。

近些年来习近平总书记从党和国家事业发展全局的战略高度，就党的新闻舆论和宣传思想工作的性质地位、职责使命、基本方针、重要原则、创新理念、发展路径、人才培养、队伍建设和党的领导等一系列事关新闻事业长远发展的带有根本性、战略性、全局性的重大理论与实践问题做了全面、系统、深刻的阐述，形成了他独特的新闻思想，为在新的时代条件下做好党的新闻舆论和宣传思想工作，以及新闻学学科建设指明了政治方向，规划了实践路径，确定了工作原则，提出了行动要求，提供了强大的思想武器和理论指南，需要我们认真学习、深入研究和努力践行。

（三）以满足人民群众日益增长的新闻与信息需要为旨归

党的十九大报告指出，当前我国社会的主要矛盾已经转化为"人民日益增长的美好生活需要和不平衡不充分的发展之间的矛盾"，这告诉我们，今后党和政府的工作要将解决这一矛盾作为目标和导向。就新闻工作来说，也要坚持以满足人民群众日益增长的新闻与信息需要为旨归。

从这些年我国新闻改革的实践看，无论出于什么目的的改革，和无论进行什么形式的改革，无论是运用先进技术也好，还是扩展传播渠道也好，或是完善用户服务也好，始终都离不开"满足人民群众日益增长的新闻与信息需要"这个核心问题。因此，我们的新闻学研究和中国特色社会主义新闻学建构，就要解决如何才能更好地从实践到理论都能够满足人民群众日益增长的新闻与信息需要的问题，要提供解决这一核心问题的理论指导和学术规范，这样才不负社会与公众的期待。

（四）以回答中国新闻工作的重大理论与实践问题为导向

中国新闻学作为一种理论，除了要服务于党和国家、服务于人民群众、服务于社会发展之外，还有一项重要任务就是要服务于传媒改革，要能够解决我国传媒业在改革发展过程中遇到的重大理论与实践问题。

随着时代的发展，特别是互联网出现之后所带来的媒体格局和传媒生态的变化，以及人民群众对新闻传播提出的新需求，创新发展已经成为我国传媒业无法回避的主题。我国新闻学建设，特别是中国特色社会主义新闻学建构，需要把回答我国新闻工作中的重大理论与实践问题作为导向，要通过强有力的理论支持和决策咨询，促进和推动我国传媒业的改革发展。

处在新时代的中国社会主义新闻事业，要想取得成功与发展，依然需要坚持与时俱进、不断创新的理念和品质。同样，中国社会主义新闻学要继续丰富和发展，也应当继续坚持自产生以来就一直具有的这种理念和品质。这就是说，今后我们依然要注意结合我国国情，注意联系当前我国新闻工作的实际需要，深化新闻改革，不断进行理论创新，要坚持不断用自身的新实践、新理论去充实、丰富和发展自己的新闻理论，同时要为构建中国特色社会主义新闻学科学的理论体系而奋斗。

例如，面对世界上政治多极化、经济全球化和信息传播国际化的趋势，我们要考虑如何才能使我们的传媒业在激烈的国际竞争中站稳脚跟，增强实力，加速发展，争取主动，以形成自己独特的优势。

在实行社会主义市场经济的条件下，我们要考虑如何使我们的传媒业能在坚持正确舆论导向、保证社会效益的前提下，尽可能地提高经济效益，增强经济实力，争取"事业"（在组织新闻报道和进行舆论导向方面，具有事业性质）和"产业"（在组织经营管理和进行市场开发方面，具有产业性质）同步发展的双赢结果。

在科学技术日新月异、国内外传播环境不断变化的情况下，我们要考虑如何才能使我们的传媒业随时掌握最新科学技术和经营理念，去实现技术、管理、经营及整体发展上的新突破、新发展等等。

这些问题既是实践问题，也是理论问题，都需要我们进行理论思考和科学总结，以形成新的新闻理论。

经过几十年的实践总结和理论积累，中国社会主义新闻学已经形成了相对科学、完整的知识构架和理论体系，但是要使得它能够不断与时俱进、创新发展，还必须考虑如何使其能够随着国家政治、经济、文化、社会和生态建设的整体发展，不断更新和充实内容，从而使其内容更加完善，体系更加完整，理论更加科学。

例如随着国家政治民主进程的不断推进，要多考虑如何更好地发挥新闻传播在促进民主政治建设过程中的功能和作用，要在探索政务、党务透明和信息公开，以及尊重人民群众知情权上力求取得新的进展，要关注新闻传播的法制建设，推动传媒业的法治进程。

从经济角度看，要多考虑如何使我国新闻业的发展能够同整个国家的经济发展相协调、相平衡，既要为国家的经济发展提供舆论支持，又要为自身事业和产业的发展创造良好的经济环境与经济条件。

从文化角度看，要多考虑如何使我国新闻业的发展能够同国家整个文化事业的发展和软实力建设相协调、相平衡，既要为宣传和普及社会主义先进文化服务，为满足广大人民群众的精神文化需求和丰富其文化生活服务，又要为自身营造良好的文化环境，使自己在整个国家文化繁荣发展的大环境中求得健康发展。

从社会角度看，要多考虑如何使得我国新闻业的发展能够同全社会的和谐发展相协调、相平衡，既要为构建社会主义和谐社会，实现民主法治、公平正义、诚信友爱、充满活力、安定有序、人与自然和谐相处的社会理想，促进全社会的文明与进步营造良好的舆论氛围，又要善于借助整个国家和谐的社会环境寻求自身的发展途径和发展方式。

从生态角度看，要多考虑如何使我国新闻业的发展能够同国家的生态文明建设相互协调、相互促进，既要为实现绿色低碳可持续发展，减缓、适应和应对气候变化，建设美好家园和美丽中国提供舆论支持，也要考虑自身在国家生态文明建设的大环境中如何求得自身的绿色发展。

而在此过程中，我们要努力发展和壮大我国社会主义新闻事业，丰富和创新中国社会主义新闻学，在此基础上努力建构起一个科学的，经得起历史、实践和人民检验的中国特色社会主义新闻学学科体系，这将是摆在全国新闻界，特别是学术界面前的一项重要使命和艰巨任务。

第二部分

新闻理论

试论我国新闻学的学科地位及学科发展 *

郑保卫

一、问题的提出及研究的意义

在 2004 年年初通过的《中共中央关于进一步繁荣发展哲学社会科学的意见》中，新闻学被列为国家重点发展的九大哲学社会科学学科之一，而且排在文学之前，这是自 1997 年新闻学与传播学一起被国家有关部门批准为一级学科（新闻传播学）以来，新闻学的学科地位又一次被国家权威确认的有力证据。

相比以前新闻学被划在文学门类，作为语言文学之下的二级学科，现在新闻学的学科地位显然已经大大提高了，这确实是令人高兴的事。但是也要看到，近年来在学术界也出现了一些对新闻学学科地位的巩固和学科理论的发展十分不利的观点。

例如随着传播学从西方的引进，以及学科研究的不断深入和研究成果的不断积累与扩大，传播学近些年来在我国越来越被人们所认知和接受，其影响力越来越大，学科地位也越来越高，由此有人认为传统新闻学内容狭窄，因而主张将其归入传播学，成为传播学的一个分支；也有人主张，将传播学的一些内容引进新闻学，扩充为"新闻传播学"替代原先的传统新闻学；还有人干脆提出传统新闻学已经过时，应当用传播学代替新闻学的观点；等等。

这些观点的出现，以及由此所引发的关于新闻学与传播学关系问题的争论已经引起了学术界和教育界的重视。2003 年 10 月教育部高等学校新闻学学科教学指导委员会召开的年会就以此作为研讨的主题，可见这一问题的严重性，以及解决这个问题的重要性。

此外，一些人有意无意地对新闻学理论价值和学术成果的轻估和贬低也对新闻学的学科地位带来冲击。例如有人认为我国新闻学还没有形成自己的理论体

* 原载于《中国人民大学学报》，2005（2）：129-136。

系；也有人认为我国新闻学研究水平低下，许多理论著述缺乏学理性，根本还谈不上是科学；等等。

上述这些轻估和贬低新闻学理论的观点的提出，冲击和动摇了新闻学的学科地位，也带来了学科研究中理论上的混淆和实践中的混乱，对新闻学的发展造成了不利的影响。

对新闻学理论研究的状况和水平进行评说，这原本无可厚非。每个人对此问题都可以有自己的看法，观点也可以不同，但是若要全面评价我国的新闻学理论到底成不成体系，有没有自己的东西，需要采取实事求是的态度。

应当说，虽然我们的新闻学比较其他一些历史久远的传统学科，像文学、史学、哲学、经济学、法学等，在学科体系的完整、学科内容的完善和学科研究方法的完备上还存在着距离，但是笔者认为，新闻学作为一门社会科学学科的基本条件和基本要求已经完全具备，其理论体系已经形成，学科内容十分丰富，研究方法也在不断更新。总之，作为一门独立的社会科学学科，它当之无愧。

近年来我国传统新闻学在创新和发展的过程中碰到一些困难，学科地位受到一些冲击和影响，我想主要有以下几个原因。

一是"新闻无学论"的影响还没有完全肃清。

长期以来，"新闻无学论"一直是困扰和影响新闻学学科发展的一个重要因素。一些人把新闻学同政治学和宣传学等同起来，一些人又把新闻学简单地纳入文学范畴，还有的人认为新闻有"术"无"学"等，总之是认为新闻学没有什么学问，难登学科和学门的大雅之堂。其实，经过新闻界多年的努力，新闻学在1987年就已被国家正式列为单独的社会学科，2004年又被列为国家重点发展的九大哲学社会科学学科之一，这说明新闻学的学科地位已经得到了国家的权威认可。但遗憾的是，时至今日依然还是有人戴着"新闻无学论"的有色眼镜看待新闻学，否认其理论价值及其学科地位，这实在让人难以理解。

二是传播学快速发展对新闻学的冲击和影响。

传播学近几年发展很快，对传统新闻学形成一定的冲击和影响。这一方面是因为传播学研究的内容多涉及社会共同性问题，社会适用性强，扩散力和影响力大，容易引起社会关注。而新闻学却主要囿于本学科的范围之内，不易引起社会关注，不易形成较大的社会影响力。另一方面传播学研究队伍发展快，研究成果多，在学术界和社会上渐成气候。特别是近一二十年来，一些赴欧美等地学习和研究传播学的学者，在一些新闻院校已成为教学队伍的主体和骨干，使传播学的教学与科研队伍迅速扩大，影响力日盛。

三是传统新闻学本身理论创新难度较大。

新闻学研究发展到今天似乎难以有新的突破。同时也由于新闻学是一门政治性很强的学科，往往在政策上受到的限制较多，因而理论创新难度较大，这使得近年来新闻学的研究步伐显得缓慢，有时甚至给人以停滞不前的感觉。一些新闻学研究人员只好转到传播学方面，有的成为"两栖"研究者，有的则进行新闻学与传播学的交叉研究，希望从中找到突破口。由于上述这样一些因素，近些年来坚守传统新闻学研究阵地的队伍在一些地方和单位有逐步萎缩的趋势。

上述这些应当都是近些年来新闻学研究进展较慢的原因，同时也是导致有些人轻看新闻学，并且提出要用"传播学"或"新闻传播学"来代替"新闻学"的原因之一。

不过依笔者之见，虽然新闻学学科的发展当前面临着一些困难，但它有自己的理论内涵和科学品质，有自己的学术积累和发展基础，只要学界同人重视并加强新闻学的理论研究，坚持不断创新，新闻学就一定会获得新的发展，一个科学的、适应新时代需要的、经得起历史和实践检验的、有中国特色的社会主义新闻学理论体系就一定会确立起来。

二、新闻学的学科性质及地位

（一）新闻学是一门独立的社会学科

我们承认新闻学的学科地位的前提是，它是一门独立的社会科学。

评定一门学科知识是不是能够独立地成为一门科学，首先要看这门学科所研究的对象是否具有自己特殊的矛盾性；其次要看其是否形成自身特有的学科知识和理论体系；最后要看社会对这门学科知识的认知及接受程度。

事实说明，新闻学已经完全具备了上述条件。

首先，新闻学不但有自己形成和发展的历史过程，还有自己独特的研究对象，有自己特殊的矛盾规律。新闻学把一切新闻现象和新闻传播活动，以及整个新闻传播业作为自己的研究对象和研究内容；把研究新闻传播过程中新闻传播者与新闻接受者、新闻控制者的关系，传播内容与传播效果的关系，传播活动与经济、文化和社会发展的关系，传播活动与传播业自身发展的关系，以及探讨其中的规律等作为自己的任务。

其次，它已基本形成了较为系统的知识和理论体系。它的知识和理论体系包括新闻的本质特征及其矛盾关系；新闻传播活动的历史、现状及其内在规律；新闻业的社会地位、作用及其功能；新闻工作的原则、方法及其全部业务技能和知识；新闻从业者的职业特征、要求及其职业素养；新闻业的经营与管理；等等。

最后，在世界范围内近 200 年的研究过程中，新闻学已经硕果累累，并且已经得到了社会和学界的认可。在许多西方国家，新闻学的学科地位早已不成问题。在我国，20 世纪初叶，一些有识者（如蔡元培、徐宝璜、邵飘萍等）就已阐释了它的理论价值及其学科地位。虽然后来由于长期受到"新闻无学论"的影响，其学科地位一直受到冲击，但是 1987 年国家科学技术委员会发表的统计年报文件就已将新闻学正式列为我国社会科学和人文科学 15 个学科项目之一。1997 年新闻学与传播学又一道被国家提升为一级学科，从此摆脱了过去长期隶属于语言文学之下作为二级学科的尴尬局面，确立了自己在社会科学领域的学术地位。更令人高兴的是，在 2004 年年初通过的《中共中央关于进一步繁荣发展哲学社会科学的意见》中，新闻学被列为国家重点发展的九大哲学社会科学学科之一，其学科地位又一次得到国家权威机构的确认。

短短十几年工夫，新闻学得到了如此快速的发展，成为一门在社会上具有巨大影响力的学科，充分说明了它作为一门科学的发展潜力和发展基础。

新闻学的发展从作为其支撑条件之一的新闻教育的发展中也可略见一斑。1978 年全国才有五所大学办有新闻学专业，现在新闻学已经成为高校中的一门热门学科，全国开办新闻学与传播学专业教育的院校已达 300 所左右，教学点超过 470 个，在校生已达十几万人。❶

显然，在我国，新闻学作为一门社会科学的学科地位及其学科的不断发展已经是一种客观存在，是一种不容否认的客观事实。

（二）新闻学与传播学的关系

传播学是新闻事业发展到广播电视等大众媒体阶段，形成社会性的大众传播业之后出现的。从产生过程看，是先有新闻学，后有传播学。新闻学是传播学的基础和前身，传播学是由新闻学等相关学科孕育、衍生和发展起来的。虽然相对说来，传播学所涉及的内容更加丰富，其外延也更加广泛，新闻学的有些内容是涵盖在传播学之中的，但新闻学也有很多内容是传播学所涵盖不了的。正像商品学和经济学的关系一样，虽然经济学能够涵盖商品学的一些内容，但经济学却不

---

❶ 截至 2019 年，教学点达 1 352 个，在校生达 20 多万人。——编者注

能取代商品学。同样的道理，传播学也不可能取代新闻学。

我们只需稍作分析即可看出，新闻学与传播学虽然有着不少联系，但在研究对象、研究目的、研究选题、研究方法、研究人员，以及人才培养目标和要求上都存在着许多区别和差异。因此，一定要正确认识新闻学与传播学之间的关系。

以笔者之见，新闻学与传播学应当具有如下的关系：

（1）新闻学与传播学之间互有区别，但又相互联系，它们各有其自身的特点和科学内涵，有其理论价值和实践意义。

（2）新闻学与传播学不应相互排斥，而应相互借鉴、取长补短、超越门户之见，要多寻求合作，以图共同发展。

（3）新闻学要开阔思路，不断创新，冲破传统束缚，转变陈旧观念，在借鉴传播学及其他学科知识的过程中逐步完善和发展自己，建立起更加科学、系统的学科体系。例如，新闻学可以借鉴传播学的研究思路，拓宽自己的研究视野，从更加宏观的范围和高度上研究新闻传播对社会发展的影响，研究社会政治、经济、文化等诸因素对新闻传播活动的制约和影响，以使新闻传播更好地坚持为人类生活和为社会发展服务的方向。再如，新闻学可以借鉴传播学的研究方法，多采用一些定量分析方法、行为科学方法、过程与结构研究方法等，来开阔自己的研究思路，增强研究的效果，提高学科研究的科学性和系统性。

（4）传播学要调整自己的价值取向，防止急功近利行为，增强理论思维，提高学科研究的理论层次，增强系统性和科学性，不断充实和完善自己，巩固自身的学科地位。同时，传播学也可以借鉴新闻学的研究成果，来提升自己学科研究的质量和水平。

（5）我国传播学研究要加大本土化步伐，扩大能直接为我国新闻实践和社会主义事业服务的研究层面及研究成果，使来自西方的传播学能够更好地为我国新闻事业及其他社会事业服务。

总之，作为同被列在一个一级学科中的新闻学与传播学应当各扬其长，携手共进，一道为人类进步与社会发展服务。笔者相信，新闻学与传播学的理论发展前景和实际应用价值都会是大有前途的。

三、新闻学的学科范畴及内涵

（一）新闻学的三大组成部分

新闻学作为一门独立的社会科学，有自己独特的研究对象和系统的学科理论体系。它把一切新闻现象、新闻传播活动和整个新闻事业作为自己的研究内容。因此可以说，新闻学是一门研究新闻现象和新闻传播活动规律的科学。

在1987年国家科学技术委员会发表的统计年报文件中，在"新闻学"的总标题下，标明的具体内容是：新闻学总论、马克思主义新闻理论、新闻学流派与学说、新闻法制学研究、新闻业务研究、出版业务的应用、电子技术在出版业务中的应用、中国新闻事业史、中国出版事业史、国外新闻事业史。

按照上述思路及国家制定的学科范畴规范，新闻学的研究内容可以概括为以下三个方面。

1. 历史新闻学（即新闻事业史）

历史新闻学主要研究中外新闻业产生和发展的历史以及中外新闻界名人史。它要探寻人类最早的信息传播活动是怎样产生的，又是什么力量在推动着人类新闻传播活动的发展，新闻传播媒介是怎样从低级形式向高级形式演进的，它与社会生产力的发展有什么联系。

报刊是人类从事新闻传播活动最先使用的媒介，可以说构成人类新闻传播活动最早的那部分历史是报刊史，因此，中外报刊史成为历史新闻学的最主要的研究内容。除此之外，历史新闻学还要研究广播、电视、通讯社、新闻图片、新闻电影、互联网等新闻传播手段和方式，以及新闻教育、新闻学研究、新闻事业经营管理等有关的新闻事物、新闻活动产生与发展的历史。

新闻事业作为一项社会事业的产生和发展，是一大批致力于这一事业的人们长时期艰苦奋斗、不懈努力的结果。历史新闻学理所当然地也把那些曾为推动新闻事业的繁荣与发展做出过卓越贡献的著名报刊活动家、记者、编辑、评论员、主持人、经营管理者以及新闻教育学家、新闻学研究专家作为自己的研究内容。

2. 理论新闻学（即新闻理论）

理论新闻学主要研究以下内容：新闻的本质特征和新闻传播活动中的各种矛盾关系，以及新闻事业在社会生活中的地位和作用，它的社会功能及特点，它的工作原则、方法和一般规律；新闻作为一种独特的社会现象，区别于其他事物的本质特征是什么，它有哪些自然属性和社会属性；如何理解新闻事业作为一种社会事业的性质，它对社会的发展能起什么作用；新闻事业的发展受到哪些社会政治、经济和文化等因素的制约和影响；在现代社会中，各种政治组织、经济机构和社会团体是如何利用和控制新闻事业的；各种新闻事业的运作、经营和发展是否有共同的规律可循；如何认识我国新闻事业与西方新闻事业的区别；如何批判地借鉴国外新闻学中的一些有用的东西；我国新闻事业有哪些优良传统，这些传统是怎样形成的；在改革开放的新形势下，如何发扬这些传统；如何改革一些已经不适用的旧的传统观念和传播方式；如何开创我国新闻工作的新局面；如何建设有中国特色的新型的社会主义新闻事业；面对世界政治的多极化和经济与信息传播的全球化，我国新闻事业如何抓住机遇，迎接挑战，壮大实力，扩大影响，真正把事业做强做大做优做好；等等。

上面是新闻理论需要解答的一些基本问题，只要对上述问题做出科学的阐释，新闻学的基本原理和新闻传播的客观规律便从中被揭示出来了。

3. 实用新闻学（即新闻业务）

实用新闻学主要研究新闻采访与写作、新闻编辑、新闻评论、新闻摄影、新闻广播、新闻电视、网络传播、新闻事业经营与管理等新闻业务方面的应用知识。它探讨的是新闻采访、写作、编辑、评论、摄影（像）、制播，以及新闻事业的经营、管理等方面的技能方法和一般规律。

新闻学这三方面的内容是构成新闻学学科知识体系的三个基本组成部分，它们是相互联系、不可分割的整体。

在它们之间，新闻事业史是基础，新闻理论则是新闻学研究的核心，新闻业务是新闻学研究的落脚点。因为一切新闻理论和新闻事业史的研究，其目的和归宿都是为了服务于新闻业务实践，为真正做好新闻工作提供方法和武器。

新闻学是一门独立的学科，但它又与其他一些人文和社会科学学科存在着许多相互交叉的研究领域。这些学科包括政治学、经济学、文化学、社会学、统计学、传播学、心理学、伦理学、语言学、法学、美学等，新闻学与它们交叉产生的边缘学科也属于新闻学研究的内容。这些交叉学科的出现不但大大拓宽了新闻学的研究领域，丰富了新闻学的研究内容，而且为新闻学研究提供了许多新的学科原理和方法，从而使新闻学研究更加科学，更加规范。

新闻学交叉学科的类别和层次界定较为复杂，有些可以归入理论新闻学，有些则可以归入应用新闻学。

（二）"媒介经济"和"传媒业经营与管理"也属新闻学研究范畴

按照惯例，"新闻事业经营与管理"是归在上述三大部分之中的，理论新闻学有涉及，历史新闻学也有涉及，而应用新闻学也将其列为研究内容。

近些年来随着新闻事业的发展，传媒业经营和管理问题的重要性日益凸显。特别是新闻传媒在实行产业化经营后，新闻界对这方面的实践与理论问题越来越关注，因而"传媒业经营与管理"在新闻学中的地位和影响力也就越来越大。因此有人主张将其同理论新闻学、历史新闻学和应用新闻学并列，单独作为新闻学研究中的一个类别和层次。

另外，近些年来，传播学也将"传媒业经营与管理"问题归入"媒介经济"中，列为其研究内容，一些院校还专门设有"媒介经济"的研究方向，招收硕士和博士研究生。

以笔者之见，将"媒介经济"和"传媒业经营与管理"仅仅视为传播学的研究内容是欠妥当的，新闻学同样应当把它列入自己的研究范畴之中，这是新闻业发展的需要，也是新闻学科发展的需要。

四、我国新闻学的学科创新与发展

（一）我国新闻学学科创新的依据

我国新闻学学科要想在原有的基础上有所突破，有所发展，坚持不断创新是唯一的选择。

1. 新闻学的学科创新是宏观创新理念的要求

近年来，中央非常强调创新问题。观念创新、理论创新、体制创新和机制创新等，成为各项事业发展的重要内容和基本要求。

从宏观上看，在当今时代，要适应不断变化的世界，要了解不断变化的事物，要在不断变化中求得各项事业的不断发展，都必须树立创新理念、具备创新精神，都要坚持不断地求新、求变。这对社会主义的各项事业、各种工作来说都是基本的要求。我们国家这些年来正是在不断改革和创新中发展前进、取得建设中国特色社会主义事业的一个又一个胜利的。

创新，对于科学研究来说，更是具有重要的价值和意义。只有坚持创新，才能保证学科理论不断汲取新的知识营养和新的实践经验，取得新的研究成果和新的理论突破。新闻学研究同样需要运用创新理念，借助不断创新来实现学科理论的突破与发展。

新闻学经过长期的积累和发展，形成了许多反映新闻事业基本特征和一般规律的传统理论。运用创新理念，我们可以对这些传统理论进行梳理和总结，看看哪些是依然适应当代新闻事业发展需要可以继续保留的内容，哪些是已经无法指导当今新闻实践、需要进行更新的内容；哪些是需要做根本性变革的内容，哪些是只需做局部调整的内容；哪些是需要运用新观念指导创新的内容，哪些是可以借助新方法实现创新的内容；等等。

应当看到，我们以往的新闻学理论，由于历史的局限，在学科内容、理论体系、研究方法等方面的确还存在许多欠缺和不足，有些东西已经完全不适应今天的社会环境以及新闻事业本身的发展需要，因此必须进行创新和变革，唯其如此，才能实现新闻学学科理论的新突破和新发展，才能为建立有中国特色的社会主义新闻学理论体系扫清思想和理论障碍。

2. 新闻学的学科创新也是新闻事业内在发展的需要

如今我国的新闻事业正面临着国际国内新闻竞争的严峻形势，在激烈的竞争面前，新闻传媒要想赢得主动，坚持不断创新是唯一的出路。只有用创新的意识和创新的思维，在观念、体制、机制和传播手段上不断有所创新、有所变革，才能促进新闻事业的不断发展。要通过创新，坚决摒弃那些不利于甚至是阻碍新闻事业前进和发展的旧传统、旧观念、旧体制和旧机制，代之以能够促进和推动新闻事业前进和发展的新观念、新思维、新体制和新机制。

另外，新闻工作本身是一项求新、创新的工作。新闻工作每日每时都须寻访和发现新事物，反映和报道新事物。用最新的观念、最新的方式方法去反映和报道最新的新闻及各种社会信息，是新闻工作者的社会责任和职业追求。因此，不断创新也是提高新闻工作者素质和能力，促进新闻事业改革和发展的必然要求。新闻学研究要有利于强化新闻工作者的创新意识，帮助他们掌握创新的方式和方法，要培养他们的创新思维，帮助他们学会运用多向思维、发散思维、逆向思维等方式，多侧面、多角度、全方位地去观察事物、思考事物，以便更好地了解和掌握事物的全貌、整体和深层次的本质。

总之，新闻工作永远处在不断求新、求异、求变的过程中，新闻学研究也要永远坚持改革和创新。

（二）我国新闻学学科发展的条件

在整个国家实行改革开放以来经济发展、文化繁荣、社会进步的大背景下，我国新闻学的学科发展具备了前所未有的良好环境和条件。

1. 丰富多样的改革实践

1978 年党的十一届三中全会以后国家实行的改革开放政策，不但带来了我国经济的繁荣发展和国家的对外开放，而且也大大促进了新闻事业的改革与发展。在这 20 多年中，我国新闻事业不但在规模和数量上有了突飞猛进的发展，而且在宣传思想、新闻理念、报道业务和经营管理机制与方式上都有很大的调整和变革，从而使得新闻传播能够建立在更加科学、更加规范、更加符合学理、更加讲究效益和效果的基础之上。

特别是市场经济体制的建立，更为我国新闻事业营造了深化改革、快速发展的良好环境，使得我国传媒业不但尝到了借助市场发展自己的甜头，同时也积累了在改革和创新中求发展的经验。以都市报为主体的一些大众化报纸顺应时代的需要，"面向市民，面向社会；关注市场，关注读者；精心策划，精心办报；注重效果，注重效益；在坚持正确舆论导向的前提下，善于运用市场经济机制来发展报业"的成功做法，带动了整个报业的改革和发展。广播电视也适应市场需要，根据不同听众、观众的需要，细分市场，设置不同的节目、栏目和频道，实现受众的"分众化"，同时注意打造"精品栏目"和"精品节目"，用以吸引受众，同样获得了成功。

我国传媒业在改革发展中所焕发出来的创造力、所积累的智慧和经验，为新闻学研究提供了丰富的养分和宝贵的资料，特别是对建设中国特色的社会主义新闻学更是具有重大意义。新闻学的学科研究和学科发展离不开这些丰富多样的改革实践所提供的取之不尽、用之不竭的经验与资源。

2. 不断改善的政治环境

从一定意义上说，新闻传播本身就是民主的产物。新闻传播与民主政治是一种相辅相成的关系。没有新闻传播，民主便失去了它的一项重要内容——体现民主精神的新闻自由；同时也失去了自己得以存在的一种保护手段和实现形式——为民主自由勇敢呼号的新闻媒体。而若没有民主，新闻传播便会失去自己应有的品质，失去体现新闻传播本质与内涵的真正的价值和意义。

我国党和政府近年来积极推进民主政治建设，促进国家的政治民主，创造良好的民主政治氛围，营造全社会生动活泼的政治局面。在指导新闻工作方面，党和政府近年来逐步放宽政策，减少不必要的行政干预，给媒体以更多的自主空间，为它们更充分地发挥信息传播和舆论监督的功能提供了可靠的政治保障，创造了良好的政治氛围。

新闻媒介也适时地依靠党和政府在"信息公开""舆论监督"和"社会民主"等方面所采取的一些宽松政策，在实行信息公开、尊重和维护群众的知情权，加强舆论监督、实现人民群众对党和政府工作的监督，发扬社会民主、营造良好的社会舆论氛围等方面做了许多积极的尝试和有益的工作，受到了群众的欢迎，也促进了自身的改革和发展。

中共十六大以来，党中央在指导新闻工作方面采取了许多鼓励媒体改革创新的政策措施，如关于改进会议和领导同志活动报道、改进国内重人突发事件报道、实行信息公开、加强舆论监督、建立新闻发言人制度、治理整顿党政部门报刊、推进传媒业的产业化的建设和发展等，为媒体解决一些长期以来改革发展中难以解决的"老大难"问题提供了保障。

特别是在2003年春天抗击"非典"的报道中，政府前所未有地加大信息公开的力度和提高舆论监督的强度，使得新闻媒体获得了充分发挥自己特有的功能和作用的空间。中央和地方的许多媒体在党和政府的支持下，及时、广泛、准确地传播有关疫情的信息，对抗击"非典"中的失职者和枉法者进行有效的批评和监督，使群众真正感受和体会到了关键时刻传媒的作用。这段时间里的新闻传播信息量之大、针对性之强、传播效果之好，都是以前少有的。这些经验将对以后的新闻改革和传媒发展提供有益的借鉴。

3. 逐步开放的学术氛围

学术研究需要一个开放而又宽松的氛围与环境，这是保证其能够广纳众家之长、博采众家之言、促进学术健康发展的基本条件。新闻学要求的创新和发展同样需要这样的环境和条件。近些年来，我国新闻学研究的氛围和环境呈现出逐步开放的趋势，在总结和梳理自身传统和经验的同时，能够以开放的姿态，积极吸纳国内外的一切优秀理论成果，用以充实、完善和发展自己，收到了积极的效果。

其实，无产阶级和社会主义的新闻学本身就是一个完全开放的理论体系，它的形成和发展过程就是一个在继承前人理论成果的基础上与时俱进、不断创新的过程。它总是根据无产阶级及其政党在不同历史时期和不同发展阶段新闻工作性质与任务的变化，用新的实践、新的理论来充实、完善和发展自己。

例如，马克思和恩格斯就是在批判与借鉴资产阶级新闻理论的基础上，结合自己指导和创办工人报刊和无产阶级政党报刊的实践，创立了全新的马克思主义新闻理论；列宁则是在继承马克思、恩格斯新闻思想的基础上，总结自己利用党报党刊指导组建政党、武装斗争、政权建设和经济宣传的经验，对马克思主义新闻理论进行创新与发展；而以毛泽东为代表的中国共产党人也是在继承马克思、恩格斯和列宁新闻思想的基础上，总结党的新闻事业在不同历史时期的实践经验和工作传统，对马克思主义新闻理论进行创新与发展。这说明，这些无产阶级的领袖们都坚持了开放和创新的原则。他们始终是站在时代的潮头，根据当时形势发展和新闻实际工作的需要，在不断总结经验的过程中进行理论创新，提出适合当时需要的新的理论观点的。可以说，正是中国共产党所经历的那许许多多不同于马克思、恩格斯和列宁时期的革命斗争和新闻工作实践，才有了中国共产党人对新闻事业的党性立场、舆论导向、群众路线、政治家办报、实事求是作风，以及新闻工作要适应革命斗争与经济建设需要等一系列新闻工作中的重大原则性问题的独特理解。

在坚持开放的前提下，在继承传统的基础上，不断地吸纳营养、不断地改革创新是新闻理论和新闻实践永远的话题，也是我们新闻学理论研究所要遵循的原则和所要达到的目的。通过理论研究，要弄清哪些是应当继承和发扬的，哪些是需要学习借鉴别人的知识和经验的，哪些是需要按照传统和常规办事的，哪些是需要根据新的形势、任务和工作要求进行改革创新的。总之，新闻学研究也要坚持改革开放，真正学会不断用新的知识、新的实践、新的理论去充实、完善、创新和发展新闻学的学科理论。

（三）建设中国特色社会主义新闻学理论体系

我国新闻学学科发展的目标应当是构建一个全新的、具有中国特色的社会主义新闻学理论体系，以适应新世纪新闻事业和新闻学科发展的需要。

所谓"中国特色的社会主义新闻学理论体系"，顾名思义，这个理论体系要体现两个特点：一是要坚持社会主义的方向，反映社会主义新闻事业的本质；二是要具有中国特色，适应中国新闻事业发展的需要。当然，这两点是相互联系相互依存的。只有坚持社会主义方向的新闻学，才是具有中国特色的；反之，中国特色的新闻学，就应当是反映社会主义新闻事业本质的。

要坚持社会主义的方向，反映社会主义新闻事业的本质，就需要我们所创立的新闻学理论体系能够充分体现我国新闻事业作为党、政府和人民的"耳目喉舌"所应具备的基本性质，所应遵循的基本方针，所应坚持的基本原则等。

要具有中国特色，适应中国新闻事业发展的需要，就需要我们所创立的新闻学理论体系能够准确表述我国新闻事业在改革开放和现代化建设的新时期所应承担的历史使命，所应采取的发展方略，所应体现的风格特点等。

当然，作为一门学科的理论体系，首先应当体现和建立这门学科基础知识的理论框架。因此，建设具有中国特色的社会主义新闻学理论体系，必须首先解决作为"新闻学"的学科基础知识的理论框架问题。

根据多年来我国新闻学理论研究的成果，在对新闻学学科基础知识理论框架问题的认识上，主要涉及和解决的基本问题应当包括四个方面：一是"什么是新闻"；二是"新闻事业是做什么的"；三是"怎样做好新闻工作"；四是"新闻工作者应当成为怎样的人"。按照这四个问题，通常新闻学基础知识的理论框架包括四个层次：一为"新闻"；二为"新闻事业"；三为"新闻工作"；四为"新闻从业者"。也就是说，许多研究者通常是按照这四个层次来阐释和论述新闻学理论的基本问题的。

社会主义新闻学也应从这些基本问题入手，弄清它们在社会主义条件下的存在方式、表现特征和行为特点。

建设具有中国特色的社会主义新闻学理论体系，需要对当前我国新闻传播状况的充分了解，需要对我国新闻事业近年来经验和教训的全面总结，需要对新闻学理论原理和基本概念的准确把握，因此，必须靠全体新闻理论和实务工作者的共同努力，才能完成这一历史性任务。

改革开放以来，我国新闻事业的飞速发展，新闻学研究的历史性进步，为建设中国特色社会主义新闻学理论体系提供了有利的条件。多年来我们积累的丰富的新闻实践经验，打下的坚实的新闻理论基础，都将是我们建设中国特色社会主义新闻学理论体系的有力保证。我们相信，一个科学的、能够适应新时代需要的、能够经得起历史和实践检验的中国特色社会主义新闻学理论体系终将会建立起来，而在构建这个理论体系的过程中，我国新闻学也一定会获得新的突破和发展。

试论 20 世纪 80 年代我国新闻学研究中逻辑思维的缺失 *

王亦高

笔者在研究 20 世纪 80 年代出版的我国新闻学刊物时发现，较多的论文在逻辑思维方面存在着明显的共性问题，即缺乏必要而正确的逻辑推理过程。

20 世纪 80 年代的那批新闻学刊物，是我国新闻学研究恢复和传播学引入的见证，亦是当时学科研究不多的几个研究平台。现在新闻传播学的许多基本问题，在那时的刊物上都被提出和讨论过。在新闻传播学蓬勃发展的今天，为了进一步向前看，便需要适当地向后看，了解我们从何处来，才能知道我们将往何处去。

由于人所共知的原因，在很长一段时间里，中国新闻学基本上是对现实政治的诠释，没有了自己的学术畛域。一位学者于 1988 年写道："如果写一部新中国成立以来新闻学研究的历史，无论作者多么强调新闻学术的特点，恐怕前四分之三不能不写成政治或政治运动史，后四分之一在一定程度上也有点像政治史，一条明显的线索贯穿在整个新闻学中：新闻学与政治学合二为一。"❶ 其结果必然是：新闻学研究的是非优劣不是取决于谁掌握更多的科学真理，而是取决于谁在政治上处于更有利的地位。学者们无形中养成了一种一切以政治风向而不是以科学真理为判断标准的思维定式。

随着改革开放后人们思想的逐渐开放与活跃，对新闻学规律的探讨日渐深入，由之对中国新闻业未来发展前景的构想，以及对以往新闻业成败的反思，一时间都成为热爱新闻业的中国新闻工作者和研究者们热衷的话题。但在各种讨论中，毋庸讳言，上述思维定式——重政治，轻科学——仍然显示出了极为强大的惯性，想改变绝非易事。

---

* 原载于《国际新闻界》，2008（3）：37－41。

❶ 陈力丹. 新闻学：从传统意识到现代意识. 新闻学刊，1988（6）.

那么，究竟什么是科学？通俗地讲，狭义的科学就是讲求实证方法，讲求逻辑推理。"逻辑"在现代科学发展中更是处于"基础"的地位。"不合逻辑"是对所有学术研究的致命否定。本文以中国三种新闻学过刊［《新闻学论集》（1980—1999）、《新闻学会通讯》（1980—1989）、《新闻学刊》（1985—1989）］为例，谈谈逻辑方面的话题，试图从一个侧面回顾改革开放最初十年间的学术研究状况。

诚然，一种科学的思维方式需要经历很长时间才可能缓慢地替代原来显得颇为荒谬的思维方式，我们不能因此而苛责前人。但本文意在指出，重视逻辑学思维，深刻反省中国新闻学研究中逻辑思维缺失的原因，进而强化新闻学研究中以分析理性为基础的科学方法研究，应当得到当代中国新闻学者的特别关注。历史是有延续性的，我们的目的正是审视一路走来的学术历程，不断总结学术研究的经验。

一、逻辑思维缺失的几个实例

一位传播学研究者 1980 年曾说过这样的话："不少美国的新闻学理论的文章和著作，利用了统计、逻辑和数学的方法……随之还相应地出现一些数理公式和逻辑符号，使人看后实在费解……其实，不过是些唯心主义糟粕。"❶ 这段话在文章发表的时候读起来很平常，而今天读来不免令人扼腕。这不完全是谁的过错，而是历史和环境的产物。九年后，另一位学者发表了完全相反的观点："在国内，在即将进入 90 年代的今天，……甚至某些高层人士仍把某些起码的科学概念和定量方法当作'伪科学'，这是十分可悲的。"❷ 上述两段引文使人不难得出结论：在中国新闻学研究中，把统计、逻辑和数学等概念与方法视为"伪科学"的人不在少数。而这种情况的直接后果就是逻辑学思维被践踏、忽视和扭曲。事实上，20 世纪 80 年代中国新闻学中汗牛充栋的论证与反驳，有相当一部分正是在严重缺乏逻辑学思维的层面上进行的——论证者并不知道自己的论证运用了怎样的逻辑学原理，反驳者也不去琢磨自己的反驳是否建立在逻辑学的基础之上。

譬如，1985 年后，反对"新闻文学"的学者普遍表示，提倡"新闻文学"会导致假、大、空新闻的泛滥。在争辩中，《新闻学刊》刊登了一篇来稿，对"新闻文学"表示肯定，对反对派的论点予以批驳。文章中说："不搞新闻文学或其

---

❶　战后美国新闻理论的特点//新闻学论集：第 1 辑．北京：中国人民大学出版社，1980.
❷　为了跨越"前科学状态"．新闻学刊，1989（2）.

他的新样式，不是也有假、大、空的报道吗?!"❶（简称命题1）这句反驳被原作者标记了一个问号加一个叹号，想必是该文中颇具力度的命题。然而，它却不合逻辑。因为，如果想反驳"搞新闻文学将导致假、大、空新闻"这个命题（简称命题2），就必须证实命题2的矛盾命题"搞了新闻文学，却没有导致假、大、空报道"。显然，命题1并不能对命题2构成反驳。譬如甲说："吸毒损害身体。"乙反驳说："甲说得不对。因为不吸毒不是也有身体被损害的情况吗?!"——如此反驳显然不得要领。

上述逻辑错误，在新闻学过刊中并不鲜见。1986年，《新闻学刊》发表了一篇长文对1968年"两报一刊"编辑部文章《把新闻战线的大革命进行到底》进行批判。❷ 一年后，另一位学者发表文章又对1986年的文章进行反驳。❸ 可1987年的这篇"反驳文章"之论题是关于"党报理论"的，似与前文的论题关系不大，且一处引文出现了比较严重的错误，把列宁批评的观点当作列宁的观点了。这违反了逻辑学所讲的同一律。"同一律"要求在同一思维过程中，保持概念自身的同一、论题自身的同一、语境自身的同一。"反驳文章"违反同一律的错误随后被中国社会科学院新闻研究所的两位学者发现。第一位学者从总体上指出"反驳文章"有偷换论题的嫌疑，因为它试图反驳的不是原文的主要观点，而是"从字缝里感觉出的观点"❹；第二位学者则从引文错误出发指出"引文引错了"，这句话"并不是列宁的话，而是×××说的。……我以为，论战的目的在于探求真理，因此，弄清'论敌'的论点，是论战的先决条件，否则，会因论据与论题不相干而陷于诡辩"❺。

1981年，《新闻学论集》第2辑上发表了题为《社会主义新闻事业是不是"无产阶级专政的工具"?》的文章。文章前面说"我们的社会主义新闻事业决不能成为这样的'无产阶级专政的工具'"，而后面又说"我们的社会主义新闻事业还是可以称之为'无产阶级专政的工具'……我们的社会主义新闻事业作为'无产阶级专政的工具'，就必须为这样的无产阶级专政服务……"❻。文章显然违反

---

❶ 新闻文学浅见.新闻学刊, 1988（3）.
❷ 评"语录新闻学".新闻学刊, 1986（1）.
❸ 有关党报工作几个问题的浅见.新闻学刊, 1987（5）（6）.
❹ 也谈党报工作的几个问题.新闻学刊, 1988（2）.
❺ 论党报的性质与作用.新闻学刊, 1988（2）.
❻ 社会主义新闻事业是不是"无产阶级专政的工具"? //新闻学论集：第2辑.北京：中国人民大学出版社, 1981.

了逻辑学所讲的不矛盾律。"不矛盾律"要求在同一论述过程中，两个互相矛盾或互相反对的命题不能同时为真，其中必有一假。一篇文章既肯定"不能成为无产阶级专政的工具"，又肯定"可以称之为"甚至"作为无产阶级专政的工具"，显然自相矛盾。针对这样严重的逻辑错误，一位学者的评论切中要害："以否定新闻事业是无产阶级专政工具为宗旨的批判，到头来竟以肯定新闻事业是无产阶级专政工具为结局，终点居然落到起点之后。"❶ 诚然，《新闻学论集》那篇文章的自相矛盾自有其难言的苦衷——历史的、政治的、文化的，今天的我们可以理解，但却不能无视。当时的政治氛围足以掩盖和抹平任何逻辑错误，至少可以为这些错误做辩护——可逻辑的真谛恰在于：对逻辑正误的检验与判定是独立于任何事实经验的，逻辑的错误是不可辩解的。

二、思维方式的模糊性与神秘性

上文罗列的几个实例会让读者有所"感触"，但不能把问题导向深入。为什么中国新闻学如此缺乏逻辑学思维？这个问题必须置于宏观的文化背景之下予以考察。

一般来说，中国人的思维方式里模糊成分很大，这和我们独特的直观思维方式有关。对此，新闻学者邵建武曾断言说："三面陆路，交通极不便利，且一面临海，内部回旋余地比较大的地理条件和自给自足的自然经济土壤，形成了中国人独特的思维方式——直观思维。"❷ 深入地讲，这种思维方式重直观经验，轻理论论证，看问题重整体，轻细节，不求甚解。无可否认，直觉在认识中具有重要作用，我们不能说东方思维方式就逊于西方思维方式，但直觉毕竟不是狭义科学研究的基础方法，因为科学从来就不能止于模糊。中国传统思维方式过分强调直觉，以致思辨理性长驱直入，分析理性裹足不前。毋宁说，正是几千年来倚重"直觉"的思维模式，导致我们遇事不求甚解；而"逻辑学"作为"求甚解"的最有效的方法之一，必然得不到应有的重视。这方面的例子着实不少。1982 年，学者们曾就"本质真实"问题展开讨论，其中一派认为"本质真实的提法是站得住脚的"，其解释是："本质真实"只是一种"说法"，不必较真，"不太确切的术语，已约定俗成多年，为什么就不能继续使用呢？"❸ 这种解释或许有些道理，但

---

❶　新闻理论研究的怪圈和传统文化的影响 . 新闻学刊，1988（4）.
❷　关于新闻的文化学思考 . 新闻学刊，1987（2）.
❸　谈谈现象真实和本质真实的辩证关系 . 新闻学会通讯，1982（8）.

毕竟失于模糊。以逻辑学的观点看，一个术语，如果它的内涵与外延还处于"不太确切"的程度，则不可能展开深入讨论，因为很难保证不违反同一律。

中国传统思维方式的模糊性又导致了其神秘性。所谓神秘就是"永远也说不清楚""不可能说清楚"，所以也就"不必一定要说清楚"了。落实到具体层面就是，研究某一问题，往往要靠一种难以言说的"悟性"。中国新闻学的许多结论都不是分析的结果，而常常是"体悟"的结果。结论的得出既不依赖实证方法，也不依赖逻辑推理，而是来自学者的悟性或人们长期的体验。甲得出这种结论，需要悟性；乙若想理解此种结论，也需要悟性。虽然此种悟性也是实在的，但究竟怎么"悟"出来的，到底"悟"出了什么，谁也说不清楚。问题就在于，这种依靠悟性来过渡的推理，从总体上看不是一种严格的逻辑推理，所以也就不存在一组相应的规则或标准可以毫无疑义地确定此种推理成立或不成立。❶

一位新闻学研究者曾经在 1987 年提出过一个公式，以此说明新闻与宣传的关系："新闻＝宣传，宣传≠新闻。"❷ 这个公式明显违反数学公理，从更广泛的意义上说，它违反逻辑公理，因为数学公理系统是在逻辑公理系统上建构的。众所周知，在数学推导过程中，等号的两边既然相等，那么谁在左谁在右是无所谓的，更不会因为左右交换就导致等号变成不等号。从逻辑学角度看，公式的确是错的，但上述公式却不是在逻辑的分析理性的意义上提出的，而是在依赖悟性过渡的思辨理性的意义上提出的。提出者在这组公式的背后自有一套想法，而读者看到这则公式后，也必须发挥悟性，暗自寻觅与体味在等号左右位置的交换中蕴含的神秘奥义。对已经习惯于靠悟性审视问题的中国人来说，对这样不合逻辑的公式不仅司空见惯、见怪不怪，而且多数人都具备"心领神会"的能力。但是，"悟性"既然暗含于"无言"之中，那么很多"说不清楚"的东西就会接踵而来。

对这种状况，曾有学者于 1987 年总结道："在学术会议和学术刊物上，大家围绕一些似乎早已解决或说早该解决了的'老问题'争论不休……争论双方……不但无力清除原有的分歧，甚至引发出一些本来不该发生又没有实质意义的新分歧，给新闻实践和新闻教学以无所适从之感。"❸ 当然，导致这种不良现象的原因

---

❶ 中国人民大学哲学院陈慕泽教授于"科学与逻辑方法论"课堂上对全校部分博士生的讲话，2006－09－14.

❷ 谈新闻与宣传//新闻学论集：第 11 辑．北京：中国人民大学出版社，1987.

❸ 在系统联系中揭示新闻的本质和规律//新闻学论集：第 12 辑．北京：中国人民大学出版社，1987.

是多样的，但其中一个重大的原因恐怕正是逻辑学思维的缺失。不少论题或论点，其建立论证或构造反驳，常常在一种难于进行有效判定的、非逻辑的层面上展开，"旧分歧"永远存在，"新分歧"层出不穷。既不对术语的内涵与外延进行充分自觉的限制与说明，又总不能从同一个前提按照同一的结构推出同一的结论，结果就是："新闻理论至今尚未形成完整的科学体系……对许多原理还缺乏清楚的阐述和具有高度逻辑力量的论证。"❶

进而言之，无论是模糊还是神秘，都导致了一个共同的结果：科学的逻辑推理被漠视，取而代之的是"圣人之言"。我国的新闻学研究一直受到"阶级分析法""领袖语录演绎法""政策引申法"的重大影响，而这些方法，事实上就是古代"圣人之言"的现代表现形式。重"圣人之言"，轻逻辑推理，这是我国新闻学发展的症结所在。只要插上"正名"的翅膀，任何逻辑的沟壑都不难飞越。当然，人是环境的产物，谁都不可能摆脱环境，我们无意对任何个人进行批评，而只是想就此窥探改革开放以来中国新闻学研究是在怎样的大环境下进行的。毋宁说，中国的思维传统就是"圣人之言"的思维传统，逻辑推理等方法在遇到"圣人之言"时只能退避三舍。只要有了"圣人之言"，论证是否符合逻辑、是否具有科学内涵、是否具有长远的普遍意义，都已无足轻重了。其导致的结果就是，"我们的新闻学，长期以来就在这种类似政治报告用的名词中做逻辑推理"❷，总思路却依然不是逻辑的。

三、结语

恩格斯曾经说过："关于思维过程本身的规律的学说，即逻辑和辩证法。"❸这句话不妨这么理解：人们要相互交流认识成果，就必须遵循共同的思维规律，而这种思维规律便是由逻辑学来揭示的。因此逻辑学是建构一门理论科学不可或缺的基础。在整理中国新闻学过刊的过程中，我们深切感觉到，中国新闻学缺乏的正是对逻辑学的深刻认识与思考，因而可以说，中国的新闻学，作为一门社会科学，其基础远未达到坚实和牢固，这应该引起新闻学界的重视。

新闻学不是政治，作为学术研究它必须与现实保持距离和具有客观性。新闻现象是新闻学研究的对象，人们在研究它与自然、社会、人的各种关系中把握新

---

❶ 新闻理论教学亟待改革. 新闻学刊, 1986 (6).

❷ 也谈党报工作的几个问题. 新闻学刊, 1988 (2).

❸ 恩格斯. 路德维希·费尔巴哈和德国古典哲学的终结. 北京：人民出版社, 1997: 50.

闻学这门知识，获得一种超越。而这种"把握"赖以实现的方法，更值得人们再三留意。诚然，现实并不如想象那样简单，也绝非说一句"应该重视"就可以做到"重视"了，但将问题提出来总归好些。这个问题就是：新闻学研究需要科学——逻辑的、实证的、分析的——态度。唯有如此，新闻学作为独立的学科，才得以自立于社会人文科学之林。

最后，笔者愿引用《新闻理论研究的怪圈和传统文化的影响》一文的结尾作为本文的结尾："从新闻学作为一门科学的角度来讲，它的繁荣不得不解决科学态度问题，本质上是找到其在整个文化体系中的地位、价值和诸多的横向联系，并努力探索隐藏在现象背后的深层文化意识和文化心理结构，尤其是研究主体——研究者本身的思维模式、价值取向、审美情趣、伦理准则和文化心理，对于其中传统文化的惰性因子，还有一个改造和重构的问题。"❶

---

❶ 新闻理论研究的怪圈和传统文化的影响．新闻学刊，1988（4）．

关于新闻理论框架建构的回顾与思考[*]

郑保卫

一、历史回顾

所谓"理论框架",是指某一学科内在的知识结构和知识体系的整体架构,它通常是由这一学科所涉及的一系列基本概念、基本问题和基本原理构成的。

根据这一解释,"新闻理论框架",是指新闻学科内在的知识结构和知识体系的整体架构,它是由新闻学科所涉及的一系列基本概念、基本问题和基本原理构成的。

理论框架规定着学科知识的范畴,支撑着学科知识的结构,标示着学科知识的体系。学科理论框架的建构是学科存在的基础,也是学科成熟的标志,同时还是学科进一步发展的前提。唯有建构起科学、规范的理论框架,才能促进学科理论的稳定与巩固,才能推动学科理论的创新与发展。

我国新闻学的理论框架建构问题一直是学界所关注的问题,从1918年徐宝璜在北京大学新闻学研究会讲授新闻学开始,就开始了此项工作。1919年他出版的我国第一本新闻学专著《新闻学》,就确立和展示了中国人所建构的第一个新闻学的理论框架,从而也奠定了我国新闻学最初的理论基础。

该理论框架的内容包括理论和业务两部分,涉及理论的部分是前五章:

第一章 新闻学之性质与重要;第二章 新闻纸之职务;第三章 新闻之定义;第四章 新闻之精彩;第五章 新闻之价值。

后面涉及业务的部分有九章,包括:新闻采集;新闻编辑;新闻题目;报纸社论;广告;新闻社组织;新闻社设备;报纸销路;通讯社组织。

这个理论框架本身及其所涵盖和诠释的内容成为中国人认识新闻、了解新闻工作、学习新闻学的最初的入门范本。

———————————

* 原载于《国际新闻界》,2008(12):24-30。

新中国成立后，由于一开始我国在意识形态领域采取向苏联"一边倒"的做法，在许多哲学社会科学的理论建设上采取了照搬苏联教科书的做法，所以在前十几年的时间里，一些学科理论基本上是以苏联的相关教科书和著作为依据来建构该学科的理论框架。

新闻学也是如此，当时新中国建立的第一个新闻教育机构——中国人民大学新闻系就聘请了苏联专家来帮助编写教材、培训教师。而苏联专家完全是按照当时联共（布）中央直属高级党校新闻班的讲义来制订教学大纲，讲授新闻学的。那时复旦大学新闻系派出青年教师丁淦林到中国人民大学来听苏联专家讲课，学习苏联的教学经验。

联共（布）中央直属高级党校新闻班讲义是由多位授课人的讲稿汇编而成的，其中包括新闻史、新闻理论、新闻业务多方面的内容，集中体现了当时苏联党中央关于新闻工作的一些基本理论观点。

例如在一篇《论新闻报道》的讲稿中就包括以下内容：

新闻报道的布尔什维克党性；生动而又真实地反映生活、描述苏维埃人们的英雄事业；最主要的是要阐明各种事实和现象所具有的政治内容；新闻报道应该及时；新闻在报纸上的作用和地位；对新闻的基本要求；准确性是新闻的基本规则等。

在一篇关于《宣传论文》的讲稿中就包括下述内容：

高度的思想性；布尔什维克的战斗性与不调和性；对待理论的创造态度；理论和实践的联系；宣传的目的性和真实性；和群众谈话的技巧；逻辑的力量等。❶

20世纪50年代，我国新闻学的理论框架可以说主要是参照联共（布）中央直属高级党校新闻班的讲义构建的，但是也有个别是融入了中国学者自己思考内容的成果。其中最具代表性的是复旦大学新闻系王中先生1956年9月提出的《新闻学原理大纲》。这个大纲是一个综合新闻理论和新闻业务多方面内容的理论体系，共分18章，其中涉及理论问题的有10章：第一章 绪论；第二章 新闻事业产生的社会条件；第三章 政党与报刊，共产党的宣传鼓动原则；第四章 共产党及其他革命报刊的基本原则；第五章 中国报刊；第六章 新闻自由问题；第七章 出版法；第九章 报纸群众工作；第十七章 报纸组织机构与制度；第十八章 新闻教育与新闻学研究。其余8章是关于新闻业务的，包括：报刊文章体裁、采访

---

❶ 联共（布）中央直属高级党校新闻办讲义汇编.北京：人民出版社，1954；目录页.

工作、编辑工作、资料工作、出版与印刷、发行、广告、读者调查。❶

从王中先生的教学大纲所显示框架的内容和名称看，除了增加了一些新闻业务的内容外，倒没有太多与苏联版本教科书的理论框架相区别的地方，但是他在具体阐述相关的内容时却加进了许多自己的思考，特别是前三章中对资产阶级新闻业的评价和对新闻业一般规律的阐释，其中一些观点后来在 1957 年"反右"时受到批判，王中本人也被打成"右派"，并因此长期受到政治迫害。

以现在的认识看，王中先生那时的一些观点显然是正确的，但在当时的情况下，这些观点却是与主流意识形态相背离的。例如他认为"新闻事业是阶级斗争产物"的说法是"错误"的，他提出："新闻事业不是一有阶级就产生的，而是社会发展到一定历史条件下才产生的。"他解释说："新闻事业是阶级斗争的工具，是因为社会需要新闻，因此各种不同的党派才可能把自己的观点和政治目的通过新闻影响读者。新闻事业是社会产物包括了新闻是阶级斗争工具的含义，但只说是阶级斗争的产物，则失掉了所以能成为阶级斗争工具的理论基础。"他还说："资产阶级新闻学与无产阶级新闻学皆有应用科学部分，各有适应其报纸需要的价值。"❷ 他还提出了新闻的"商品性""趣味性"和报纸的"可读性"等问题。显然，这些观点都是要被当时主流意识形态所排斥和否定的。由于反右斗争以后长期存在的极左思潮的影响，我国新闻学的理论探讨从此更加步履维艰，20世纪 60 年代初发生在中国人民大学的"错批事件"就是一个典型事例。

发展到"文化大革命"时期，在林彪、四人帮极左路线控制下，新闻学的科学原理和新闻工作的客观规律遭到任意否定和批判，完全到了是非颠倒、黑白混淆的地步，对新闻学科学的理论探讨自然也就荡然无存了！

应当说，社会主义中国的新闻学真正开始具有学术性质的理论探讨，是从1978 年党的十一届三中全会后，国家实行改革开放政策起步的。而这一阶段的重要代表人物是中国人民大学新闻系的甘惜分老师。用甘老师自己的话说，他真正的学术青春是从这个时候开始的。

这一年，62 岁的甘惜分老师开始招收研究生，并为研究生主讲新闻理论课程。1980 年，他根据自己多年的积累写成了《新闻理论基础》一书，这是他本人公开出版的第一部新闻理论著作，也是新中国成立以来中国人自己写的第一部

---

❶ 王中文集. 上海：复旦大学出版社，2004：19-22，26，27，30.

❷ 同❶.

新闻理论著作。此书 1982 年正式出版后多次印刷，成为这一时期最具影响力的一部新闻理论著作。当年全国新闻界评定技术职称规定的阅读教材就是这本书。

这本书的框架是这样的：

绪论：第一节 新闻学的研究对象，第二节 新闻学是一门科学，第三节 怎样研究新闻学。

其他内容分上下篇。上篇为：第一章 新闻：第一节 什么是新闻，第二节 新闻的起源，第三节 新闻机构发布的新闻，第四节 事实—新闻报道者—新闻接受者的关系，第五节 关于新闻的定义；第二章 舆论：第一节 什么是舆论，第二节 舆论的力量，第三节 对舆论的引导；第三章 新闻事业：第一节 新闻事业和舆论，第二节 无产阶级和新闻事业，第三节 新闻事业的性质，第四节 新闻事业的某些特点；第四章 新闻事业的作用：第一节 无产阶级革命的组织者，第二节 旧世界的揭露者，第三节 新生活的建设者，第四节 科学文化的传播者。

下篇为：第五章 新闻事业和现实生活：第一节 反映事实的真相，第二节 反映时代的真相，第三节 反映时代的本质，第四节 联系实际、指导实际，第五节 新闻事业和调查研究；第六章 新闻事业和群众：第一节 群众是新闻事业赖以生存的基础，第二节 党性与人民性的统一，第三节 与人民同呼吸共命运，第四节 来自人民群众的批评和监督，第五节 全党办报、群众办报；第七章 新闻事业和党：第一节 坚持党的思想路线，第二节 坚持党的政治路线，第三节 坚持党的组织路线，第四节 关于新闻自由。❶

用甘惜分老师自己的话说，这本书与过去多次写的新闻理论教学大纲不同的地方是"在体系上做了较大的变动，增加了绪论，论述新闻理论研究的对象和方法。然后分为上、下两篇"。"上篇从解剖新闻和舆论开始，论述新闻事业的性质和作用。下篇专论无产阶级新闻事业和现实、和群众、和党这三者的关系。"甘老师认为："通过这些关系的论述，讲清新闻事业的一系列根本问题。"他说："把这几种关系搞清楚了，新闻事业的基本原则也就明确起来了。"❷

用现在的眼光看，这本书的框架以及由这一框架所显示出来的内容显然还带有那个时期的明显的历史印迹，但实事求是地说，其内容已经体现出作者对极左状况下一些新闻观点的严厉批判和深刻反思。例如，书里对新闻报道中

---

❶ 甘惜分. 新闻理论基础. 北京：中国人民大学出版社，1982：目录 1-2，前言 2.
❷ 同❶.

"事实—新闻报道者—新闻接受者的关系"的论述，对新闻事业与现实生活、与人民群众、与党三者关系的论述，都是建立在他对"四人帮"极左路线不顾事实、脱离实际、脱离生活、脱离群众和背弃党的正确主张的做法的揭露与批判的基础之上的。这些内容对于当时新闻界拨乱反正、肃清极左思潮的影响起到了重要作用。

至今我还清楚地记得，当年甘老师在给我们八名新闻系首届研究生讲授新闻理论时，痛快淋漓地揭批"四人帮"极左思潮的激情讲演。作为一个青年时代就投奔延安，参加革命，一生都在为党的新闻事业奋斗的新闻学者，甘惜分老师对极左新闻观点的政治批判和学理分析，拉开了新时期新闻学研究的序幕。

2005 年年底，在为甘老师 90 寿辰举行的学术研讨会上，刘建明教授称《新闻理论基础》这本书奠定了我国党报新闻学的理论基础，说甘老师是我国党报新闻学的奠基者和创始人。这个评价得到了大家的认可，这也是对这本书的价值和意义的一种高度评价。

此后，我国新闻理论教材在理论框架上基本上以此书的框架为基础进行调整和修订，陆续出现了一些有一定认可度的教材。其中较有代表性的当属中国人民大学新闻学院何梓华主编的《新闻理论教程》一书。该书实际上是一项集体成果，因为参与此书编写的有包括北京广播学院（今中国传媒大学）、武汉大学、兰州大学、南昌大学和中国人民解放军国防大学等几所高校的教师。但其理论框架应该还是在中国人民大学新闻理论教材框架的基础上形成的。

该书的理论框架如下：

绪论；第一章 新闻；第二章 新闻传播；第三章 新闻事业的产生和发展；第四章 新闻事业的性质；第五章 新闻事业的社会功能；第六章 新闻自由与新闻事业的社会控制；第七章 中国社会主义新闻事业；第八章 反映实际，指导实际；第九章 新闻工作的党性原则；第十章 舆论监督；第十一章 新闻媒介的经营管理；第十二章 新闻队伍建设。❶

这本作为集体成果、出版于 1999 年的教科书，其理论框架具有一定代表性，显示了迄今为止我国学者在对新闻理论基本框架问题上所取得的共识。

从徐宝璜建构起我国新闻学的第一个理论框架开始，时光已经过去了 90 年，抚今追昔，我们既感慨这期间新闻理论框架建构所经历的起伏曲折，也庆幸今天

---

❶ 何梓华. 新闻理论教程. 北京：高等教育出版社，1999；目录页. 此书副主编为成美。

新闻学科建设所面临的大好时机，更期盼着新闻学科未来发展的光明前景。

二、现实思考

新闻理论框架问题是新闻学研究中的一个基础性问题，能否建构起科学、规范的新闻理论框架和知识体系，将会直接影响新闻学的学科地位，制约新闻学的深化发展，因此值得新闻界高度重视。特别是由于一直受"新闻无学论"的冲击，新闻学亟须在理论框架的建构上取得进展，以便更好地维护自己的学科地位，促进自身的学科发展。

下面笔者结合这些年来在新闻理论教学和研究中的一些经历，特别是在撰写新闻理论教材中的一些体会，谈谈对新闻理论框架问题的思考。

笔者认为，要建构科学、规范的新闻理论框架，首先需要对新闻学学科理论有一个正确的认识，要把握新闻学学科理论的本质特征与核心问题。

笔者非常赞赏美国哥伦比亚大学新闻学院詹姆斯·凯瑞（James W. Carey）教授在其《新闻教育错在哪里》❶ 一文中对新闻学的性质及特征所阐述的观点。他指出，新闻学是一种"独特的社会实践学科"，有其特定的学科范围和理论内涵，有其深刻的人文基础和特定的"人文价值因素"。他反对把新闻同广告、传播、媒体研究、公共关系和广播等相关的学科等同起来，抹杀新闻学自身的学科特征及其价值体系。他主张新闻学教育必须"将新闻学本身作为目标"❷。

詹姆斯·凯瑞教授所说的"新闻学本身"，笔者理解应当是一种能够代表与反映新闻事业和新闻工作基本特征、基本理念的理论体系。

新闻事业和新闻工作的基本特征是传播新闻，因此，新闻学首先必须弄清"什么是新闻"，进而还要弄清"新闻事业是做什么的""新闻工作应当怎么做"，以及"新闻工作的服务对象是谁""新闻从业者应当成为怎样的人"。这些是新闻学要解决的几个基本问题，也是属于"新闻学本身"的基本理念的内容。

新闻学教育的基本任务就是要让学生掌握这些基本理念，真正弄清什么是新闻，什么不是新闻；弄清新闻事业的宗旨、任务和职责是什么，知道什么是新闻事业应当做的，什么是新闻事业不能做的；弄清新闻工作的原则和方法，知道新闻工作的特点和规律；弄清新闻工作的服务对象是谁，知道如何使自己的服务让

---

❶　JAMES W CAREY，李昕．新闻教育错在哪里．国际新闻界，2002（3）：8-11.

❷　同❶.

他们认可和满意；弄清新闻工作者的职业特征和职业修养是什么，知道怎样才能做一个合格的新闻工作者；等等。如果学了几年新闻学专业，到头来这些基本问题、基本理念都没有弄清楚，那么新闻学教育就不能算是成功的。

近些年来，在新闻实际工作中出现了许多奇怪的现象。如有的人把广告混同于新闻；有的人任意策划和制造"新闻"；有的人以稿谋私，利用自己所掌握的话语权和传播权搞"有偿新闻"和"有偿不闻"；有的人把新闻工作作为追逐个人名利的手段；有的人把新闻媒介当作表达个人情感和意见的工具；等等。这些有悖新闻工作基本专业理念，有违新闻职业基本道德准则的问题的存在和出现，说明在我们的新闻队伍里，的确有很多人对"新闻学本身"的很多内容还没有弄清楚。

那么，如何在新闻理论教材中体现出这些属于新闻学本身的内容，这就需要在建构新闻理论框架时充分予以考虑，将这些内容纳入新闻理论框架之中。

另外，新闻理论框架的建构还需要遵循几项原则：一是要从中国国情出发；二是要继承已有的优良传统与经验；三是要借鉴国内外新闻学研究中一切有益的成果；四是要坚持与时俱进，不断创新。

这几项原则规范着新闻理论框架的建构，需要立足和面向中国国情；需要继承以往我国新闻理论框架建构中的优秀成果；需要借鉴世界新闻学研究中一切具有普适意义的有益成果；需要坚持用最新的科研成果来充实和发展原有的理论框架。

笔者从1981年研究生毕业后一直从事新闻理论教学和研究工作。20多年来，新闻理论框架建构问题始终是笔者关注的，笔者尽可能地将对这一问题的探索和思考体现在所编写的新闻理论教材之中。

这些年笔者独自编写的新闻理论教材有三部：第一部是1990年出版的《新闻学导论》；第二部是2003年出版的《当代新闻理论》；第三部是2007年出版的《新闻理论新编》。从这几本教材的理论框架中可以看出，这些年来笔者对一些新闻理论基本问题认识上的变化。

《新闻学导论》的框架如下：

绪论；第一章 什么是新闻；第二章 新闻价值；第三章 新闻的真实性；第四章 新闻的客观性与倾向性；第五章 新闻的指导性；第六章 新闻与信息；第七章 新闻与舆论；第八章 新闻与宣传；第九章 新闻事业的产生与发展；第十章 新闻事业的性质与功能；第十一章 新闻事业的活动自由与限制；第十二章 无产阶级

新闻事业的党性；第十三章 无产阶级新闻事业的人民性；第十四章 社会主义新闻事业的舆论监督与新闻批评；第十五章 社会主义新闻工作者的修养。❶

《当代新闻理论》的框架如下：

绪论。

第一编 新闻：第一章 什么是新闻；第二章 新闻的基本属性；第三章 新闻的选择标准；第四章 新闻的传播过程。

第二编 新闻事业：第五章 新闻事业的产生与发展；第六章 新闻事业的性质与功能；第七章 新闻业的管理与经营。

第三编 新闻工作：第八章 新闻工作的业务规范；第九章 新闻工作的政治规范；第十章 新闻工作的道德与法律规范。

第四编 新闻从业者：第十一章 新闻从业者的职业特征与职业修养；第十二章 新闻从业者的教育与培养。❷

《新闻理论新编》的框架如下：

绪论：第一节 新闻学的形成与发展；第二节 新闻学研究的内容和方法；第三节 学习和研究新闻理论的意义。

第一编 新闻：第一章 新闻的定义；第二章 新闻的基本属性（信息、舆论、宣传属性）；第三章 新闻的选择标准。

第二编 新闻事业：第四章 新闻事业的产生与发展；第五章 新闻事业的性质与功能；第六章 新闻事业的管理与经营。

第三编 新闻工作：第七章 新闻工作基本业务规范（坚持新闻真实性原则、实现报道客观与公正、体现新闻自由与社会责任）；第八章 新闻工作道德与法律规范；第九章 社会主义新闻工作规范（坚持党性原则，坚持正确舆论导向，坚持贴近实际、贴近生活、贴近群众，坚持新闻批评与舆论监督）。

第四编 新闻受众：第十章 新闻受众的地位和作用；第十一章 服务受众引导受众依靠受众。

第五编 新闻从业者：第十二章 新闻从业者的职业特征与职业修养；第十三章 新闻从业者的教育与培养。❸

这三部书中，第一部《新闻学导论》的框架基本是在中国人民大学教材框架

---

❶　郑保卫. 新闻学导论. 北京：新华出版社，1990：目录页.
❷　郑保卫. 当代新闻理论. 北京：新华出版社，2003：目录页.
❸　郑保卫. 新闻理论新编. 北京：中国人民大学出版社，2007：目录页.

的基础上改造而成的。

第二部书则加进了笔者在中国新闻学院任教和在新华社从事新闻采编工作期间的一些思考，其中增加了"新闻的选择标准"（论述新闻价值标准和新闻政策标准）和"新闻的传播过程"（论述事实信息与新闻传播者、新闻接受者之间的关系）两章，体现了对新闻实际工作中所涉及的一些基本理论问题的关注。另外将新闻工作的几项原则分别归入"业务规范"和"政治规范"之中，增强了针对性和实用性。

第三部书是对第二部书的修订和补充。这本书在框架结构上与第二部所不同的是，增加了新的一编，即"新闻受众"。这一调整将"受众"置于与"新闻""新闻事业""新闻工作"和"新闻从业者"同等的位置，这是为了突出其在新闻传播过程中的重要地位和作用。另外，第三编"新闻工作"部分将"坚持新闻真实性原则""实现报道客观与公正"和"体现新闻自由与社会责任"，作为新闻工作的"基本业务规范"展开论述，而将"坚持党性原则""坚持正确舆论导向""坚持贴近实际、贴近生活、贴近群众"和"坚持新闻批评与舆论监督"单独作为"社会主义新闻工作规范"进行专门论述，这样关于新闻工作规范的内容从框架上看会显得更加清晰和严谨。框架结构的这些调整有助于增强此书在理论框架上的逻辑性和科学性，同时由于结构的调整，在内容上充实了许多新的研究成果，从而使得该书的内容更加丰满。

该书是按照新闻理论整体内容的内在逻辑来建构和设计理论框架的，因此，虽然书中有些部分的内容很重要但却没有设置为"章"，而是按照全书内容的逻辑顺序作为一"节"归并在一章里。如第七章"新闻工作基本业务规范"和第九章"社会主义新闻工作规范"，其中所属几节的内容都很重要，虽然是以"节"来写的，但其分量却相当于"章"，因此在教学中需要按章的教学时间和要求来组织教学。

分析《新闻理论新编》一书的框架，笔者认为它符合上述所说的建构新闻理论框架的基本要求，因为它揭示了那些属于新闻学本身的，反映新闻传播基本原理、新闻事业基本规律和新闻工作基本规范的内容。

这部书的第一部分为"新闻"，主要阐释什么是新闻。具体内容包括新闻的起源与本源、新闻的定义、新闻的基本属性和特征、新闻的选择标准等。这是新闻理论中的"新闻学基本原理"部分，主要解决对"新闻"这一基本概念的理论内涵的认识，知道新闻是什么，有些什么属性和特征，以及新闻选择的标准和依据等。

第二部分为"新闻事业"，主要阐释新闻事业是做什么的。具体内容包括新闻事业的产生与发展、性质与功能，以及管理与经营。这是新闻理论中的"新闻事业活动规律"部分，主要介绍新闻事业作为一项社会事业产生和发展的历史过程、经验；在现代社会中，新闻事业的社会地位、功能和作用；作为一种信息产业，新闻事业管理和经营的基本规范和要求等方面内容的认识问题。

第三部分为"新闻工作"，主要阐释怎样才能做好新闻工作。具体内容包括新闻工作的基本业务规范、道德规范和法律规范等，并且专门阐释了社会主义新闻工作的特殊规范与要求。这是新闻理论中的"新闻工作原则"部分，主要解决对新闻工作的一些基本原则和要求的认识问题。

第四部分为"新闻受众"，主要阐释新闻传播的对象是谁。具体内容包括新闻受众的地位、作用、心理特征、兴趣需要，以及如何发挥他们在新闻传播过程中的作用，如何为他们提供高质量的新闻信息服务，等等。这是新闻理论中的"新闻服务对象"部分，主要解决对处于新闻传播核心地位的受众的认识问题。

第五部分为"新闻从业者"，主要阐释新闻工作者应当是怎样的人。具体内容包括新闻从业者的职业特征、职业修养和职业教育与培训等。这是新闻理论中的"新闻人才教育"部分，主要解决对新闻传播人才的素质构成及职业修养和教育的认识问题。

这五方面的内容涉及新闻传播基本原理、新闻事业基本规律和新闻工作基本规范等基本问题，这些内容都是一个需要了解新闻理论基本知识和希望从事新闻工作的人，特别是一个新闻学专业的学生所必须认识和掌握的，它们构成了新闻理论的基本框架和新闻学科知识体系的基本内容。

应当说，这一理论框架同拉斯韦尔提出的"五个 W"的传播学研究模式有着高度的契合。对照拉斯韦尔的模式，传播理论研究中的"传播者（谁）"，在新闻理论研究中是"新闻从业者"；"讯息（说什么）"是"新闻"；"媒介（通过什么渠道）"是"新闻事业"；"接受者（给谁）"是"新闻受众"。而唯一不同的是，传播理论研究中的"效果"，在新闻理论研究中变成了"新闻工作"，探讨的是做好新闻工作的原则和方法，其实这与"效果"也有密切联系，因为只有遵循这些原则和方法，才能够取得好的传播效果。

近些年来，一些学者在建构新闻理论框架的过程中以创新意识和创新手段，包括借鉴传播学等学科的研究方法进行了许多新的探索，提出了许多新的观点，而且出现了许多新的有价值的理论框架和研究方式，这对促进新闻理论框架的科学化和规范化有着积极意义。

今后我们还要建构中国特色社会主义新闻学的理论框架和知识体系，路还很长，任务还很艰巨，需要新闻学界诸位同人的共同努力，齐心协力地去实现这一目标。

回归新闻学本位

——改革开放 30 年来我国新闻理论教材结构的变化*

陈力丹

写新闻理论教材不是学术研究，而是普及知识。但是，如果所叙述的内容其实不是要说的那个问题本身，事情就显得颇为荒谬。然而，我国的新闻理论教材在相当长的时间内就呈现这种状态。正是最近 30 年来持续的社会改革进程，才使得我国的新闻理论教材所叙述的内容逐步回归新闻学本身。这个过程实在艰难，原因用一句马克思的话来描述，即"先辈们的传统，像梦魇一样纠缠着活人的头脑"❶。

一、新中国成立后前期的结构：政治要求即新闻理论

新中国成立后我国的新闻理论，自 1949 年到 20 世纪 80 年代，30 多年内没有正式出版过一本教材，大学新闻系的内部讲义，受苏联影响较大，新闻理论的重要概念基本由政治术语建构，另外加上一些十分具体的如何写作的技术性内容。中苏两党分裂前，使用的教材即联共（布）高级党校新闻班讲义汇编。❷ 这些讲义均为硬壳纸板封面，精装，大 32 开出版了两本，共计 1 400 页。这里以其中一篇讲义《论新闻报道》（作者柯捷夫）为例，说明当时新闻学讲义的结构和行文特点。该文翻译过来 3 万多字，分为 9 个小标题，顺序如下：

新闻报道的布尔什维克党性

生动而又真实地反映生活，描述苏维埃人们的英雄事迹

最主要的是阐明各种事实和现象所具有的政治内容

新闻报道应该及时

---

* 原载于《国际新闻界》，2008（12）：12-17. 收入本书时将题目中的"本体"改为"本位"。

❶ 马克思恩格斯全集：第 8 卷. 北京：人民出版社，1961：121.

❷ 联共（布）中央直属高级党校新闻班讲义汇编. 北京：人民出版社，1954；联共（布）中央直属高级党校新闻班讲义汇编：第 2 集. 北京：人民出版社，1955.

仔细检查各种事实

怎样写新闻

新闻报道的体裁

报道部的工作组织

新闻的来源

第一节的开始部分，首先引证斯大林、列宁的话，下面是部分引文：

斯大林同志在第十八次党代表大会上所作的具有历史意义的、堪称为建设共产主义的纲领性文件的报告中，谈到党在完成社会主义社会的建设并由社会主义逐步过渡到共产主义这一时期中的各种任务时，他曾指出：

"必须……巩固苏维埃社会在道义上政治上的一致，工人、农民及知识分子间的友爱合作，极力巩固苏联各族人民底友谊，发展和培植苏维埃爱国主义。"

我们伟大的领袖和导师的这些指示，是党对劳动人民进行共产主义教育全部工作的纲领，因此也是布尔什维克报刊的纲领。除了列宁斯大林党所提出的这些任务之外，布尔什维克报刊没有任何其他的任务。

报纸新闻报道的责任，就是要顺利地完成这些任务。

报纸所发表的新闻报道，其基本任务就是：用我们祖国在经济和文化建设中的伟大胜利的事实，用我国的英雄事迹以及表现社会主义社会中人们崇高的道德品质的事实，来培养苏维埃人们的爱国主义自豪感，鼓舞他们为了进一步巩固我们祖国的威力而去建立新的劳动功勋。

我们报纸上所发表的各种新闻报道的主要内容，应该是普及和推广先进的经验，即是说，要实现列宁从伟大的十月社会主义革命最初时期就向苏维埃报刊所提出的各种任务。❶

从这些论述中我们可以看到，苏联的新闻理论将报纸传播新闻的目的完全等同于政治，并要求为政治服务，不考虑读者对新闻的需求，持一种上对下的俯视角度，无视新闻传播业的本来社会职责。

"文化大革命"中，新闻教育完全停滞。代表"文化大革命"新闻理论的是1968年的"两报一刊"编辑部的长文章《把新闻战线的大革命进行到底——批

---

❶ 联共（布）中央直属高级党校新闻班讲义汇编. 北京：人民出版社，1954：83-84.

判中国赫鲁晓夫反革命修正主义的新闻路线》（2万多字、40多条注释）。这年8月初稿送毛泽东审稿，他批示："此文可用。但从13页起的两节中读起来较沉懑，空话太多，新意太少，宜加删改。并宜接触当前政治斗争。"**❶** 陈伯达、姚文元根据毛泽东的批示修改后，于9月1日发表。此文将新中国成立后党内正常的关于新闻业的不同认识上升到"两条路线斗争"，进行完全歪曲的历史"回顾"，把刘少奇、邓小平、陆定一等同志打成新闻理论"资产阶级自由化"的代表。这篇文章概括的所谓新闻理论已经完全将新闻等同于政治，基本观点有四条：

报纸不仅是阶级斗争的工具，而且是无产阶级专政的工具，即在上层建筑意识形态领域对资产阶级实行全面专政的工具。

宣传毛泽东思想是报纸的根本任务。

深入持久的大批判是报纸的基本的内容和工作方式。

由工人、贫下中农到新闻单位担任领导工作，"打破知识分子成堆的状况"。

显然，这些"理论"将政治上的"一言堂"推到极端，思想上实行绝对专制，完全否定新闻工作的基本职业特征，无视新闻采写基本的文化要求，因而已经无理论可言，本身就是一种残酷政治斗争的表现形式。

二、最近30年：逐渐回归新闻学本位的新闻理论教材结构

鉴于这种毁灭性的学科背景，此后十几年，即直到1982年，才出版了中华人民共和国成立后第一本新闻学著作《新闻理论基础》（作者甘惜分）。该书作者深受"四人帮"的迫害，努力显现一种回归新闻的态势。书的一级标题如下：绪论；第一章 新闻；第二章 舆论；第三章 新闻事业；第四章 新闻事业的作用；第五章 新闻事业和现实生活；第六章 新闻事业和群众；第七章 新闻事业和党。

然而，由于如此长时间生活在政治统领新闻的传统中，关于新闻业职能的基本认识很难一下子改变。例如对于"新闻事业的性质"，书中是这样定义的："一言以蔽之，新闻事业是以报道新闻为主要手段的阶级舆论工具。"**❷** 关于"新闻事业的作用"，书中这样写道："如果用一句最简单的语言加以概括，那最好是这样一句话：统一思想，或者说，统一舆论。"**❸** 新闻工作者是做什么的呢？该书最后指出："新闻战线的人们都是士兵，这里是一所战场，是思想战线的战场，是每

❶ 建国以来毛泽东文稿：第12册. 北京：中央文献出版社，1998：535.

❷ 甘惜分. 新闻理论基础. 北京：中国人民大学出版社，1982：77.

❸ 同❷87.

天都要进行紧张战斗的战场。……在这里，每一个战斗员都得手持武器进行战斗。他发现敌人，就鸣枪报警。他发现落伍者，就唤醒他。他看到先进的战士，就表扬他，并且鼓舞大家。总之新闻工作是一种异常繁重而有重大社会意义的工作，贪图闲适的人不要到这里来，这里是一座烈焰熊熊的火炉。"❶

这些关于新闻和新闻工作的认识仍然是从政治角度定义新闻和新闻业，将政治宣传等同于新闻报道，斗争哲学贯穿全书，尽管党的指导思想已经从"以阶级斗争为纲"转变到"以经济建设为中心"了，但在新闻领域，认识仍然滞后了多年。

即使是较新一代的新闻学研究者，在以上思维方式和基本认识的环境中学习和生活，即使有改革的愿望，落到笔端，新闻理论的框架结构和对新闻业的认识，仍然还在原有的思维方式中挣扎。下面是 1985 年出版的《新闻学概论》❷（复旦大学新闻系新闻理论教研室）的一级标题：

绪论；第一章 新闻活动是人类社会生活发展的需要；第二章 资本主义商品经济孵化了新闻事业；第三章 新闻事业的发展；第四章 新闻事业的阶级性；第五章 新闻事业的党性；第六章 新闻事业的社会功能；第七章 新闻必须完全真实；第八章 新闻事业的指导性；第九章 新闻事业的群众性；第十章 运用新闻工具开展批评与自我批评；第十一章 新闻选择；第十二章 我国新闻事业对新闻工作者的基本要求。

这个结构显然是两种关于新闻业认识的混合，其中的阶级性、党性、群众性、指导性等还是原来的思维，然而"新闻事业的社会功能"单独设置一章，显现出作者回归新闻学本位的意识，但是受到太多的传统要求的限制，新闻理论中最重要的新闻价值（新闻选择）被安排到倒数第二章的位置，远远置于阶级性、党性等之后，似乎说出来还得小心翼翼。

20 世纪 80 年代到进入 21 世纪，新闻史、新闻业务的发展变化较多、较快，各种新闻理论教材出版了几十种，但其结构基本上是以复旦大学新闻理论教材为代表的"政治＋新闻学本位的若干思考"的混合模式，十几年没有发生根本的变化。笔者比较了 1986 年的《新闻理论简明教程》和 1993 年版的《新闻理论教程》（成美、童兵编著），出版社从中央广播电视大学出版社变为中国人民大学出

❶ 甘惜分. 新闻理论基础. 北京：中国人民大学出版社，1982：222.
❷ 复旦大学新闻系新闻理论教研室. 新闻学概论. 福州：福建人民出版社，1985.

版社，章节名称的表述有些微调，整体结构完全没有变化。能够感觉到作者似乎有一种回归新闻学本位的思考，但是论述依然在传统认识中打转，难以跳出来。形式上摆脱原来政治思维的束缚，大约开始于 1999 年，代表作是《新闻学导论》❶（作者李良荣）和《理论新闻传播学导论》❷（作者童兵）。这两本书从章节标题上看，政治术语只局限于个别章，基本围绕着新闻本位的诸问题展开，但是在基本摆脱政治术语魂牵梦萦之后，新闻学本位的基本框架显然还没有架构起来，因而这时的教材内容表现为一种难以避免的"大杂烩"。

《新闻学导论》的 18 章标题如下：

第一章 新闻活动；第二章 新闻；第三章 新闻与信息；第四章 新闻与宣传；第五章 新闻与舆论；第六章 新闻事业的产生；第七章 新闻事业的发展及其基本规律；第八章 新闻事业的性质；第九章 新闻事业的功能与效果；第十章 新闻传媒的受众；第十一章 中国新闻事业的工作原则；第十二章 新闻选择；第十三章 新闻媒介的管理与经营；第十四章 新闻工作者的修养与职业道德；第十五章 大众传媒与社会系统；第十六章 大众传媒与政治；第十七章 大众传媒与经济；第十八章 大众传媒与文化。

《理论新闻传播学导论》的 10 章标题如下：第一章 新闻传播行为；第二章 新闻传播者；第三章 新闻传播内容；第四章 新闻传播过程；第五章 新闻传播要求；第六章 新闻传播媒介；第七章 新闻传播事业；第八章 新闻传播受众；第九章 新闻传播效果；第十章 新闻传播调控。

尽管两本书的结构、风格很不相同，但都表现出匆忙建构新闻理论的时代痕迹，或什么都谈到，或在新闻后面加上"传播"二字，依照一般关于传播现象研究的思路来套新闻传播这个行业。可能由于当时的环境氛围，这两本世纪之交的教材都没有涉及一个重要的新闻理论问题——新闻自由。

2005 年出版的《新闻理论教程》❸（作者杨保军），显现出明显的回归新闻学本位的倾向，做了较多的哲理性研究，增设了专门的"新闻自由"一章，而且可能是首次在新闻理论教材中将"新闻事业"的概念变化为"新闻业"。但在教材结构上，可能由于当时急迫的出版要求，没有跳出《理论新闻传播学导论》的窠臼。

---

❶ 李良荣. 新闻学导论. 北京：高等教育出版社，1999.

❷ 童兵. 理论新闻传播学导论. 北京：中国人民大学出版社，2000.

❸ 杨保军. 新闻理论教程. 北京：中国人民大学出版社，2005.

三、关于新闻理论教材结构的几个问题

不管怎样，在党的十一届三中全会的 20 多年后（世纪之交），新闻理论终于开始有意识地回归新闻学本位了。这个转变过程是新闻学各个领域中最慢的，因而新闻理论教材的内容长期落后于新闻传播业的实践。推动新闻理论教材回归新闻学本位的根本动力，是我国新闻传播业在市场经济条件下的持续改革，它经常推动着人们对以往认识的转变。真理有时候很简单，但是束缚我们头脑的原有思想却十分顽强。因此，坚定不移地继续坚持解放思想，坚持改革开放，坚持科学发展观，这些党的十七大一再强调的要求，对于保证我国沿着 1978 年开始的历史进程继续前进，十分及时和重要。

如果我们在新闻理论回归新闻学本位的认识上能够达成一致，那么下一步要讨论的便是新闻理论的基本概念构成等问题了。

（一）区分"新闻"的理论和"新闻业"的理论

我国的"新闻"一词在社会实际流通中涵盖过分广泛，它既指具体的新闻报道，又指传媒和传媒业，需要根据上下文来判断，但对新闻理论教材来说，含糊地使用"新闻"的概念，因为所指在理解上的误读，已经和还在造成很多无谓的争论。因而，首先区分关于"新闻"（狭义）和关于"新闻业"的理论很重要。我在 1996 年做的《新闻理论大纲》便是这样做了"编"的区分，现在看到的郑保卫的《新闻理论新编》❶，也分别有第一编"新闻"和第二编"新闻事业"的区分。

新闻理论虽然是一种应用理论，但要有自身的核心概念。现在的一些教材结构，从章节上看，基本是用工作经验来区分章节，例如新闻、新闻工作（性质、任务、作用）、新闻工作者、新闻受众、传播效果等，有点新闻工作经验的人一看大小章节的标题就够了，他都想得出来，就不会看了。

新闻这种信息所以与众不同，在于它并非现实的完整反映和记录，新闻传媒传播的是具有新闻价值的信息，因而"新闻价值"应该是新闻理论的核心概念，"新闻"（狭义）的理念、新闻工作者的职业理念和传播新闻的基本工作态度，都与新闻价值关联。关于新闻业的理论，实际上也离不开新闻价值，例如传媒的职能为什么是这样几条而不是那样几条，前提便在于它传播的信息类型以新闻为

---

❶ 郑保卫. 新闻理论新编. 北京：中国人民大学出版社，2007.

主。作为传媒业生存和发展的必要条件，新闻自由与法治也是新闻理论极为重要的研究内容。而传媒业的经营、传媒经济，似乎不属于新闻理论，而应单独作为研究的对象了。不然，"新闻理论"的内涵过大。

（二）厘清传媒的基本职能

这里特别谈谈传媒职能问题。我们传统的新闻理论，不论以什么样的标签来表达（诸如报纸的性质、任务、作用），通常将宣传党的政治任务和中心工作赋予传媒，等同于传媒的基本职能。现在暂时排除这些附加给传媒的职能，论述传媒的内在的、本位的职能，以往的思维惯性可能会提出这样的问题：传媒能脱离政治吗？传媒能没有自己的立场吗？传媒总是处于一定的意识形态中，各种思想无不打上阶级的烙印。就此这里引证一段黑格尔的话：

"科学，作为服从其他部门的思考，也是可以用来实现特殊目的，作为偶然手段的，在这种场合，就不是从它本身而是从对其他事物的关系得到它的定性。从另一方面看，科学也可以脱离它的从属地位，上升到自由的独立的地位，达到真理，在这种地位，只实现它自己所特有的目的。"❶

显然，黑格尔区分了关于科学职能的两种思路：一种思路是从它与其他事物的关系得到它的定性；另一种思路是抛开与其他事物关系的定性，只从事物本身来论证其职能。对传媒的职能认识，可以从中取得借鉴。

沿着第二种思路，那么传媒职能的论述，可能会得到较为广泛的认同。同时，我们还可以沿着第一条思路，把过去谈到的传媒的性质、任务、作用之类的说法，在与政治、经济、文化等事物的关系中得到传媒职能的定性，作为传媒的附加职能加以说明。笔者的《新闻理论十讲》❷便是采用这种方式，使得传媒职能的问题能够得到全面解说，但亦说明，阶级斗争工具（阶级性）、集体的组织者、宣传党的方针政策（党性）、教育人民的工具等等"报纸的性质"是一种附加的传媒的职能，不是内在的。

（三）"新闻价值"应是新闻理论的核心概念

关于新闻价值，我们早先的新闻理论论著中是没有的。在陆定一的文章《我们对于新闻学的基本观点》中，新闻价值（即他批判的一般性、时宜性）被视为"资产阶级新闻理论"。因为一旦采用这个标准，报纸上所报道的大部分事情因为

---

❶ 黑格尔．美学：第 1 卷．北京：商务印书馆，1979：10.
❷ 陈力丹．新闻理论十讲．上海：复旦大学出版社，2008.

没有新闻价值而不该报道。所以，在苏联的新闻讲义、"文化大革命"中涉及新闻工作的大批判文章，以及1982年出版的《新闻理论基础》，完全没有提到新闻价值。

1985年的《新闻学概论》，新闻价值（新闻选择）仅在倒数第二章讨论，而且持批判的保留态度。1986年的《新闻理论简明教程》第二章最后一节涉及新闻价值，批判西方新闻价值的内容占据了几页篇幅的大部分，作者似乎想肯定它，但是行文中又在不断给它加以限制，显然，使用这个概念时作者自觉气短，存在着一种无形的外在压力。该书写道："社会主义的新闻事业是党和人民的革命事业的一部分，是用社会主义思想教育人民的重要阵地。社会主义新闻事业不是任何人的私有企业，不能单纯地以赢利为目的。因此对于社会主义新闻事业来说，考虑新闻价值决不能离开新闻事业所包含的政治意义，即它对社会主义新闻事业的促进作用，对人民的鼓舞教育作用等等。"❶ 为了使用"新闻价值"这个概念，说了这么多的"但词"。总共135个字中，光是"社会主义"这个词就出现5次，占了20个字，还有党和人民、教育人民、重要阵地、思想教育等等概念，而"新闻价值"这个概念，只出现一次。

直到世纪之交，新闻价值的概念才在新闻理论教材中基本变成一个正面概念（但还不是主要概念）。在2005年的《新闻理论教程》（杨保军）中，这个概念得到一种哲理化的研究，作者还另行出版了专门的研究著作。不过在这时的教材中，都没有明显突出新闻价值在新闻理论体系中的主要地位。正是有了新闻价值的理念，才能够确定新闻与一般信息的区别，否则我们谈论的"新闻"如何，便没有了标准和来源。所以笔者认为，新闻价值在新闻理论的教材中，应该作为新闻学的核心概念加以阐述。但是，这个问题在向学生讲述时，显然不宜采用哲学探究的方式，新闻价值是个应用性质的理念问题，也不宜简单把美国记者总结的几个"××性"照搬过来，经验式地说上几句就完了。这个问题需要人类学、思维发生学、认知心理学、社会心理学、人际互动传播研究、群体互动传播研究等方面的知识，与具体多样的新闻选择的实践相结合，才可能理出一类或数类可操作的判断事实是否为新闻的标准。

（四）科学地论证新闻自由

新闻自由是新闻工作生存的基本条件。共产党人为争取包括新闻自由在内的

---

❶ 成美，童兵. 新闻理论简明教程. 北京：中央广播电视大学出版社，1986：51-52.

各种表现自由奋斗了一百多年。中国共产党第一家机关刊物《向导》的发刊词就宣布："至少在沿海沿铁路交通便利的市民，若工人，若学生，若新闻记者，若著作家，若工商家，若政党，对于言论、集会、结社、出版、宗教信仰，这几项自由，已经是生活必需品，不是奢侈品了。……对于这几项生活必需的自由，断然要有誓死必争的决心。'不自由毋宁死'这句话，只有感觉到这几项自由的确是生活必需品才有意义。"❶

然而，苏联的新闻讲义中完全不提它。我们后来的新闻理论教材中，即使提到，也是批判资产阶级新闻自由如何虚伪；我们的新闻自由如何不虚伪，即使有叙述，也是空话。近年出版的教材，开始接触这个问题。有的提出"新闻自由既是一项民主权利，也是一项新闻工作的原则"❷。能够有这样的观点，笔者认为是不错的。但是，新闻自由不是民主权利，而是一项人权。

我国包括新闻自由在内的人权建设正在完善中，2004 年，"尊重和保障人权"写入了宪法。2007 年，胡锦涛在党的十七大政治报告中明确要求"保障人民的知情权、参与权、表达权、监督权"❸，这是对宪法规定的公民权利的进一步阐发，我们的新闻理论应该从积极的方面反映人权推进的进程。我国加入了联合国《经济、社会和文化权利国际公约》，我国政府代表在《公民权利和政治权利国际公约》上签了字。那么，即使从配合中央的举措角度，向学生介绍这两个联合国文件，尤其是后者的第 19 条，也是必要的。它是目前世界关于表现自由最完善的表述，值得逐句逐字的研究。

在我国，"自由"一度被歪曲为想说什么就说什么，不受任何限制；然后又以这种理解作为反对"自由"的理由，同时用大众哲学关于任何事物只是相对的，不是绝对的"道理"，强调"从来没有绝对的出版自由"。从哲学的角度讲的"没有绝对"是一种认识世界的方法论，不能直接用来所指具体问题，不然任何事物都可以套上"没有绝对"一句话，这是无意义的。"绝对的出版自由"是恩格斯两次使用过的一个基本概念，指法治条件下的出版自由，它的对立面是以人治的任性管理新闻出版业。例如恩格斯在 1890 年写道："我生平曾经有两次荣幸地为报纸撰稿❹而完全得到了出版工作中一般所能有的两个最有利的条件：第

---

❶ 中国共产党新闻工作文件汇编：下册．北京：新华出版社，1980：4.
❷ 新闻理论新编．北京：中国人民大学出版社，2007：225.
❸ 人民日报，2007 - 10 - 25.
❹ 指《新莱茵报》和德国《社会民主党人报》。——引者注

一，绝对的出版自由……"❶ 平常讲话中若反对绝对出版自由，说说属于个人认识，但是教材里批判绝对的出版自由，就与马克思主义创始人的论述矛盾了。我们总得向学生把问题说圆，教材要科学地阐述道理。

还有自由的阶级性，以前我们经常引用列宁 1917—1920 年间关于资产阶级出版自由的诸多批判论述。在现在的新形势下，这样的说法与法治的要求是矛盾的，"阶级性"带有强烈的主观色彩，意味着阶级性凌驾于法治之上。现在我国的领导人关于这个问题的讲话，论述角度已经发生变化，我们的观念应该与时俱进。2007 年 3 月 16 日温家宝总理在记者招待会上说："我说民主、法制、自由、人权、平等、博爱，这不是资本主义所特有的，这是整个世界在漫长的历史过程中共同形成的文明成果，也是人类共同追求的价值观。"❷ 显然，我们先要更新观念，在新视野下向学生讲述这个问题。

回顾 30 年来新闻理论教材的结构，显示出我们跟进时代的步伐较慢。因而，我们需要进一步解放思想，更新观念。同时，也要尊重结构、风格的多样化。

---

❶ 马克思恩格斯全集：第 22 卷 . 北京：人民出版社，1965：89.
❷ 人民日报，2007 - 03 - 17.

西方核心新闻理念的构成与发展*

周　俊　李玉洁

　　新闻业在西方作为一种职业的特殊语境中，新闻理念可以被看作是一个特定团体所特有的信仰体系。❶ 美国有学者调查对比了 21 个国家的新闻业后，认为全世界新闻工作者的特征大同小异，而各国新闻职业规范和价值观存在很大不同，导致很难出现新闻业的"全球职业标准"❷。作为操作层面的这种职业标准虽然在世界范围里很难，也无法达成统一，但是全球范围中应该存在一种在新闻业中起支配作用的新闻理念，这是建立在新闻工作者职业认知和实践基础上的，是被不同国家的新闻媒体和新闻工作者进行不同的解读、使用和应用的。❸

　　因此，所谓的西方核心新闻理念并不是一个统一的概念，而是一种主导西方国家新闻实践的基本的新闻理念，在此指导下的各国具体新闻实践，比如职业规范和新闻制作等，会因为各国情况的不同而出现一定的差别。从世界范围来看，目前美国新闻业的基本新闻理念和实践对西方国家的新闻业影响较大，因此，本研究主要基于美国的新闻理念及其形成过程，以及对欧洲国家的考察，先梳理西方新闻理念由自由主义理论、社会责任理论到新闻专业主义的总体发展过程，再从宏观、中观、微观三个层面对西方核心新闻理念进行分析。

一、西方新闻理念的总体发展历程

　　即使在西方，新闻行业作为一种职业也不是从来就有的。"不论新闻工作是

---

　　* 原载于《现代传播》，2010（5）：40 - 45。李玉洁，中国人民大学新闻学院博士研究生，现任职于《中国社会科学报》。

❶ DEUZE M. What is Journalism? Professional identity and ideology of journalists reconsidered. Journalism，Nov. 2005，vol. 6.

❷ WEAVER D H. The global journalist：news people around the world. New Jersey：Hampton Press，1998：456 - 468.

❸ SHOEMAKER P J，S D REESE. Mediating the message：theories of influences on mass media content. New York：Longman，1996：11.

否从一开始就是一种职业，它现在却已经演化成了职业（就跟医学和法律一样），应该得到认可。"❶ 这种认可与西方国家的民主发展进程、新闻业的自律和他律密切相关。在这个被认可的过程中逐步形成了那些代表全球新闻业或多或少相似之处的一种新闻工作者共享的新闻理念，促使新闻工作者的职业行为能在社会中得到合法地位。❷ 这种合法地位的形成过程是一种专业化过程，但是从全球范围和专业社会学的角度来看，全世界的新闻业都是一个正走向专业化的行业❸，其中的新闻理念一直处于不断发展与达成共识的过程中。因此，在西方社会发展的不同的阶段会形成当时历史条件下的新闻理念，其中一些会形成共识，而有些理念会随着社会和新闻业的发展而不断修正，再在新的层面上寻求共识。这种理念的发展历程具体表现在新闻媒体的实践活动、新闻业界和学界的反思和协商，以及新闻专业主义的兴起上。

（一）自由主义理论的新闻理念

在 16—17 世纪西方国家的资产阶级革命过程中，当时的报刊为了进行思想传播和政治斗争，与封建王朝展开了争取新闻自由的反复抗争。17 世纪英国思想家弥尔顿（John Milton）最早提出了自由报刊的思想，18 世纪美国政治家杰弗逊（Thomas Jefferson）将自由报刊思想付诸实践，他将报纸看作社会的保障，如果报纸能够不受政府审查自由出版，公民就能够做出负责任的决策。19 世纪密尔（John Stuart Mill）提出了意见表达自由的思想，他认为如果人们被允许自由表达观点，真理最终会出现。这三位在自由报刊理论的形成阶段占有重要地位。❹

因而，其实到 18 世纪时西方新闻业已逐渐建立了以维护新闻自由为核心的新闻理念，并在资产阶级取得政权后以法律的形式将这些理念制度化，如美国的《人权法案》，这些理念和法律被认为是基于自由主义的报刊理论，但其对于新闻

---

❶ 丹尼斯，梅里尔 . 媒介论争：19 个重大问题的正反方辩论 . 3 版 . 王纬，等，译 . 北京：北京广播学院出版社，2004：160. 此书第 4 版已由中国人民大学出版社于 2019 年推出，争议话题变为 20 个。

❷ DEUZE, M. What is journalism? professional identity and ideology of journalists reconsidered. Journalism, Nov. 2005, vol. 6.

❸ 李良荣，林晖，谢静 . 当代西方新闻媒体 . 上海：复旦大学出版社，2003：114，116，120，116 - 117.

❹ APPLEGATE E. The concepts of "news balance" and "objectivity". Public Relations Quarterly, 52 (4).

自由的表述是笼统的，必然会导致各种各样的解释❶，在美国独立战争以后至 19 世纪中期，新闻业经历了 70 多年的政党报刊时期，政党纷争使报纸的大量篇幅用于政治争论，在经济上依附政党资助，充当了政党斗争的工具。❷ 许多报纸在政党斗争中对新闻自由的滥用也促使新闻业开始反思新闻自由的限度以及如何在新闻业通过恰当的职业行为来实现新闻自由。

（二）社会责任理论的新闻理念

当西方新闻业由政党报刊时期进入商业报刊时期后，新闻业虽然逐步发展和确立了报道的客观性原则，但是由于当时新闻媒体片面追逐商业利润，致使煽情新闻泛滥，西方尤其是美国的新闻业开始面临着日益严重的职业道德和社会责任等问题。第一次世界大战前后美国的公关业的兴起以及战时宣传又让当时的新闻业意识到商业宣传和政治宣传对新闻的操纵，新闻业要急于区别和抵制宣传和公关，以确保自己的职业形象和地位。

美国报纸主编协会在 1923 年通过了西方新闻业最早的一部规约《新闻事业规程》（Canons of Journalism），这被视为美国报人集体具有社会责任意识的开始，它号召新闻媒体对公共利益负责、真诚、真实、公正、公平、庄重，并且要尊重个人隐私。❸ 1947 年，美国新闻自由委员会发表了著名的报告《一个自由而负责的新闻界》，对在自由主义新闻理论引导下的新闻业滥用自由的情况进行了揭露和抨击，达成两大共识，一是新闻界对社会负有责任，二是自由主义报刊理论下的美国新闻界没有完成对社会的责任，因而亟须出现一种新的报刊理论❹，从而为新闻业"社会责任理论"的出现打下了理论基础❺。社会责任理论的主旨是强调自由伴随着义务的新闻理念，即传媒在拥有新闻自由的同时必须对社会负责，要为公众福利和社会服务，否则政府将干预和控制新闻业。

（三）新闻专业主义

在社会责任理论思想的影响下，美国及其他国家的新闻业在专业组织的建

---

❶ 西伯特，彼得森，施拉姆. 传媒的四种理论. 戴鑫，译. 北京：中国人民大学出版社，2008：30 - 47，74.

❷ 李良荣，林晖，谢静. 当代西方新闻媒体. 上海：复旦大学出版社，2003：114，116，120，116 - 117.

❸ 同❶.

❹ LILYD S. A criticism of social responsibility theory：an ethical perspective journal of Mass Media Ethics，1991（6）：11.

❺ 新闻自由委员会. 一个自由而负责的新闻界. 展江，等，译. 北京：中国人民大学出版社，2004.

立、专业行为准则的公布、新闻专业教育、专业自律机制等方面已完成了建设，新闻业初步形成了公共服务的职业机制，新闻专业主义得以建立。❶ 西方新闻业逐步形成的新闻专业主义取向的理念，可以总体概括为四条信念：新闻媒介摆脱外界干扰；为实现公众知情权服务；新闻媒介探求真理，反映真理；客观公正地报道事实。从职业理念的角度来看，新闻专业主义就是一个专门职业所遵守的行为及道德标准。❷ 从新闻实务和记者素质的角度来看，新闻专业主义可以包括两个层面，即追求报道的客观公正和职业的伦理道德。❸ 从职业社会学的视角来看，新闻学思想以及研究实际上就是新闻实践的职业化或专业主义的反映。新闻专业主义的最后核心阶段是形成一种正式的道德准则，以利用它来将新闻提升到职业化和专业主义的层次。❹ 不仅如此，新闻专业主义还可以作为一套论述新闻实践和新闻体制的话语，强调的是新闻从业者与新闻工作的普适性特征；它又是一种意识形态，是与市场导向的媒体（及新闻）和作为宣传工具的媒体相区别的、以公众服务和公众利益为基石的意识形态；它还是一种社会控制的模式，是与市场控制与政治控制相抗衡的、以专业知识为基础的专业社区控制模式。❺

因此，新闻专业主义对自由主义理论和社会责任理论的新闻理念进行了修正和发展，本身就包含了这两种理念适合社会和新闻业发展需要的合理要素，同时在此基础上从专业的角度去谋求新闻业和社会协商共识下的新闻理念，既保证一定的新闻自由，又保证新闻业对社会负责和为公共利益服务。

二、宏观层面的新闻理念：新闻自由

新闻自由可以说是西方新闻业存在和发展的基石，也是从宏观层面主导着其他层面的新闻理念，概括起来包括以下基本理念。

（一）创办新闻媒体的自由

1881 年法国政府公布的《新闻出版自由法》第一条规定："印刷和出版是自

❶ 李良荣，林晖，谢静．当代西方新闻媒体．上海：复旦大学出版社，2003：114，116，120，116－117.

❷ 李瞻．新闻道德．台北：三民书局，1988：7.

❸ 李金铨．香港媒介专业主义与政治过渡．新闻与传播研究，1997（2）.

❹ 黄旦．新闻专业主义的建构与消解：对西方大众传播者研究历史的解读．新闻与传播研究，2002（2）.

❺ 陆晔，潘忠党．成名的想象：中国社会转型过程中新闻从业者的专业主义话语建构．新闻学研究（台北），2002（4）.

由的。"其第五条规定："一切日报或定期出版物在履行第七条规定的申报后，即可出版，无须事先批准，无须缴纳保证金。"该法是世界上最早出现的完整的新闻法，以法律形式将公民创办新闻媒体的自由制度化，取消了政府不许某些个人、政党、团体办报的一切借口。这是由一般公民拥有的言论自由权利延伸至新闻媒体拥有的出版自由权利的体现。

（二）知情权和采访权

瑞典最早提出知情权，1776 年瑞典新闻法提出"信息公开原则"，即政府文件应向公民公开，任何公民都有权看到。第二次世界大战后的美国记者肯特·库伯首先使用"知晓权"一词。知情权作为一项基本的人权，也得到了国际法的保护。1948 年《世界人权宣言》第 19 条规定："每个人有权自由发表意见或做出表示。这种权利包括：不受干涉地保留意见，通过任何媒介超越国界寻找、接受和传递信息。"采访权则是公民知情权的延伸，是法律赋予新闻记者的知情权。西方国家的新闻法规保障记者有采访自由，除军事、国家秘密和个人隐私外，记者有权凭身份证进行采访，他人不得阻挠。

（三）传播权

传播权是指公民和记者有权利用新闻媒介传播消息和发表意见，是公民言论自由权的具体表现。1789 年著名的法国《人权宣言》在其第 11 条中规定："自由传达思想和意见是人类最宝贵的权利之一，因此，每个公民都有言论、著述和出版的自由，但在法律所规定的情况下，应对滥用此项自由负担责任。"这个条文成为后来西方国家宪法和国际人权公约参考的典范。

（四）隐匿权

隐匿权是指新闻媒体和新闻工作者保护消息来源的权利，即未经消息来源人的允许，新闻工作者有权不予透漏消息来源给第三人，不向外界透露消息来源的姓名和身份，也有权不公开消息的来源渠道。隐匿权既是保障新闻记者的采访权，也是保障公民的自由表达权和知情权的重要措施。美国、德国、丹麦、瑞典等西方国家的新闻传播法律都涉及隐匿权问题。

（五）隐私权

隐私权是指公民的与公众利益无关的私人信息、私人活动和私人空间免于公开的权利。自 1890 年美国哈佛大学《法学评论》首次提出隐私权概念以来，隐私权逐渐成为一项重要的人权，一些重要的国际公约及国际法都把对个人隐私的保护放在重要的位置。1948年《世界人权宣言》第12条规定："任何人的私生活、家庭、住宅和通信不得任意干涉，他的荣誉和名誉不得加以攻击。人人有权享受法律保护，以免受这种干涉或攻击。"新闻媒体和新闻工作者在采访和报道中对公民隐私权的尊重，是对采访权、传播权与隐私权的平衡，是新闻业对社会负责任的一种体现。

（六）更正与答辩权

更正与答辩权是指公民和社会组织在受到新闻媒体的无端指责或诽谤、诬陷时，有权在新闻媒体上予以驳斥、更正、说明。同样当新闻报道损害他人正当利益或失实时，当事人依法享有进行答辩的权利。新闻媒体的更正与答辩权也是西方新闻业公认的新闻媒体的基本操守，是新闻专业主义中向社会负责任与公正理念的体现。

三、中观层面的新闻理念：传媒职责

有关传媒职责的新闻理念是将宏观层面的新闻自由理念通过新闻媒体来实现，主要表现为三方面的核心理念，即社会守望者与环境监测、看门狗与第四等级、公共服务与社会公器。

（一）社会守望者与环境监测

"社会守望者"（lookout）的说法一般被认为出自普利策。他在回应有关质疑他捐款建立哥伦比亚大学新闻学院的文章中，谈到了新闻记者应该具备的素质以及新闻教育和新闻媒体对于公众和民主国家的重要意义："记者不是经理，不是出版商，也不是报业主。记者是国家这一航船桥楼上的守望者，⋯⋯他不是在考虑自己的工资或者雇主的利润。他站在船头密切关注着人民的安全和幸福。"[1] 这个对新闻媒体职责的形象比喻也被美国学者称之为新闻媒体的环境监测（surveillance of the environment）职能[2]，即要及时、准确地向社会通报新近发生的涉及公共利益和国家利益的重大事项。这也被西方学界公认为新闻媒体的首要的职责。

（二）看门狗与第四等级

传统的自由主义理论的新闻理念还将新闻业比喻成公共利益的守护者和政府

---

[1] PULITZER J. The school of journalism in Columbia University：the power of public opinion. The North American Review，1904，vol. 5.

[2] LASSWELL H. The structure and function of communication in society//LYMAN BRYSON. The communication of ideas. New York：Reprinted by Cooper Square Publishers Inc.，1964.

行为的"看门狗"（watchdog），这是基于社会权力多元化的理念，被认为是个人思想自由、言论自由、宗教信仰自由和集会自由等基本权利在新闻媒体上的延伸。❶ 自由多元主义（liberal pluralism）认为权力是多元的，任何一种特殊的利益或任何一个团体都不可能统治整个社会，因而其将新闻媒体想象成多元权力中的一种，也是产生和维持民主共和国的必要因素❷。

看门狗的理念实际上是西方新闻业争取新闻自由时提出的"第四等级"（the fourth estate）思想的体现。"第四等级"这一词语的出现可以追溯到 1852 年苏格兰历史学家托马斯·卡莱尔（Thomas Carlyle），他认为这一术语是由爱尔兰政治家艾德蒙德·伯克（Edmund Burke）最早提出的❸，其认为记者坐在第四等级的席位，其重要性远远超过国会中其他三个等级❹。新闻业担负着一个非官方但却是中心的角色，有助于公众了解问题、发表公共见解，成为对政府的一种制衡力量。❺

（三）公共服务与社会公器

公共服务（public service）可以被看作是组成西方新闻理念的最重要的组成部分之一，它是一种新闻媒体和新闻工作者不断追求的理想。❻ 19 世纪末美国的大众化报纸逐渐取代了政党报纸，大众化报纸的读者对象由精英分子转向社会大众，开始扮演"公共服务"的社会角色。1878 年，约瑟夫·普利策（Joseph Pulitzer）在其主办的《邮讯报》社论中声明：该报不为党派服务，而为人民服务；不是共和党的喉舌，而是真理的喉舌；提倡原则和思想，不提倡偏见和派性。他的办报方针全面地强调了新闻业公共服务的职责。❼

传媒这种公共服务的职责在我国语境中一般被认为是社会公器，即新闻媒体

❶ MCQUAIL D. Mass communication theory. London：Sage，1994：128.

❷ BONNIE S B. What the hacks say：the ideological prism of US journalism texts. Journalism，1（1）：106－113.

❸ CARLYLE T. On heroes，hero worship，and the heroic in history，Retrieved July 15，2005，from http：//www. gutenber. org/catalog/world/readfile? fk files＝37265&pageno＝9.

❹ DONOHUE G A，TICHENOR P J，OLIEN C N. A guard dog perspective on the role of the media. Journal of Communication，1995，45（2）：118.

❺ O'MALLEY T. Labour and the 1947－1949 Royal Commission on the press//BROMLEY M，O'MALLEY T. A journlaism reader. London：Routledge，1997.

❻ DEUZE M. What is journalism? professional identity and ideology of journalists reconsidered. Journalism，2005（6）.

❼ 李良荣，林晖，谢静. 当代西方新闻媒体. 上海：复旦大学出版社，2003：114，116，120，116－117.

是为社会服务、为大众服务的社会公器。❶ 新闻媒体作为一种特殊的社会公器，既是一个公共信息传播的载体，又是舆论载体。当然，无论新闻媒体是作为公共服务还是社会公器，这更多是新闻业和新闻工作者的理想追求，是作为一种指导业务的理念而发挥着作用，在现实中囿于各种原因并不能完全实现这种理想。

四、微观层面的新闻理念：职业规范

以上宏观层面和中观层面的新闻理念相对比较笼统，主要适用于对整个行业和各类新闻媒体在社会中的关系和影响的理解。而对于新闻工作者而言，他们对于这些理念的理解更多体现在行业协会和新闻媒体内部的各种职业准则或职业规范中，这些职业规范是以上理念在新闻生产过程中的具体实现，直接指导着新闻工作者日常的新闻实践。以下是西方新闻业中的职业规范相对已形成共识的基本原则。

（一）独立（independence）和自主（autonomy）

这里的独立原则包含两层含义：一方面是外部的独立，即新闻媒体外部独立于政治和商业的操作；另一方面是内部的独立，即新闻媒体内部的编辑部门独立于经营部门。在外部的独立中，新闻媒体和新闻工作者在采访报道时要坚持按照新闻的职业规范和准则，合法的新闻采访和报道活动不应受到其他社会组织的阻挠或审查，与所报道的人或组织的关系要保持适当的距离，不能与报道对象发生经济往来，拒绝接受报道对象任何形式的馈赠。在内部独立中，编辑部门可以按照专业原则进行运作，而不被广告或公共部门所左右；记者的工作有一定独立性，不仅仅是受编辑的支配；新闻工作者能够不断得到培训和教育机会。❷ 独立、自主或者说抵御来自外部和内部的各种形式的压力，特别是对于新闻业职业身份认同的形成，被西方媒体认为是至关重要的。

（二）真相（truthfulness）和准确（accuracy）

在西方，新闻工作者被赋予"真相寻求者"（truth seekers）、"真相讲述者"（truth-speakers）和"权威的真相揭露者"（authorized truth-tellers）等角色，而新闻工作的职业道德和仪式化程序保障了新闻工作者这些角色的实现。❸ 这就要

---

❶ 杨保军. 论新闻传播的公开原则. 阴山学刊，2004（4）：44 - 48.

❷ WEAVER D H. The global journalist：news people around the world. New Jersey：Hampton Press，1998.

❸ CARPENTIER N. Identity，contingency and rigidity：the（counter—）hegemonic constructions of the identity of the media professional. Journalism 2005，6（2）：199 - 219.

求新闻工作者要不断去发掘真相；不能杜撰事实，也不能对事实涂脂抹粉；在报道中要呈现事实的细节，但这些细节不能危害到某些人群，如受害者和未成年人等；不要剽窃其他记者的报道；将情景再现的内容进行明确标示。真相原则已写入西方新闻工作者的职业道德规范之中，指导着新闻工作者们的新闻实践。

准确原则要求记者在报道中要正确拼写所涉及的各类名称；尽可能以直接引语的形式再现当事人的陈述或观点，或按照意愿进行概括；对报道中涉及的细节记者要采取措施去核实；在报道中尽可能明确交代消息来源。

（三）客观（objectivity）、公平（fairness）、无偏见（impartiality）

西方国家对客观性产生的缘由有着不同的解释。有学者认为是 19 世纪的报刊为了吸引更多读者以获取更大的商业利益，因而放弃了原有的政党倾向。也有人认为是技术的进步特别是电报的发明带来了客观报道。❶

不管起源如何，客观原则自确立以后就被认为是自由民主制国家记者专业理念的奠基石。❷ 同时，客观原则也被赋予多重内涵：是一种职业的道德理想，是一系列报道和编辑的惯例，也是一种可察的新闻写作的样式。客观原则在具体操作中表现为：在报道中呈现事件所涉各方的观点；报道中受到批评的当事人有权利进行答辩和更正；记者在报道中是陈述事实而不是表达记者的观点或政治倾向；报道中将事实和意见分开，更要与广告分开。总体说来，客观原则包含三个主要特征，即事实与观点的分离；对争论双方的平衡报道；利用消息来源来陈述事实或观点。❸ 客观原则在不同的职业规范中会有另外接近的表述，如公平、平衡、无偏见等，但都是表达类似的内涵。

（四）及时（immediacy）

及时性是新闻实践的基本原则之一，因为新闻的本质在新，具有转瞬即逝的、短暂的、易坏的特质，因而其使用价值会随着时间的流逝而不断降低。❹ 西方学者也有"新闻就像面包，最好是新鲜的时候吃，不然很快就变坏"和"新闻

❶ MICHAEL E, EMERY E, ROBERTS. The press and America: an interpretive history of the mass media. Boston: Allyn & Bacon, 1996: 181.

❷ LICHTENBERG J. In defence of objectivity revisited//J CURRAN, MICHAEL GURE-VITCH. Mass media and society. London, New York, Sydney, Auckland: Arnold, 1996: 225-242.

❸ MCNAIR B. The sociology of journalism. London: Arnold, 1998: 68.

❹ PARK R. News as a form of knowledge: a chapter in the sociology of knowledge, mass media and communication. New York: Hastings House, 1970: 127-141.

机构就是一种时间机器"的形象比喻。❶ 同时，激烈的市场竞争使及时的原则自
觉成为新闻人的职业理念，而现代科技的发展使得及时能得到最大限度的实
现❷。及时原则一方面在微观层面要求记者尽可能最快地采集和传播新闻；另一
方面在宏观层面要求新闻媒体在没有恰当的理由的情况下，要第一时间公开传播
新闻，而不能将新闻进行压制、拖延或隐瞒。

（五）新闻价值（news values）

新闻价值是一套标准，记者用它来衡量事件的新闻意义（newsworthiness），
判断事实是否具有新闻要素（news factors），从而进行新闻选择（news selec-
tion），它是判断特定受众想要读什么或看什么的基本准则（ground rules）❸。

西方新闻价值最早起源于 1922 年李普曼的《舆论学》一书中的理念，然后
在美国和欧洲得到了快速发展，特别是在 20 世纪 50 年代西方学者特别关注关于
新闻价值的理论，并进行了大量的实证研究。但是，关于新闻价值包含的具体要
素，美国和欧洲有所不同，而在各国内部也不断发生变化。❹ 如美国最早的教科
书中将新闻价值要素归纳为六大要素：直接性（directness）、接近性（proximi-
ty）、显著性（prominence）、突发性（unexpectedness）、冲突性（conflict）和重
要性（significance）。❺ 后来又有学者提出新的六大要素。❻ 而欧洲学者对于新闻
价值的研究开始于 1965 年，最早提出的新闻价值包括三个要素：简单性（sim-
plification）、识别性（identification）、感官化（sensationalism），后来又有学者提
出包括频发性（frequency）、精英国家（reference to elite nations）、精英人物
（reference to elite people）等在内的 12 要素说❼。

---

❶　DE WOLK R. Introduction to online journalism：publishing news and information. USA：Allyn
and Bacon，2001.

❷　SCHLESINGER P.　Newsmen and their time-machine. British Journal of Sociology，vol. 18，No. 3.

❸　富兰克林，等. 新闻学关键概念. 诸葛蔚东，译. 北京：北京大学出版社，2008：228.

❹　SHOEMAKER，PAMELA J. TSAN-KUO CHANG，BRENDLINGER N. Deviance as a pre-
dictor of newsworthiness：coverage of international events in U. S. media. Communication Yearbook，
1987，10：348－65.

❺　JOACHIM FREDRICH STAAB. The role of news factors in news selection：a theoretical re-
consideration. European Journal of Communication，1990（5）：423.

❻　BUCKALEW，JAMES K. News elements and selection by television news editors. Journal of
Broadcasting，1969（14）：47－54.

❼　SANDE，OYSTEIN. The perception of foreign news. Journal of Peace Reasearch，1971（8）：
221－237；SMITH，RAYMOND F. U. S. news and sino-indian relations：an extra media stud-
y. Journalism Quarterly，1971（48）：447－458，501.

值得注意的是，尽管西方媒体提出的这些新闻价值大都是基于事实所具有的新闻要素而进行客观选择，但是它们也承认选择并非完全客观，而是具有偏向性的，特别是在报道社会问题、政治问题和矛盾冲突的时候，同时新闻选择的过程也深受媒体机构的影响❶。

（六）减少伤害（harm reduction）

减少伤害原则是新闻业对社会负责任的体现。对于新闻媒体来说，在新闻活动中坚持减少伤害原则并不是抛弃客观原则，而是一种人性的表达，也是社会基本道德人道原则的体现。减小伤害原则要求记者在一些灾害事件的报道中可以适当表达同情心，以防"侵扰伤痛"；对报道对象，尤其是未成年人的隐私要尊重；保护消息来源；舍弃可能会伤害报道对象名誉的无关紧要的细节；舍弃可能会煽动暴力或冲突的有关仇恨的内容；尚未被法院判罪的犯罪嫌疑人应被认为是无罪的，记者不能在报道中对其进行有罪断定。

这一原则已成为西方记者职业规范的内容之一。如美国职业新闻工作者协会（Society of Professional Journalists）1996 年修订的《新闻职业伦理规范》中就增加了"最小伤害"（Accountability and Minimize Harm）一条❷。这一变化可以看作是鼓励记者在工作时尽量减少对信源、采访对象和同行的伤害最有利的明证❸。

❶ LAPPALAINEN，T. Cultural functionalism: the function of the press in economic power rela-
tions. European Journal of Communication，1988（3）：375 - 396.
❷ LOGSDON, YODER S, L BLESKE G. The media ethics classroom and learning to minimize
harm. Journal of Mass Media Ethics, 12（4）：227 - 242.
❸ GEIMANN S. Journalism ethics on front burner for coming year. Quill, 1966（12）：13.

新闻与现代性：
从"永恒"到"流变"的世界观转向 *

王亦高

美国新闻传播学学者詹姆斯·凯瑞（James W. Carey）在其论文集《作为文化的传播》中提到了一个命题：新闻，形成并反映了人们废弃传统、爱好新鲜的愿望。他说："新闻是历史性的现实，它是一种由特定的阶层在特定的历史时间发明的文化形式——主要由 18 世纪的中产阶级发明。像所有被发明的文化形式一样，新闻形成并反映了一种特有的'对经验的渴望'，一种废弃史诗、英雄与传统，偏爱独特、原创、新奇和新鲜——即'新闻'的愿望。这一'渴求'本身所具有的历史就根植在不断变化的风格和中产阶级的命运中。"❶

史诗、英雄与传统，也就是人们常说的"经典"，通常意义上是指那些能在一定程度上超越时间、不易被人遗忘的东西。而凡是能够超越时间长久存在的东西，又是那些最一般的、普遍的、恒常的规律。倘若用一个词来描述史诗、英雄与传统，恐怕没有比"永恒"更合适的了；而与之相反的另一面——独特、新奇与新鲜，则恐怕用"流变"一词来概括较为合适。显而易见，新闻，其"新"字就表明了其偏重独特和新奇的根本性质，或者说，新闻的意义恰恰在于新闻报道与充满偶然性的经验世界的对应，而不在于新闻报道是否揭示了经验世界背后的恒常规律。

从传递观角度来看，新闻就是把一些信息像搬运物质实体一样从甲地搬运到乙地，阅读新闻的人则获取了这些信息。但从仪式观的角度来看，当人们阅读报纸新闻时，更多的不是把读报视为发送或获取信息，而是将其视为好比是亲身参加了某种活动，在那种场合下，虽然人们不一定学到了什么新东西，但是特定的世界观得到了描述和强化。

---

* 原载于《国际新闻界》，2010（10）：66-72。

❶ 凯瑞. 作为文化的传播. 北京：华夏出版社，2005：4，5，7，10，21. 此书修订版已由中国人民大学出版社于 2019 年推出。

什么叫特定的世界观得到了描述和强化呢？这里是指，阅读新闻强化了如下状态：人们对于新奇、变异、偶然、反常的关注。通常认为，现代新闻的形成约在 17、18 世纪。在此之前，也就是说，在还谈不上新闻传播的时候，人们经常阅读的文字资料或者口耳相传的内容，多半是英雄传奇、圣贤故事或者史诗。而阅读这些东西，就会在无形中加强如下状态：人们对于永恒、必然的关注。这种对于永恒、必然的关注状态，其实就是"古典主义原则下的生活状态"。

回到新闻的主题上来，仪式观的观点认为，人们阅读新闻，而不再仅仅阅读传奇、圣贤故事与史诗，其意义绝不在于人们多知道了还是少知道了几条新信息，而是在于，人们从此弱化了对于永恒、必然、普遍的关注，转而关注变化、偶然、特殊。相应地，从哲学层面上讲，人们的生活状态也开始从"古典主义原则下的生活状态"转向了"现代性原则下的生活状态"。

显然，凯瑞在论证现代新闻如何形成的问题时，将另一个更深刻、更复杂的问题摆在了我们的面前：以"经典"为代表的"永恒"与以"新闻"为代表的"流变"之间的关系问题。人们是如何看待这一关系的？这里又蕴含着怎样的哲学意味？这正是本文不揣冒昧所要讨论的核心话题。

一、对"永恒"的肯定与关注

永恒与流变的关系，一直都是哲学家们关注的重要话题。

从词源学上看，"哲学"（philosophy）的意思就是"爱智慧"。那么，智慧又是怎么被定义的？柏拉图（Plato）这样说道："灵魂独自思考的时候，就进入纯洁、永恒、不朽、不变的境界。这是和它相亲相近的境界。它不受纠缠而自己做主的时候，就经常停留在这里了。它不再迷迷惘惘地乱跑，它安定不变了，和不变的交融在一起，自己也不变了。灵魂的这种状态就叫智慧。"❶ 很明显，柏拉图将智慧定义为灵魂的不变状态，也就是说，柏拉图认为不变的状态比变化的状态要更加接近于完善，更加值得称道。那么，他何以有如此看法呢？

首先，从本体论的意义上讲，柏拉图把世界分成三部分：世界的本原是理念（eidos），对理念的模仿构成实物，对实物的模仿又构成图像——整个世界都是建立在"模仿关系"的基础之上的。❷ 因而，那个被模仿的终极理念——世界的本

---

❶ 柏拉图 . 斐多 . 沈阳：辽宁人民出版社，2000：41.

❷ PLATO. The Republic. New York：Cambridge University Press，2000：315 - 316.

原，必然越稳定越恒常越好，否则别人何以据此而进行模仿呢？或者，也无妨这么理解：倘若变化了，那就是成为另一事物了，于是也就有了差别，有差别就有了区分，有区分就一定会出现两方或多方的对峙或竞争，孰是孰非？孰真孰假？所以，变化的世界想必不是一个和谐的世界，因为终极理念（即本原）失之其所。柏拉图的这一套逻辑，用美国哲学家杜威（Dewey）的话概括即是："哪里有变化，哪里就有不稳定，而不稳定就是有所缺欠、不备、不完的证据。这些就是转变、化成、坏灭与非有、有限、不完相互间的联系所共通的观念。因此，完全而真正的实在必是不变的、不可移易的……"❶

事实上，当柏拉图说"当造物者以永恒不变的存在作为模式创造万物时，所造物就必定完善；如果他按着被造物或变化的模式，则所造之物就不会是完善的"❷之时，他已经在本体论的意义上否定了流变，肯定了永恒。进而，甚至可以说，柏拉图学派将时间与运动也一并打入否定之列，因为时间与运动也是流变。柏拉图的学生亚里士多德（Aristotle）不是有过一句名言说"诗比历史更具有哲学性，意义更重大，因为诗所陈述的事具有普遍性，而历史则陈述特殊的事"吗？道理就在于此，亚里士多德正是在否定特殊、否定偶然进而否定流变这个意义上否定历史的，当然也即是表明，亚里士多德认为诗歌所反映的内容、心境、道理是更加普遍和永恒的。

其次，从认识论的意义上讲，柏拉图对永恒与流变也表达了同样的看法：不变的状态才是"知"的状态，变化的状态则是"无知"或者"未知"的状态。因为，如果世界万物是变来变去的，就难以对它有最高意义上的或者说是终极意义上的认识。也就是说，认识大千世界的秘诀恰恰在于必须忽略掉它的流转与更迭，而在纷呈与累变中不遗余力地截取和捕获那带有永恒意义的"定格"状态。唯其如此，才能够更好地认识世界，包括认识人类自身。

不少学者将柏拉图的哲学思想归结为"美的分有说"不是没有道理的，而"美的分有说"，其实质或许就是承认"美是永恒"这个命题。在《会饮篇》中，柏拉图借曼提尼亚的陌生女人之口生动地表达了他对于"美"的认识："谁要是在爱欲方面被培育到这般境地，依序正确地瞥见各种各样美的事物，在爱欲的路途上终至抵达终点，他就会突然瞥见，自如的美本身何等神奇——哦，苏格拉

---

❶ DEWEY J. Reconstruction in Philosophy. New York：Henry Holt and Company，1920：107.

❷ 柏拉图. 蒂迈欧篇. 上海：上海人民出版社，2003：25.

底，为了这美，他先前付出的所有艰辛都值了。首先，这美是永在的东西，不生不灭、不增不减，既非仅仅这点儿美那点儿丑，也非这会儿美过会儿又不美……毋宁说，这东西在他看来自体自根、自存自在，永恒地与自身为一，所有别的美的东西都不过以某种方式分有其美；美的东西生生灭灭，美本身却始终如是，丝毫不会因之有所损益。"❶

如上，我们可以清楚地看到柏拉图对于永恒的关注。而这种关注影响了西方哲学两千余年。不仅如此，事实上，除了古希腊哲学传统之外，西方基督教神学传统也重视永恒，中国古代思想家也大都重视永恒。这种情况，用新闻传播学经典之作《传媒的四种理论》里的一句话总结就是："亚洲大多数伟大的哲学家以及西欧柏拉图学派和基督教传统的哲学家表现出一种普遍的倾向，即专注于研究不变的现象。"❷ 究其原因，恐怕正在于："种族优于个体和恒久的普遍优于变化的特殊这种形而上的学说，是政治的和宗教的制度主义的哲学支柱。"❸

在这样的一种情况下，现代新闻的产生几乎是不可能的。既然"恒久的普遍优于变化的特殊"，那么新闻这个自始至终都不可能不关注"变化的特殊"的事物自然难有立足之地，更毋论其繁荣与发展了。具体来说，这个问题可以分成两个方面来看：一是新闻的时效性，二是新闻的真实性。新闻的时效性当然是最关注时间的，甚至可以说是分秒必争；而我们刚刚提到了，古代哲学家们却往往将时间打入否定之列，在"永恒"的面前，时间成为一个无穷大量，因而完全不必在意，它无非只是作为一种广袤而混沌的底色而存在着罢了。至于新闻的真实性，便牵扯到对真实之定义的认识问题。在古代哲学家眼里，在很大的程度上，是将真实性等同于必然性的。能够揭示人类生活中辉煌的、终极的必然性的，才是真实的、有意义的；反之，那些偶然的、即逝的、片段的，无论它是不是事实，都不堪一论。

正因为如此，我们不妨从思想史的角度重申与解释这个历史状况：正是出于对永恒的特别关注，所以古代没有也不大可能有现代意义上的新闻传播，或者至少可以说，没有成形的或者说专业的新闻传播。这更好地证实并且解释了凯瑞的理论："新闻是历史性的现实。"

---

❶ 柏拉图. 会饮篇. 北京：华夏出版社，2003：90-94.

❷ SIEBERT F S, PETERSON T, SCHRAMM W. Four theories of the press. Urbana/Chicago/London：University of Illinois Press, 1956：108.

❸ DEWEY J. Reconstruction in Philosophy. New York：Henry Holt and Company，1920：45.

二、"流变"与"永恒"的辩证关系

不过，到了现代社会，人们渐渐对永恒的权威状态提出了质疑。这种质疑首先体现在对时间重要性的认识上——我们必须再次回到时间这个话题上来。前文已述，所谓永恒，就是能够超越时间，这意味着"时间"在"永恒"面前是无足轻重的。可是，情况毕竟发生了变化。有学者引证说"自从钟表被发明以来，人类生活中便没有了永恒"❶，这话虽然有些夸张，但并非无据。在这里，钟表是一个隐喻，时间的流逝、钟表的嘀嗒，在无形中慢慢削弱了"永恒"至高无上的权威：时间本身，作为一个不可不被关注的对象，出现在人们面前。

进一步把这种时间观念通过实证研究显示出来的，则是达尔文（Darwin）的进化论。❷ 人们逐渐相信自己是从猴子变来的，这种观念动摇了"永恒"的时间观念，使人们开始关注起具体的瞬间来。也许，读者在读到刚才笔者所引证的柏拉图的"美的分有说"时也已经有所察觉，柏拉图的论述本身就带着某种辩证的色彩。他说："在爱欲的路途上终至抵达终点，他就会突然瞥见，自如的美本身何等神奇。"——请看，永恒的、自如的美，却是在"突然"的情况下被"瞥见"的！瞥者，岂非电光之迅、石火之速？我们当然不必在字句上较真，不过，与之相关的道理大体还是可以体悟得到：在肯定永恒的同时，流变似乎也值得关注；或者，讲得更学术一点，恒定的事物本质上只能寓于流变的事物状态之中。大家所熟悉的微积分的意义即是这样一个典型例证，任何函数（图象）并不是一个一体化、不变的存在，而只是在每一个点的微分的、流动的瞬间才能被确认的一种真实的存在。在现代物理学中，有三项特殊的理论阐述更使我们对固有的认识论假定予以重新估价，这就是爱因斯坦（Einstein）的相对论、玻尔（Bohr）的互补原理和海森堡（Heisenberg）的测不准原理。一句话，以"永恒"为代表的一整套思想体系，被人们不断地予以质疑，似乎有大厦将倾的感觉了。

依旧回到新闻传播学研究中来，我们无妨说，在现代新闻传播真正出现之前，人们阅读最多的文字恐怕是英雄传奇、圣贤故事和史诗之类，这在无形中加强了人们对于永恒和必然的关注。因为令人称羡和膜拜的英雄与圣贤引导着人们追求自身的完美，有志者都希望自己的生命能够达到英雄或圣贤般的境界，以弥

---

❶　波兹曼 . 娱乐至死 . 桂林：广西师范大学出版社，2004：14.
❷　高小康 . 人与故事 . 北京：东方出版社，1993：56.

补自身短暂的生命时间所留下的遗憾。但是，新闻的出现和发展使得身处现代的人们更多地阅读即时的、变化的新情况、新消息，而较少阅读英雄传奇、圣贤故事与史诗了，这就改变了人们精神生活中关注的根本方向。因为新闻事件不可能不讲求偶然性与突发性，阅读新闻自然会强化人们对于新奇、变异、偶然、反常的关注。这正是笔者在本文开始所摘引的詹姆斯·凯瑞的一段话的核心意义。为了能更好地适应目前生活其中的社会，人们一反千百年来过多关注永恒、必然、普遍的状态，转而更加关注现实社会中种种突发、偶然、变化、特殊的情况。或许，这正是新闻出现与长足发展的根本意义之所在。更彻底一些，我们甚至应该认真地探讨一下，是现实社会人们对流变的更加关注导致了新闻的出现，造就了新闻存在并得以蓬勃发展的坚实基础，还是新闻的出现从根本上改变了人们的精神方向，抑或是二者在相辅相成的关系中互为因果。不管怎么说，新闻——这一现代社会的新事物，从它出现的那一刻起，就与"流变"紧紧相连。

恩格斯曾经如此记载19世纪30年代德国市民的活动，可为管中一窥："难道这不是活灵活现的柏林人？他们不也是只顾听听看看有什么新闻么？就到你们的咖啡馆和糕点铺去随便看看吧，新雅典人是怎样忙于看报纸，而《圣经》却搁在家里，积满灰尘，无人翻阅。听听他们见面时的相互寒暄吧：'有什么新闻吗？''没什么新闻吗？'如此而已。他们总是需要新闻，需要前所未闻的消息，否则，虽然有文明、过着阔绰的享乐生活，仍然感到极端无聊。"❶

恩格斯的说法可以被看作是个很有意思的隐喻。《圣经》象征着永恒，却不免"积满灰尘"！而报纸——这个永远不会重复、绝无神圣之感的消息载体却成为人们生活中不可或缺的抢手货。类似地，温弗里德（B. H. Winfield）等当代新闻学研究者的文章也表达了几乎同样的思想。温弗里德引证道："如此聚焦于变化，而不再强调连续性，通过这种方式，新闻工作者协助制造了一种巨大的分崩离析——记忆的传统形式的分崩离析。"❷ 我们不能准确地判断，恩格斯、温弗里德等学者的原初意思对这种现象是持肯定意见还是持否定意见，但是无论肯定还是否定，这是一个不可被忽视的事实。

从哲学层面上讲，从阅读英雄史诗过渡到阅读新闻报道，人们的社会生活便开始从"古典主义原则下的生活状态"转向"现代性原则下的生活状态"了。所

---

❶ 马克思恩格斯全集：第41卷. 北京：人民出版社，1982：287-288.

❷ WINFIELD B H，Hume. The continuous past：historical referents in nineteenth-century American journalism. Journalism Communication Monographs，2007，9（3）.

谓现代性原则，虽然难以用几句简单的话说清楚，但简言之，在美学的意义上，恐怕就是指对流变的关注。现代新闻的形成与繁荣恰恰是对现代性的最佳注解，它打破了人们思想的固有状态，使全世界都处在流变与人们不断适应流变的过程之中。

对这种流变与永恒分庭抗礼的局面最精要的总结莫过于法国诗人波德莱尔（Baudelaire）的一句话："现代性就是过渡、短暂、偶然，就是艺术的一半，另一半是永恒和不变。"❶

几乎可以认为，对于世事的理解的某种解放性的变革，正发端于这位法兰西诗人，因为他终于从柏拉图的形而上学之中挣脱出来了。对波德莱尔推崇备至的德国思想家本雅明（Benjamin）也曾指出，波德莱尔的意思是，生活中的稍纵即逝的美，正是"现代主义"的特征。❷ 不错，在本文中，我们讨论的话题是新闻，这和法兰西诗人的关系毕竟是隔着一层的。但是，在一种更为广阔的研究视域内，我们恰恰不能视波德莱尔于不见。这个视域就是：将新闻的产生与繁荣之历史状况纳入从古典主义向现代主义的过渡阶段这一宏观的社会背景与思想背景中去把握。在如此的背景下，观照波德莱尔这位"现代主义"概念的最早阐发者，也就是必然与必需的了，新闻传播学批判学派的思想家本雅明如此珍爱这位法兰西诗人，也就更情有可原了。

在那部最重要的诗集《恶之花》中，波德莱尔曾吟咏过一位过路女子［《致一位过路的女子》（*To a Woman Passing By*)］❸，其美学意义尤其重大。如果我们把这位过路女子看成是现代性的象征，甚至就看成是现代新闻的象征，似乎也无不可。新闻不就是"转瞬即逝"的吗？不就是"前途未卜"的吗？综上所述，波德莱尔在这里实际上为我们隐约提供了两个非常重要的论点。

第一，就美学理论而言，波德莱尔破天荒地提出了如下意见：永恒是美，但流变也并非不美；流变与永恒是一半对一半。毋宁说，正如笔者刚刚指出的，自波德莱尔始，流变之美才开始逐渐得到世人本当予以它的关注与尊重。

第二，就更广泛的社会思想而言，波德莱尔旗帜鲜明地指出，现代性最显著的特征就是感觉的当下性，即是说，现代性最关注的就是在转瞬即逝的刹那间被

---

❶ 陆扬，王毅. 文化研究导论. 上海：复旦大学出版社，2007：31.

❷ 本雅明. 发达资本主义时代的抒情诗人. 2版. 北京：三联书店，2007：101.

❸ BAUDELAIRE C. The flowers of evil. trans. WALDROP J. Middletown：Wesleyan University Press，2006：123.

感官所把握的东西。

而上述这两个重要的论点不正是和新闻的产生与繁荣相匹配吗？人们常说新闻是"易碎品"，它过分地依赖于时效——而这样的一种"易碎品"，依照波德莱尔的观点，不正是因其转瞬即逝的流变特征才愈发彰显出其珍贵吗？新闻并非不美，正如流变并非不美一样。今人关注新闻比之古人关注圣贤，其广泛与热烈的程度已经不可同日而语了。

上述论证中出现的几对概念，或许可以用下图表示：

阅读英雄史诗◄——►关注必然、一般◄——►崇尚追求永恒（持久恒在）◄——►古典主义原则
阅读新闻报道◄——►关注偶然、特殊◄——►重视研究流变（稍纵即逝）◄——►现代性原则

三、对"流变"的肯定与关注

如果说，波德莱尔还认为永恒对流变是一半美对另一半美的话，那么真正对柏拉图一脉的"永恒"学说进行颠覆的则是尼采（Nietzsche）。尼采在其有关音乐的著作中特别谈道："瓦格纳之前的音乐总体来讲深受制约，它们针对的是人类永恒的生存状态，希腊人称之为伦理的东西。从贝多芬开始，才发掘出激情的语言、饱含感情的意愿的语言，以及描述人类内心的戏剧性发展的语言。"❶ 显然，尼采的话是针对音乐艺术而言的，听起来有些晦涩，不过他的意思还是明确的，那就是，永恒的状态是一种颇受制约的状态，这种状态应该毫不犹豫地被打破。也正是在这个意义上，尼采在《悲剧的诞生》中重新将狄奥尼索斯精神（Dionysus，即古希腊的酒神精神）提高到了神圣的位置。几乎可以说，尼采所谓的狄奥尼索斯精神就是对流变的肯定；反之，阿波罗精神（Apollo，即古希腊的日神精神），则是对流变的否定。中国学者余虹对此有非常提纲挈领的评价，他说："阿波罗精神-本能是一种创造梦境即虚构假象而否定流变的精神本能；狄奥尼索斯精神-本能则是沉醉于生命体验即肯定流变而感受生命真实的精神本能。"❷ 余虹紧接着解释说，这两大本能之间存在着冲突，前者要将生命之流定形于某个瞬间而获得可把握的形式（梦境、假象），后者则要摧毁任何固定生命之流的举动，将生命还原为奔腾不止的滔滔激流；前者静息于静止的形式，后者激动于动荡的混沌；前者将无形的混沌形式化，以此方式来支配、征服、控制流变

---

❶ 尼采. 瓦格纳在拜洛伊特//悲剧的诞生. 桂林：漓江出版社，2007：145.
❷ 余虹. 艺术与归家：尼采·海德格尔·福柯. 北京：中国人民大学出版社，2005：19.

不已的生命（"上帝"是人类创造的最高形式），后者则拒绝任何形式化，摧毁任何形式，以此方式来彰显生命之流并反抗对生命的控制（"上帝之死"乃是形式被毁的最高象征）。

　　的确，"将生命之流定形于某个瞬间而获得可把握的形式"与"摧毁任何固定生命之流的举动"的区别，我们在生活中可以深切地感受到。尼采的伟大之处正在于，他将他这种对生命之流的认识扩展到了人类生活的方方面面。尼采之所以要强调流变的重要性，原因正在于，他认为柏拉图那一套哲学思想是不足为论的。在尼采看来，柏拉图学派之所以坚信生命的生生灭灭和流变无常是虚假的，之所以一口咬定存在的真实是某种恒定不变的规律或秩序，并不是因为要追求什么纯粹的真理，而是因为本身乃是病弱者，却想控制和支配流变无常的存在。这种控制的结果是，人类生生不息的天性竟被扼杀了。在尼采看来，所谓的本原、理性，以及由之发展而来的道德、伦理，都应该被重新审视与估价，因为它们或许正是妄图固定生命之流的沉重枷锁。尼采说："有人以为宣称'道德是必要的'，便是道德；事实上他们只相信一件事，那便是警察是必要的。"❶ 因此，尼采以大无畏的勇气，慨然允诺："我认为，所有的哲学应提出这样一个最重要的问题，即万物在何种程度上具有永恒不变的形式和形象。以便在找到这个问题的答案之后，无所畏惧地改善世界的被认为是可变的一面。"❷

　　在《查拉斯图特拉如是说》一书中，尼采曾陈述过一个诡异的论证："啊，朋友们，我愿为你们启示我的心：如果真有上帝，我如何能甘于不是上帝呢！所以上帝是不存在的。"❸ 如此怪诞离奇的逻辑散发着过于浪漫的气息。不过，在此，笔者不揣提出自己的看法，倘若将尼采笔下的"上帝"改为"永恒"，似乎反倒有助于我们理解尼采的思想。稍微改动一下，就是，如果真有永恒，我们如何能甘于不是永恒呢！所以永恒是不存在的。在这里，笔者希望指出，尼采的意思恐怕正是：人，人性，人的世界，都是流变。这个论断，如同法国思想家梅洛-庞蒂（Merleau-Ponty）所指出的那样，强调"理解偶然性"❹。既然人本身就是流变，那么，就应该用流变的眼光去审视人的生活。毕竟，"人的特性就在他本

---

　　❶　NIETZSCHE. Thus Spake Zarathustra. trans. Thomas Common. New York：Dover Publications，Inc.，1999：63.

　　❷　尼采. 瓦格纳在拜洛伊特//悲剧的诞生. 桂林：漓江出版社，2007：118.

　　❸　同❶56.

　　❹　MERLEAU-PONTY M. Sings. trans. RICHARD C. McCleary，Evanston/Chicago：Northwestern University Press，1964：240－241.

性的丰富、精巧、万殊和多变"❶，希图用几何公理般的恒定体系去"框"住人性，显然是不适宜的。

事实上，生活在当代的人们都十分清楚，想用某种模式框住人们的生活和思想是根本不可能的。现在恐怕那样想的人也不多了。然而不愿意被永恒的模式框住，并不等于就能够准确地认知世界。认知世界是需要手段、方法和过程的。而这认知之需求恐怕正是新闻所由发生、发展乃至蓬勃的思想基础。试想，如果把一个现代人所有的消息来源都切断，那无异于把他关进监牢。

可见，对于人而言，流变的确比永恒更为重要，或者说，更为切近实际。杜威曾表示"所谓个人的自由就是发展，就是在必须变时立刻就变"❷，说的就是这个道理。进而言之，在杜威眼中，整个人类世界发展的新思路，最首要的就是"兴趣从永久普遍的事物向着变化和特殊的具体的事物的转移——这个潮流在实际生活中的表现，就是将注意和思想从来世转到现世，从中世纪特有的超自然主义转到自然科学、自然活动和自然交涉的欢悦里面"❸。毋宁说，正如我们一直强调的，现代新闻业的形成与繁荣一定会在无形中造就对正在发展中的事实的持续关注。传媒报道新闻总是处于进行时态，不会等到事实结束才来追问历史。因而，甚至可以说，现代新闻业给我们的感觉永远是"正在进行"的当下性，它所关注的对象永远是动荡不居、变化万端、结果难测的。而新闻的重大意义也正在于此，评价新闻报道水平优劣高下的标准也正在于此。

大而言之，这种对于新闻的认识，与对于现代社会的认识，其实是同一的。我们理解了新闻的本性，也就理解了现代性的本性，至少从某个侧面上讲，确实如此。米德（G. H. Mead）在《心灵、自我与社会》一书中说得最明白："现代文化的世界观从本质上看是一种动态的世界观——是一种为由真正具有创造性的变迁和事物的进化过程组成的实在留有余地，而且确实强调这种实在的世界观；相反，古代文化的世界观从本质上看则是一种静态的世界观——是一种根本不承认任何一种真正具有创造性的变迁或者宇宙进化过程会发生、抑或具有现实性的世界观；根据这种世界观，凡不是已经由终极因在现实中给定的（而且是永恒地给定的）东西，就不可能开始存在；也就是说，除了作为一种已经存在并且将始

---

❶ CASSIRER E. An essay on man: an introduction to a philosophy of human culture. New Haven and London: Yale University Press, 1974: 11.

❷ DEWEY J. Reconstruction in philosophy. New York: Henry Holt and Company, 1920: 207.

❸ 同❷47-48.

终存在的、固定不变的普遍类型之个别实现，或者由于这种普遍类型之个别实现而存在的东西之外，任何东西都不可能开始存在。"❶

四、结语

丹麦思想家克尔恺郭尔（Kierkegaard）在《非此即彼》一书中提到，偶然和必然一样必然。这实在是一个极好的说法。毋宁说，在永恒与流变这个问题上，我们也应该坚持这样的观点：永恒的状态与流变的状态同样是平常的状态。模仿克尔恺郭尔，说得对仗一点就是：偶然和必然一样必然，变态和常态都是常态。这就是本文的根本观点。由此，我们可以肯定地说：流变不可被忽视，它与新闻紧紧相连，甚至可以说，流变就是新闻的本质属性之一。

中国学者高小康在《大众的梦》中曾经提到，过去的人生活在恒定的实在之中，而当代人则生活在变动不居的现象中。❷ 的确，时间在流逝，生命在继续，理论是灰色的，而生活之树常青。在现代性原则下生活的人们，不妨更多地审视一下自己的生活状态。归结到新闻的主题上，恐怕正是流变的思想状态使人们关注新闻。新闻中的消息并非与每个人都有直接的关系，但是人们热切地关心它，研究它，这是因为，人们希望及时了解自己生活的外部环境正在发生着怎样的变化，人们希望自己能够适应这个变化，从而幸福地至少是安全地生活下去。正如我们刚刚提到的：对于人而言，流变的确比永恒更为重要，或者说，更为切近实际。新闻的意义，说得平俗一些，不正是如此吗？

---

❶ 米德. 心灵、自我与社会. 北京：华夏出版社，1999：316.
❷ 高小康. 大众的梦. 北京：东方出版社，1993：89.

新闻传播学学科建设若干问题的思考 *

陈力丹

　　这几年《新闻记者》组织了多次关于新闻传播学学科建设的讨论，受到学者们的关注。2016 年 5 月 17 日习近平在哲学社会科学工作座谈会上的讲话将新闻学（这里笔者理解为是对"新闻传播学"的简称）列为对哲学社会科学"具有支撑作用"的 11 个学科之一，更引发了本学科很多宏观层面的讨论，关于"中国特色社会主义新闻学的学科体系、学术体系、话语体系"等提法也多起来。笔者对一些问题做过思考，但没有认真总结回顾，现在借学习习近平 5·17 讲话精神的契机集中做一梳理，以期引发进一步的讨论，让学界同行都来关心本学科的建设。

一、新闻传播学目前的状况和发展趋势

　　习近平讲话里提到了包括新闻学在内的 11 个"具有支撑作用的学科"，但没有提到人文学科——文学、语言学等。显然这是从中国古代传统的"经世致用"角度衡量的，因为新闻传播在当代信息社会很重要。但目前中国新闻传播学的教学和研究还不能真正起到"支撑"作用。新闻传播学与其他学科相比，缺乏自身系统的学理。在我国，这个学科严格说并没有形成体系，学术研究方面也没有形成与众不同的学科话语，更没有形成学派。

　　未来的新闻传播学教学和研究必须与互联网的传播环境相适应。

　　新闻学属于应用学科，基本理念就那么一些，至少目前不存在过时的问题，但需要依据传播环境的变化对原有理念做一些内涵和运用方式的调整。新闻学应能够阐释互联网条件下的新闻传播现象，如果不能有效地、令人信服地予以阐释，那它存在的合法性（多年来关于新闻有学还是无学的质疑，其实就是对新闻学合法性的质疑）就会受到质疑。

---

　　* 原载于《新闻记者》，2017（9）：70‐80。

因此，比如关于新闻、新闻价值、新闻真实等概念，客观性原则如何运用等问题，都需要在新的传播环境下重新思考。例如"新闻"原来是"关于事实的知识"，新闻工作是从时间的河流里捞新闻。而现在的互联网是泛时空的信息海洋，仅以时间为标准的"新"，不能满足未来人们对新闻的需要，因为网民的接受行为不再受制于线性时间。对他们来说，新闻源从河流变成了海洋，新闻的提供者需要从这片无限的海洋里捞新闻。因为人们对新闻的认知和选择超越简单的"发生了什么事"的新闻知识类型，超越对线性时间的追逐，而现在的新闻提供者也有能力通过处理更多的事实，提供关于事实的全新理解，即关于"事实的知识的知识"。

这里所说的对"新闻"的再理解，只是根据传播环境的变化对以往认知的一种调整，还谈不上理论创新。现在"创新"一词被滥用了，其实并非有一些不同就是创新。创新很难，也是很少的。当人人都说"创新"的时候，那个"创新"肯定不是创新，只是一个时髦词语而已。

关于传播学，需要把研究重心转移到互联网传播方面来，不能再把大众传播作为教学和研究的主体。例如原来阐释大众传播现象的"议程设置论"已经不能完全解释互联网传播现象，但"议程设置"的理念启发了新的研究，2014年发表于《新闻与大众传播季刊》（*Journalism & Mass Communication Quarterly*）的论文《探索"外部世界和我们头脑中的图景"：网络议程设置研究》（Exploring "the World Outside and the Pictures in Our Heads"：A Network Agenda-Setting Study)，作者就借用神经科学的最新研究成果，提出第三层议程设置模型。目前，我国的传播学研究很少有类似在中观以上层面对原来的传播学理论做出修正的成果，而多陷于对各种最新传播形态"特征"的描述上（数亿人在玩的东西，研究它的"特征"给谁看?)，没有走出来。

我们无法完全看清未来，但大体趋势是可以感觉到的，即互联网已经颠覆并还在继续颠覆原有的社会结构。目前可以做的事情是：及时向社会提出关于互联网对工作环境、工作方式、消费方式、连接方式、商业模式重构（Re-Imaging）带来的社会结构的影响，特别要研究互联网对人们观念的重构、消息传递的重构、内容生产的重构、人们日常生活中消费支出的重构，还有新一代（12～24岁）对互联网用途的重构，向社会各方面提出忠告、警告，让更多的人对未来有所把握，不能固守习惯了的工作模式和生活方式，要像习近平所引用的"明者因时而变，知者随事而制"，与时俱进。

二、如何用马克思主义指导本学科发展

新闻学是人们关于新闻、新闻传播和接受等方面的理性认识，会有不同的认识，但必须有本学科大体认同的东西，不然就很难称为"学"。例如关于新闻政策，观点肯定不一样，但作为一个讨论的话题，是得到承认的。中国所谈的新闻学和西方各国所谈的新闻学是同一个新闻学，只是在有些问题上认识不同而已。传播学作为一个学科概念有了，但具体到不同学派，目前是各说各的，尚没有公认的统一体系，但传播学作为一个学科的称谓，学科内的多数人还是承认的。

毛泽东说："指导我们思想的理论基础是马克思列宁主义。"指导不是替代。各学科总体上应贯彻历史唯物主义，这是马克思主义的哲学认识根基，需要以此来分析问题。学术研究可以有各种观点，但要能够自圆其说，讲出的道理让人信服。马克思主义是讲道理的，毛泽东说："不破不立……破，就要讲道理，讲道理就是立。"现在我们新闻传播学的学术研究缺乏清晰的哲学认识统领，运用马克思主义的哲学原理来阐释新闻传播学还比较缺乏，就是对其他学派的哲学理论也知之不多。

举一个具体的例子。笔者看到一篇关于新闻体制的博士论文，其作者拍脑袋设想了一个宏大的框架体系，学术上站不住脚。该文章写道："体制观念先于并指导体制的生成，它是体制的灵魂，是体制系统的核心性存在……体制观念是体制的源。"这是该文反复述说的观点。甚至有一处还谈到"具体行为实践的不断探索也会对观念有一定的反作用"。应该是实践出真知（观念），观点对实践有反作用，这样颠倒使用的"反作用"的概念，仿佛当年杜林观点的再现❶。观念不是先验的，观念是历史和环境的产物。该文的论证起点——观念决定一切，违反历史唯物主义的基本观点，整体设想存在严重缺陷。

建议高校新闻传播专业硕士生以上的人员（更不要说在岗的教师了），要读几本马克思主义的经典哲学著作，例如马克思和恩格斯的《德意志意识形态》第一卷第一章"费尔巴哈"（这里面有很多涉及传播的精辟论述）、马克思的《黑格尔法哲学批判》和《"政治经济学批判"序言、导言》、恩格斯的《路德维希·费尔巴哈和德国古典哲学的终结》和《反杜林论》、列宁的《黑格尔〈逻辑学〉一

---

❶ 马克思恩格斯全集：第20卷．北京：人民出版社，1971：37-44．

书摘要》和《谈谈辩证法问题》、毛泽东的《实践论》和《矛盾论》等，以奠定历史唯物主义的认识基础。论证有了一定哲学理念，才有灵魂和显现一定的理论力量。前年笔者安排还没有入学的三位硕士生读马克思的《黑格尔法哲学批判》，他们读了很新奇和惊讶，因为不知道马克思有如此深刻的思想，各写了一篇读书笔记发表了。

笔者曾参加一位博士生的开题，其选题是"中国气候传播策略研究"，第一句话就让参加开题的博导们惊呆了："本文研究的理论依据是罗杰斯的创新扩散理论。气候传播是一种创新，具备创新的五个特征，首先……"气候传播怎么是一种创新？它与"创新扩散理论"风马牛不相及。这位同学不仅缺乏传播学的常识，更缺乏认识和判断问题的哲学基础。

现在我们常说的"马克思主义新闻观"处于马克思主义哲学理论的下一层认识。这个说法开始于20世纪80年代后期，即以前所说的革命导师们关于新闻和宣传工作的论述，它是以往革命传统的记述，有一部分属于政治原则，有一部分属于对新闻传播现象的认识，带有一定的学术意义。马克思主义新闻观对中国共产党领导下的新闻-宣传-舆论工作具有政治指导意义，它的主要部分属于政治意识形态。我们研究马克思主义新闻观，是要搞清楚它包含哪些内容，哪些属于基本原则（这种研究是一种学术），也可以对经典作家们的一些关于新闻传播的认识进行学术研究，以便指导新闻-宣传-舆论工作，但马克思主义新闻观的研究不能替代新闻传播学本身的研究。

马克思主义的经典作家们关于新闻传播规律性现象的论述，可以大体归纳为若干思想，例如马克思关于新闻真实的"有机的报刊运动"的论述、马克思关于新闻客观性原则的"公正惯例"思想、列宁关于信息"真实不该取决于为谁服务"的思想等。贯彻这些思想，其实需要做很大努力，因为很多地方我们违背了他们的思想。习近平所说的"要根据事实来描述事实，不能根据愿望来描述事实"，就是引用马克思的原话，但我们根据愿望来描述事实的事情还少吗？

三、如何处理新闻传播学研究、教学与现实的关系

新闻传播学是应用学科，不像哲学、历史学那样或抽象或久远，必须与新闻传播的实践密切结合。现在的问题是新闻传播学的研究者和教学者多数没有较深厚的新闻传播实践基础，而从事新闻传播实际工作的人则缺乏学术研究的基础。教学和研究者必须有几年新闻传播工作的实践，且最好有在新媒体总览全局的部

门（过去叫总编室，现在的叫法多样化了）工作的经历，然后再从事教学和研究。即使离开实践岗位来到研究教学岗位，也要把每天看新闻和观察新闻传播业的变化作为工作的一部分，养成对新闻传播实践的批判性观察习惯。

笔者 1970—1973 年做了两年多的专职报道员，1976—1978 年在《光明日报》总编室上了两年夜班，1981 年以后在中国社会科学院新闻与传播研究所工作了二十多年，虽然是研究部门，但办公地点在人民日报社内，很多研究生同学在报社工作，吃饭在一个食堂，因而可以随时了解《人民日报》的动向与变化。这样的经历让笔者从事新闻传播学研究获益匪浅，养成了从新闻传播学术角度分析业界新变化的习惯。笔者从 2006 年到现在每年出版一本《解析中国新闻传播学》（已出版 12 本❶共 400 万字），除了勤奋，也是由于有这样的经历。书里很多文章属于这类分析文章，道理就是那么一些，但可以常说常新。

笔者希望能够以自己的经历作为一种参照系，来培养新一代新闻传播学的研究者和教学者。未来新闻传播的研究和教学人员如果没有这样的两方面经历，很难应对互联网传播的新环境。

关于新闻传播实践岗位人员的转型，我想起歌德的一句话：理论是灰色的，生活之树常青。社会的进化和环境的变化自然会迫使原来的媒体形态和运作方式，以及新闻人的工作形态和制作内容发生变化。罗振宇曾讲过一个故事：一个纽约来的朋友说美国报纸也在倒闭，但媒体人中没有像中国末日来临的气氛。为什么？因为对于美国媒体人来说，任何一个组织的解散并不意味着从业者的失败，散摊子就可以了，人类创造了另外的资源整合方式，大量新创的新媒体公司开出更高的薪水甚至期权，还需要什么转型？❷但现在我们的主要问题是传统媒体不愿意离开既有的温暖体制，使得应该自然而然发生的变化人为滞后了。

现在新闻传播学教学和研究中存在一种较为普遍的情况，即一讲课或写文章，满篇都是外国学者的理论。目前尚没有中国学者提出、得到国际同行公认的新闻学或传播学的学术假设、公式。学术研究要求运用学术理论来论证所要研究的问题，使用诸多来自外国的理论可以理解，但现在的问题是，这些理论要根据中国的实践和中国的环境加以讲述，要用中国的实践来说明、发展，修正已有的

---

❶ 2018 年，陈力丹老师邀请刘海龙共同主编；2019 年开始，他将此书交由刘海龙独立主编。——编者注

❷ 罗振宇 .2016《时间的朋友》跨年演讲 .（2017－01－04）. http：//www.sohu.com/a/123329223_587723.

理论假设或公式。现在这方面我们做得较差，生吞活剥的现象比较严重，但不能用"西化"来扣帽子。

马克思主义就是来自西方的，马克思、恩格斯的论著继承了西方最优秀的哲学、政治经济学和空想社会主义的理论，是典型的西方思维的精神成果。我们大力提倡马克思主义新闻观作为新闻工作的指导思想，就是一种"西化"。负面使用"西化"概念是一种简单的"非黑即白"的思维判断。19世纪的全球精神与物质交往使得马克思和恩格斯得出这样的认识："过去那种地方的和民族的闭关自守和自给自足状态已经消逝，现代之而起的已经是各个民族各方面互相往来和各方面互相依赖了。物质的生产如此，精神的生产也是如此。各个民族的精神活动的成果已经成为共同享受的东西。民族的片面性和狭隘性已日益不可能存在，于是由许多民族的和地方的文学形成了一个世界的文学。"❶ 现在全球信息传播已经同步，划清"东-西"的思维恰是马恩所批评的"民族的片面性和狭隘性"。

什么叫"化"？毛泽东在《反对党八股》里说，"化"者，彻头彻尾彻里彻外之谓也。❷ 其实在跨文化交流中不论"西化"还是"东化"，都是做不到的，因为文化交流的结果是一种融通。传播学名著《意义的输出——〈达拉斯〉的跨文化解读》（利贝斯、卡茨）已经用很多经典案例对此现象做了论证。中国文化具有强大的文化包容能力，几千年也未被其他文化"化"了什么，反而"化"了它们，习近平5·17讲话里就把西方来的佛学视为中华文明的一部分，把"释"列为中国"各家学说"之一。

中国没有现代新闻学的历史基础，新闻业以及随后的新闻学都是从西方引入的。现在中国新闻学的基本结构与世界各国的新闻学大同小异，因为它是应用学科，不多的理论均来自新闻传播的实践，而各国的新闻实践是差不多的。习近平要求记者"客观、真实、全面地报道事实"，客观、真实、全面三个概念都是源自西方的。在中国共产党党报理论形成时期，党的新闻工作文献里就有一批介绍并应用西方新闻学理念论证问题的文献，例如《人人要学会写新闻》《从五个W说起》等。20世纪80年代以来，很多传播学的概念进入党中央的文件，成为社会共有的理念。

中国新闻传播学理论的创新很艰难，因为缺少板凳甘坐十年冷的工作环境和

❶ 马克思恩格斯全集：第4卷. 北京：人民出版社，1958：470.
❷ 毛泽东选集：第3卷. 北京：人民出版社，1991：841.

心态；研究者与新闻传播实践的距离较大，也是难以出现新学理的原因之一。新闻传播学作为应用学科，不能像哲学那样埋头于发明玄虚的概念，即使有人发明了，也不可能得到学术共同体的认可。新闻传播学的理论假设必须实在，并给人以释怀的感觉，才可能得到中国和世界同行的认可。

四、目前新闻传播学应该研究的选题

·目前应该在中观以上的领域多做研究：

其一，互联网对社会传播结构造成了怎样的影响，这些影响该如何看待，这些影响可能带来的种种悖论以及对悖论的解读。

其二，互联网发展趋势和对社会的影响，以及各方面的应对。

其三，对互联网的批判性认识。网络发展的任何一种趋势都是双刃剑，指出可能的负面影响比点赞正面影响更重要，纠正不科学的偏见则更为可贵。

20 世纪 80 年代美国进入信息社会时，加州大学历史学教授西奥多·罗斯扎克（Theodore Roszak）就写了批判性思维的论著《信息崇拜》（*The Cult of In-formation*）。这本书 1997 年被翻译为中文出版的时候，中国的互联网刚进入 Web1.0，但对笔者的思想影响是比较大的，所以当学界发表关于互联网的种种神话般的想象时，笔者发表了《大众传播理论如何面对网络传播》（《国际新闻界》1998 年第 5—6 期合刊）和《论网络传播的自由与控制》（《新闻与传播研究》1999 年第 3 期），对那些关于互联网将带来更多民主、自由的幻想，用"有矛就有盾"的道理进行了分析。新闻学界需要具备批判思维，这于社会有利。

关于当前新闻传播学的研究课题，笔者在教学中陆续组织研究生写了一批文章。这些文章较早地提出了问题，但囿于当时的认识局限，水平并不高，希望有更多的新闻传播学研究者继续深入研究：

（1）《以互联网思维看互联网和关于互联网的研究》（陈力丹，《新闻界》2015 年第 20 期）。背景：人们习惯于从自身的逻辑出发，把互联网视为延伸价值观和影响力的平台或工具。事实上，互联网更是一种重新构造世界的结构性力量，它重新聚合了社会资源、市场资源（包括整个社会传播形态和路径）。网络社会不知不觉中呈现着与传统社会的不同。"传统媒介一直是作为少数人的传播工具而存在于社会里，而很少能够被社会大众所用并自由地进行分享。而互联网恰恰激活了比机构更为基本的社会基本单位——个人，使每个个人都成为这个传播系统当中的一个元素、一个基本单位。"（喻国明）

（2）《从 4G、5G 到未来的光子计算机》（陈力丹、陈少娜、高璐，《新闻爱好者》2016 年第 12 期）。背景：2015 年国际电信联盟（ITU）在圣迭戈举行的工作会议上公布了 5G 技术标准化的时间表为 2020 年制定完成。我们还需要继续向前看，提出这样的问题：计算机可不可以是超常的？如何让人们彻底甩掉电子计算机带来的种种烦恼？现在至少在理论上，光脑可以解决这些问题。

（3）《关系：移动互联时代传统媒体转型的逻辑起点》（陈力丹、费杨生，《编辑之友》2016 年第 7 期）。背景：传播也是一种关系，在传播学视角下的人际传播、小群体传播、组织传播、大众传播等大类分析中，任何传播活动都是在一定关系下进行的。移动互联网的交互、实时、便携更将传播深深地打上了"关系"的烙印，并产生了颠覆性的重构效应，促进新型关系的形成。这种重构效应已经从理论思辨走进了现实的实践，并引发对互联网属性的重新思考。一切皆可全时空连接，个体甚至是某些智能化的物成为连接的重要节点。

（4）《互联网重新定义了媒体》（陈力丹、费杨生，《青年记者》2016 年第 13 期）。背景：新的移动设备＋互联＋用户界面＋沟通方式＋美观……重新定义了人类的生活和习惯。移动化、社交化、视觉化的背后是互联网的重构力量。互联网重构的是整个社会生活环境、产业逻辑。对传媒业而言，移动互联网并不是简单的渠道转移、产品更新，而是信息采集环境的裂变，新闻信息获取、传播和解读的渠道或方式的重构，以及对传统媒体赖以生存的赢利模式、内容生产方式和组织架构体系的颠覆。

（5）《沉浸传播：处处是中心，无处是边缘》（陈力丹、丁文凤、胡天圆，《新闻爱好者》2015 年第 1 期）。背景：沉浸传播反映了人对媒介的深度依赖，以及充分媒介化的生活环境，目前已经变成一种现实。互联网建构的这个世界让人们"沉浸"在其中，满足需求和提升自我。传播无所不能：娱乐、工作和生活边界消失。未来社会利用云技术，把过去分布在各个角落里的内容聚合成一个统一的网络。未来的媒体可能是任何一种我们想象不到的形态。

（6）《社交媒体减弱政治参与："沉默螺旋"假说的再研究》（陈力丹、谭思宇、宋佳益，《编辑之友》2015 年第 5 期）。背景："沉默螺旋"假设的核心问题是民意。社交媒体上有大量的态度表达，形成了意见气候。在意见气候的无形压力下，普通用户感知自己的观点与多数意见不一致时，倾向于保持沉默，甚至妥协向相反观点。这些现象我们在日常社交媒体的使用中会有所感觉，只是没有认真想过而已。

（7）《互联网条件下"新闻"的延展》（陈力丹、胡杨、刘晓阳，《新闻与写作》2016年第5期）。背景：互联网条件下新闻对线性时间的超越以及新闻形态的变化，带来了对未来新闻生产方式的想象，从提供"关于事实的知识"转变到还必须提供"关于事实的知识的知识"。

（8）《泛众传播视域下的新闻真实》（陈力丹、孙龙飞、邝西曦，《新闻与写作》2016年第3期）。背景：新闻传播学界需要在复杂而陌生的网络传播环境中，多向公众和官员们提供关于互联网条件下新闻传播的比较科学、理性的认识——互联网条件下的"新闻真实是一个过程"。"就现实人类新闻活动来看，新闻真实越来越表现为一种过程真实，特别是越来越表现为多元传播主体共同再现、塑造的真实。"（杨保军）

（9）《社交新闻聚合网站的新闻价值运作路径——以嗡嗡喂❶为例》（陈力丹、何健、马骏，《当代传播》2016年第6期）。背景：新闻聚合网站的运行软件，每天对成千上万个与之合作的新闻社交媒体的数据进行扫描，这类运行建立在众人新闻选择的基础上，比记者根据新闻价值的经验判断选择新闻精准得多。于是，关于对"新闻价值"的经验判断，现在遇到了软件判断的挑战。

（10）《原生广告及对传统广告的挑战》（陈力丹、李唯嘉、万紫千，《新闻记者》2016年第12期）。背景：什么是广告？广告即"展示"；什么是广告学？即千方百计设想如何"展示"以吸引公众的眼球。然而，广告多以生硬地打断观看的线性秩序为前提。网络原生广告（Native Advertising）打破了广告传播的"展示"特征，实现了有价值的内容与广告的无缝融合。如果未来的媒体广告和广告学理论不能跟进这样的变化，媒体无法生存，广告学也会被其他的"学"取代。

（11）《"用户体验"的新型媒体生存模式》（陈力丹、王之月、王娟，《新闻爱好者》2015年第5期）。背景：如果说传统媒体曾以"为读者服务"作为一种职业理念的话，那么互联网时代新兴媒体的职业理念就是"用户体验"。设计的每个创新点，或技术，或内容，或服务，都应该围绕用户需求、服务于用户体验展开，才能够引发用户共鸣，从而有可能获得成功。成功给予用户满意的体验就是商机。

（12）《重构媒体与用户关系》（陈力丹、史一棋，《新闻界》2014年第24期）。背景：用互联网思维考量媒体，媒体与受众的地位将反转过来，受众变成

---

❶ "嗡嗡喂"是当时的一种译法，即BuzzFeed。——编者注

了提出各种信息要求的用户，包括新闻，但绝不仅仅是新闻。媒体必须重构与用户而不是受众的关系，主动寻找自己的用户，稳定用户和不断拓展新用户。时兴的对话新闻学便奉以参与和互动为本质特征的互联网思维为圭臬，借助技术实现了用户深度参与新闻内容的生产，重构媒体与用户的关系。

（13）《看客心理在社交媒体时代的延展》（陈力丹、李志敏，《法治新闻传播》2014年第6辑）。背景：现代传播技术潜在或直接地决定了人们的行为方式。一旦人们接受一种传播技术，也就无意中接受了其行为逻辑乃至价值。现在人们无聊的时候争分夺秒地刷"朋友圈"，便是新传播技术造成的一种新型的围观方式。

（14）《互联网语境下的新闻误读》（陈力丹、李林燕，《新闻与写作》2016年第9期）。背景：互联网语境下的新闻误读情形有了更为复杂的表现。专业新闻传播者和用户传播者都在造成更多的误读，网络新闻传播的互动造成更多的误读。新闻误读并不全是对于新闻的错误理解，可以视为一种对事实的不一样的理解。互联网语境下的新闻误读，如果已经形成一种显的误读，就需要从另一个角度思考：误读在一定意义上是对新闻的一种创造性生产，具有创造性价值。

（15）《大数据与新闻报道》（陈力丹、李熠祺、娜佳，《新闻记者》2015年第2期）。背景：大数据不等于全数据、真数据。数据自己不能说话，记者需要借助一系列算法在数据中挖掘出意义。算法不等于判断，从数据世界进入现实世界是一个充满风险的过程，稍有不慎就可能做出错误的报道。照相术刚发明之时，人们普遍认为它能够担当起真实再现客观世界的任务。但后来人们发现，照片说谎的技巧比文字更加高超。如今人们对大数据的期待类似于当初对照相术的期待。

（16）《时空紧张感：新媒体影响生活的另一种后果》（陈力丹、毛湛文，《新闻记者》2014年第1期）。背景：信息社会的知识增长速度远远高于传统的印刷媒介时代，当信息如潮水般涌来的时候，无形中增加了人们信息处理的负担。新的网络应用软件不断被研发出来，人们获取信息的渠道越来越多，但人的信息处理能力的提升速度却赶不上渠道的更新速度。时空压缩的感觉使文化从永恒和经典中跳脱出来，转而更关注当下的流行和变化的未来，加速整个社会运转的脚步。

（17）《论互联网时代的数字鸿沟》（陈力丹、金灿，《新闻爱好者》2015年第7期）。背景：数字鸿沟作为一个伴随着互联网数字技术发展而继生的社会群体间的不平等现象，其产生受到各项社会本身存在的不平等指标和因素的影响，在信息技术接入前，经济基础、教育程度和接入意愿的差异，以及信息接收时网络技术水平、信息使用模式和网络媒介素养的差异都会造成并扩大数字鸿沟。

（18）《传播学面临的危机与出路》（陈力丹、宋晓雯、邵楠，《新闻记者》2016年第8期）。背景：传播学产生于社会工业化的背景，因而是大众传播的阐释者，即使是技术学派，研究的大多是适于大众传播的技术，批判学派批判的也是基于大众传播的各种现象。传播学未来发展如何走？目前可以想到的是充分利用社会学、心理学、社会心理学的某些理论，综合起来解释互联网传播现象。还有就是在互联网条件下发展那些并非完全限于大众传播的理论假设，或受原来适于说明大众传播的理论假设的启发，在互联网传播里发现新的传播规律。

（19）《新传播形态对传播顺序的改变与挑战》（王艺焜、张晨，未定稿）。背景：新传播形态下的信息传播呈现非线性、圈层、超链接的方式，改变了以往的信息发出和接受的线性顺序。在新传播形态的传导和转译下，人们头脑中的社会图景被肢解，"强力浏览"和秒杀式的跳跃阅读替代了逻辑化、有条理的信息接收。

（20）《互联网传播形态下人的记忆方式和内容偏向的变化》（赵睿楠、李京婧，未定稿）。背景：人类记忆与动物记忆的区别在于，人类创造了完善的记忆媒介系统，实现了记忆的外化，从而突破了个体记忆的时空限制。互联网作为一种新的记忆媒体，正在改变人类的记忆模式。更多的选择性记忆在于重要的信息点和信息的获取路径，而不是具体的知识要素（具体时间、地点、观点的原文原话、情景等）。但在信息搜索极为便捷和快速的条件下，基于知识积累的理解力显得更为重要，知识的记忆对理解的本来作用没有发生根本变化。基于知识积累的理解力仍然需要良好的记忆，否则面对丰富的材料和精确的数据群，没有思想的白痴会多起来。

（21）社交媒体下的群体性孤独（Together Alone）。背景：虚拟社交让用户在不同的社交平台不断切换，联系越来越多。但人们因此开始丧失独处的能力，一旦出现独处的情况，就会变得焦虑、恐慌，然后拿出手机，打开社交媒体，尝试用联系他人的方式解决孤独的恐慌。

（22）社交媒体下公共领域与私人领域的叠加现象。背景：随着微信等自媒体平台的崛起，民众对社会公共议题的关注总体在下降，越来越关注自己的生活和境况，私人领域议题越来越公共领域化，购物、娱乐等以往事关自己的事情越来越被放在公共领域讨论，情感在公共传播中越来越重要，也越来越具有私人属性。

五、新闻传播学科建设的几个具体问题

（一）关于学术研究的"工程"以及建构学科、学派的思维方式

我国近年关于学术的"工程"很多。笔者知道的第一个工程是 1995 年开始的"夏商周断代工程"，当时给的课题费是个天文数字。虽然自然科学与之配合，但这毕竟是严谨的历史研究，需要实在的历史证据，在有限的时间里靠很多人和一堆钱是不可能得出科学结论的。该课题只是多少推进了断代猜测的时间差，没有得出一个确定的年代。人文-社会科学的研究是一种灵性的人类思维精神——"地球上的最美的花朵"（恩格斯语），不是生产标准件，不能重复再现，不可能在规定的时间里靠有钱就能得出科学的结论。人的大脑最为莫测，思想火花的碰撞需要良好的环境和情境机遇，不是计划出来的。工科的课题可以通过一个接一个的"工程"形式来完成，就像机器制造业，有些还附设标准件厂或车间，作为科学基础的理科研究都不能这样做，更不要说人文-社会科学研究了。

在人文-社会科学领域，学科、学派都是自然形成的，外力人为"建构"的只能是具体的可见的东西，而科学则是观念形态的东西。以为一个学科或学派通过人为地组织就可以"建构"起来，这也是典型的工科思维。2015 年笔者曾收到一篇文章，要"建构具有世界气魄的中亚传播新疆学派"。笔者告诉作者，学派是自然形成的，不是想建构就能建构的，还是先做一些具体问题的研究为好。2016 年笔者参加一所高校的鉴定会，某教授团队的论证主题竟是如何在若干年内建构出"师大学派"，以此向学校每年要 1 000 万元，由此可见现在工科思维对社会各方面的渗透力度。

现在有一种认识，以为什么东西都可以用钱来办到，这是商人的狭隘认识。不是什么东西都可以用钱"打造"的，用钱打造出来的学科、学派肯定是假的。科学与文化是无价的，都不是用钱可以换取的。

（二）关于学术活动

与上面的工科思维相关，目前新闻传播学的学术活动竟成为学科建设的标志性"成果"，因而多数学术会议不是真正要研究学术，也没有哪个学术问题是通过开会解决的，而是为了完成开会的任务，制造"学术政绩"给上级看的。甚至

课题设计里就规定必须开几次会，参会也是大家相互帮忙以完成开会指标。参会论文都要求"独创"，但一个学人一年能写的像样文章是有限的，不可能有什么独创，所以参会论文普遍水平不高。

一般来说，几人、十几人的学术沙龙质量相对高些，有些会的参加人数太多，也就是学人们有个机会相互认识或叙叙旧而已，学术收获是谈不上的。

由于中国新闻传播学科扩张太快，摊子铺得太大，现在很多学术会议实际上是一群人赶来听几个学术大佬发言。这样还不如多办一些学术报告会，不要冠以"学术研讨会"的名义。

（三）关于学术团体

改革开放后，我国新闻学界的第一个学术团体是 1980 年 2 月成立的北京新闻学会，学会下逐渐形成若干专业方向的研究小组。学会和各研究小组的负责人只是召集人，热心这方面工作，义务做事情而已。他们的这类社会性职务与评职称和行政提职无关。这个学会消失后，笔者没有参加任何一个学术团体，学术也能做好。

现在涉及职称、人才奖励的文件都把担任学术团体高级职务（会长、理事长、常务理事等）作为重要的衡量标准，学术团体活动的行政思维日益强化，因而建议暂时不要再增设这类团体。目前高校各个学科都有全国性的教学指导委员会、教育学会以及各二级学科的研究会，这些已有的团体完全可以作为某一级学术团体发挥作用，只是团体组织的形成和结构需要调整一下。

（四）关于学术期刊

目前我国的新闻传播学期刊中《国际新闻界》《新闻与传播研究》《新闻大学》《现代传播》《新闻记者》基本遵循了学术规范，整体学术水平尚好。但除了《新闻记者》，其他的刊物需要强化现实传播现象和问题的研究。

现在一个普遍的问题开始呈现，即投稿人的学术水平普遍较低，严格实行匿名审稿是好的，但谁来审稿？都要找学术比较强的人，稿子太多，看不过来。时间久了，审稿人也疲沓了，审稿时间越拖越长，稿子发表的时效受到影响。建议简化审稿程序和规定期限（例如三个月无回应作者自行转投）。

第二个问题是选题走两个极端，一是紧跟政治形势，用空话套话编织的文章较多，还有就是纯粹关于外国人的思想研究太多，关于中国问题的很实在的研究较少。建议各编辑部给出选题指南，引导作者选题。某个外国学者的思想固然可以研究，但呈现在眼前的中国传播问题应该更具有研究价值。

其他学术刊物，有些还是很努力地在提升学术水平，但收取版面费问题需要解决。

我国的新闻传播学术期刊不宜完全模仿外国同行的思路——选题十分小，研究方法都是标准化的量化分析文章。现在中国大陆这类照猫画虎的量化分析文章越来越多，很多是没有必要的。例如笔者看到的一些有关健康传播的论文做得十分细致，但有什么学术意义呢？有医生或病人会按照你的分析沟通交流吗？这样的论文除了自我欣赏，不知道还有谁看。有思想的人文-历史-哲学的研究方法现在很少运用，而这与中国传统的研究方法更接近一些，应该提倡。现在连学士论文都动不动在网上撒一张问卷，收回几十几百份就开始统计分析。其实任何网络调查（包括专业网络调查公司的调查）目前都无法推及整体，科学性十分有限。

（五）关于学术评价标准

笔者反对以所谓"核心期刊"的论文发表作为衡量学术成果是否有水平的标准。这个做法的实质是：看一个人是否健康，不是看他的身体如何，而是看他穿着什么衣服。提倡研究规范是对的，但核心期刊（这本来只是图书馆指导读者阅读的一种参考性指南）条件的设定多此一举。这实质上反映了我国学术研究行政化的趋势，只是方便了行政机关对学术研究的管理与控制，至于学术研究是否取得了进展，其实是不清楚的，只要各种数字上去了就有了"政绩"。

建议实行代表作制，重在看论著本身的学术水平；评审者应是这个学科的学术共同体成员。所谓学术共同体，即这个学科在一定范围内的最高层次的学者群。例如在高校学院层面，即由全体教授组成的委员会，在学校或更高的层面，是教授委员会主任、副主任（担任行政职务的人不得兼任主任、副主任）或退休不久还有研究能力的资深学者。

还有把拿到国家社科基金项目作为考核标准也需要分析。国家社科基金设置课题指南，主要是从政治和行政工作需要出发，新闻传播学尤其如此。现在一旦拿到社科基金项目，职称、各种头衔马上有了，而实际上新闻传播学的很多课题不能按时结项，有些结项成果实际上比较欠缺学术价值和实践价值。

还有以获得多少课题经费作为考核条件，这令人匪夷所思。课题经费多少完全不能说明学术水平。人文-社会科学的很多研究主要是精神劳动，消耗精力很多，实际物质支出并不多，目前的课题经费使用不承认精神劳动是劳动，只能用于物质的支出，少量劳务费也是对简单劳动的支付。这种错位不纠正，难以激发人文-社会科学研究的积极性。

以评奖来考核学科建设似乎是可以的，但现在存在很多问题。其主要问题在于报送渠道是以院所为单位，而各单位领导层有相当的权力决定谁送谁不送；还有单位内的平衡考虑，于是造成"排排坐分果果"的评奖效应。即使参评材料送上去了，中国的各种人情关系实在太多，严重影响公正评奖。改进的方法是：开辟个人报送、知名学术专家或学术共同体推荐的渠道，而且不应该作为补充渠道，而是要与单位报送处于同等地位。这样产生的评奖结果才可以作为评估考核的一个标准。

现在几年一度的学科评估劳民伤财，没有什么实质意义，引发各种腐败，评估的标准大体也是以上的几项，其合理性受到质疑，建议调整。

《新闻规律论》论纲 *

杨保军

一门学科或一个领域的探索研究，在真理论意义上❶，就在于揭示相关对象比较稳定的内在机制或运行规律。"对于各门学科来说，寻找有效的规律才能为本学科的持存意义做辩护"❷，才能奠定自身的根基与地位。"任何一门学科都以研究和把握某种规律为己任。任何一种学说要成为一门学科，就必须研究、把握某种规律。"❸ 一个领域的研究，原则上说，只有达到规律层次的认知，其形成的观念见解、理论学说，才可以说步入相对比较成熟的状态，才有根据和底气转换为合目的的实践观念，发挥相对比较有效的稳定的实践指导作用，这自然是一个历史过程。本论纲就"新闻规律"研究的意义与价值、主要对象与方法论观念特别是整部《新闻规律论》的基本内容加以提纲挈领的说明。

一

当人能被称为人时，便是社会性的存在、交往性的存在。因而，可以说信息活动、新闻活动是人类固有的活动、本体性活动，信息需要、新闻需要是人类的基本需要，生存活动离不开的需要。"一切生命均靠信息运行"❹，"所有的社会进步都依赖于信息的获取和认知"❺，"一切形态的财富盖源于信息的运动"❻。新闻活动，用现代眼光来看，是人类主体间的（新闻）信息交流、意见交流、精神交

＊ 原载于《国际新闻界》，2018（10）。

❶ 学术研究的目标当然不限于追求真理，不限于理论观念的范围，还有实践目标，还有意义与价值的追求，理论理念只有转换为实践理念，才能实现理论理念的价值。对于应用性很强的新闻学研究来说，就更是如此。

❷ 刘华初.历史规律探究.北京：人民出版社，2013：45.

❸ 杨耕.在实践中感悟和把握马克思主义的真理力量：纪念《实践是检验真理的唯一标准》发表40周年.光明日报，2018-05-11（7）.

❹ 莱文森.软利器：信息革命的自然历史与未来.何道宽，译.上海：复旦大学出版社，2011：1.

❺ 约斯特.新闻学原理.王海，译.北京：中国传媒大学出版社，2015：44.

❻ 麦克卢汉.理解媒介：人的延伸.何道宽，译.北京：商务印书馆，2000：94.

往、文化互动活动。它贯穿渗透于人类整体的日常生活世界之中或整体的生存发展活动之中，展开于一定社会的整体历史过程之中，运行于一定社会系统各个领域、各种要素的相互联系、相互作用、相互影响之中，是具有客观实在性的人类活动。

像自然界、自然事物运行有规律一样，人类社会活动也有自身的规律，美国社会学家路易斯·沃斯（Louis Wirth）就说："人类不同于自然界的其他事物，但不能由此认为，关于人类的一切都是不确定的。虽然在人类的行为中显示出一种不适用于自然界中任何其他对象的因果关系，即动机，但我们仍然必须承认，有确定的因果关系，一定会像适用于物质领域一样适用于社会领域。"❶ 人类作为自然之子，不可能超越自然规则而生存而活动，人类作为可以自觉创造自我的自然存在，又在一定意义上超越了其他动物的生存方式、生存水平，因而，可能拥有特殊的不同于自然规律的社会生存演进规律。自然规律与社会规律是构成规律系统最为宏观的两种不同类型的规律。

像人类其他社会领域的认识活动、实践活动、交往交流活动一样，新闻活动也是人类活动的一种形式，是有规则、有规律的主体性活动。对此，马克思有一段被人反复引用的著名论断，他说："要使报刊完成自己的使命，首先必须不从外部为它规定任何使命，必须承认它具有连植物也具有的那种通常为人们所承认的东西，即承认它具有自己的**内在规律**，这些规律是它所不应该而且也不可能任意摆脱的。"❷ 中国著名新闻史学家方汉奇先生在谈及新闻史学的科学性时也指出，"新闻史是一门科学，是一门研究新闻事业发生发展历史及其演变规律的科学"❸。新闻规律的存在，是个客观事实问题、存在论问题、本体论问题，而非认识论和价值论问题。当然，我们现在之所以说新闻活动是有规律的，是对人类新闻活动、新闻实践认识、反思的结果，并不是贸然的断论或纯粹的信念。

马克思所说的"内在规律"，就是报刊（现在可以扩展到所有新闻媒介去理

---

❶ 沃斯. 前言//曼海姆. 意识形态与乌托邦：知识社会学引论. 李步楼，尚伟，祁阿红，朱泱，译. 北京：商务印书馆，2014：12.

❷ 马克思恩格斯全集：第1卷. 2版. 北京：人民出版社，1995：397. 马克思的这段话尽管针对的是报刊，但从原则上也适用于后继而来的各种媒介形态，即每一种媒介形态在实现自身功能作用、意义价值的过程中都有自身的内在规律，而作为共同的媒介系统，也可能有着统一的内在规律。这些问题也正是《新闻规律论》需要研究的问题。但个别就是一般的原则可以使我们确信，依赖报刊以外任何其他媒介的新闻活动也是有规律的。

❸ 方汉奇. 中国新闻事业通史：第1卷. 北京：中国人民大学出版社，1992：1.

解）活动的客观规律，是不可任意改变的，是在报刊的客观运行中形成的。陈力丹在解读马克思的这一论断时指出，"马克思在这里从内、外两方面谈到尊重报刊的内在规律：对于报刊内部的工作人员来说，不应为了政治需要或经济利益而不遵循报刊的工作规律；报刊外部，更不能强加给报刊职能以外的要求"❶。实际上，扩展开来说，只要有新闻活动，就会有新闻规律；只要有不断变化演进的新的新闻活动方式生成，就有可能生成新的具体的新闻活动规律；只要有新闻活动存在，新闻规律就会产生作用和影响。这是人类新闻实践活动、认识活动提供的事实和认知结果，并非仅是一种坚定的信念或理论逻辑。

过往的实践活动与认识活动使人们经验到、体会到、认识到了规律的存在、作用和影响，从而承认新闻规律的存在。过往的实践活动与认识活动也使人们知道了新闻规律是有变化的，一些旧的规律会因曾经的活动方式消亡而逝去，一些新的规律会因新的新闻活动方式形成而逐步生成。这是促使人们不断展开新闻规律研究的前提，也是激发人们持续探索新闻规律的重要根据和动力。

"新闻规律"是"新闻活动规律""新闻传播规律"等说法的简称。❷ 新闻规律是什么，有什么样的新闻规律，正是新闻规律研究的直接学术目标，也是整个新闻学特别是新闻理论研究的根本任务。或者说，新闻理论研究的主要学术追求就在于不断认识持续变化的新闻现象特征，逐步揭示始终都在变化、变革的新闻活动的内在稳定关系、演进趋势或基本规律。❸

《新闻规律论》的目的在于以既有相关研究成果为基础，以人类新闻活动史为基本参照，并根据人类新闻实践活动的最新变化与发展，特别是依据中国新闻业的实际情况，对新闻规律做出相对比较深入系统的新探讨，力求做出新的观

---

❶　陈力丹. 精神交往论：马克思恩格斯的传播观. 修订版. 北京：中国人民大学出版社，2016：300.

❷　新闻界（包括学界、业界）经常在同等意义上使用"新闻活动规律""新闻规律""新闻传播规律"这几个概念，但若要细究，这几个概念的内涵、外延还是有所不同的。"新闻活动规律"是最为宽泛的一个概念，指称的是新闻活动中所有可能的规律；"新闻传播规律"，顾名思义，是指新闻"传播"活动的规律，针对的主要活动对象是新闻生产者、传播者的新闻生产与传播活动，事实上，学界把"新闻传播规律"主要理解为职业新闻生产与传播活动的规律；"新闻规律"是个简化的说法，既可以是对"新闻活动规律"的简化，也可以是对"新闻传播规律"的简化。本著所言的"新闻规律"，是对"新闻活动规律"的简化，因而，它的外延远远大于新闻传播规律，因为新闻活动包括所有社会主体的新闻活动，而不只是传播主体的生产传播活动。

❸　其实，所有学科的基本任务，就是认识学科对象的特征，揭示学科对象的规律。经济学家高培勇就曾指出："经济学作为一门科学，其研究成果最终要体现为客观规律的提炼和理论体系的形成。"参见高培勇：《新时代中国经济学研究面对的重大问题》，载《人民日报》，2018－01－08（16）。

察、思考、分析和阐释，做出一些可能的新的概括和总结，努力建构一种对后续研究具有一定启发性或参考价值的研究框架，深化或提升新闻规律研究的水平。因而，《新闻规律论》不仅有认识论的追求，也有方法论的意图，并努力实现二者的统一。

"科学的新闻传播观念来自对新闻传播活动及其规律的正确认识。"❶ 如果能够形成对新闻规律不断真理化的认识，我们就有可能为新闻实践提供相对比较长久而深层的学术支持。当然，我们十分清楚，这是一个艰难的过程。事实上，"人的全部活动，包括两个方面：合规律性与合目的性。无论大家是学习文史哲、政经法还是数理化、天地生，我们都要去认识规律，这意味着人要合规律性地去生存，他才是生活。但是人又不是单纯地要合规律性。为什么要合规律性？人要实现自己的目的，所以人就要合目的性地去生活"❷。探求新闻规律的最终目标并不只是单纯为学术而学术的理论追求，更在于发现新闻规律、尊重新闻规律、自觉运用新闻规律、有效开展新闻活动，使新闻活动能够以合乎新闻本性的方式展开，促使新闻活动能够更好地为人们的生存、生活服务，为一定社会以至整个人类社会的良性运行与发展服务，实现新闻活动合规律性与合目的性的统一。

二

任何理论都是关于一定对象的理论，任何规律都是关于确定对象的规律。《新闻规律论》将以人类新闻活动从"前新闻业"到"新闻业"再到"后新闻业"的整体历史演进过程为基础参照❸，主要从现代新闻业的诞生特别是从当今时代新的媒介环境特征、新的媒介生态结构出发，或者说从人类新的新闻活动状态、活动方式及其发展的整体趋势出发，着重以新闻活动的基本矛盾或基本关系——"新闻传收"关系——为主要对象，对新闻规律展开比较系统的探讨。因而，《新闻规律论》并不是事无巨细的"大全"式的一般探讨，而是围绕核心性新闻活动的研究，围绕当今时代新闻现象的重大变化的研究。

落实到具体研究中，《新闻规律论》尽管会以职业新闻活动中的新闻传收关

❶ 童兵. 比较新闻传播学. 北京：中国人民大学出版社，2002：67.
❷ 孙正聿. 马克思与我们. 光明日报，2016-07-07 (11).
❸ 关于人类新闻活动的历史演进过程时代划分，可参见杨保军：《新闻理论教程》（第3版），24~30页，北京，中国人民大学出版社，2014.

系为核心对象，但同时也会始终关注"后新闻业时代"开启后"民众新闻活动"❶
中的传收关系。也就是说，《新闻规律论》会自觉认识、把握整体性的人类新闻
活动现象，努力探求不同类型新闻活动中可能存在的共同规律与特殊规律。大众
化、公共化的民众新闻传播、"脱媒新闻传播"现象❷已经成为"后新闻业时代"
的常态现象，一定程度上已经打破了传统"新闻业时代"职业新闻机构的新闻生
产与传播结构，并且形成了新的具有一定融合性的新闻生产与传播结构，一个具
有一定"偏向"性的"共享新闻资源""共产新闻文本""共绘新闻图景""共同
新闻主体"的"共时代"初现面目❸，在不断发明、创造的多种技术组合而成的
整体"技术丛（群）"的支持下，一系列新的新闻采集、加工、制作、传播、收
受、互动方式层出不穷，正在创造着人类新闻活动方式的新图景、新模式。因
而，《新闻规律论》的研究对象必须延伸、扩展到新的现象、新的活动领域，与
传统研究相比，要有一定的转换，即原则上要以"作为社会现象"的新闻活动为
对象，而不是像过去那样，仅以"作为职业现象"的新闻活动为主要对象，这在
一定意义上可以说属于时代性的重大问题，因为"新的媒体生态需要重构，而研
究新闻现象和新闻实践规律的新闻学自然而然也要顺势而动了"❹。如此，才有
可能真正实现理论与现实的真实互动，诚如有位学者所说，"从重大的现实问题
中发现、提出和探索重大的理论问题，又以重大的理论问题回应、深化和破解重
大的现实问题，这是理论研究的真实内容和根本途径"❺。

　　需要特别说明的是，《新闻规律论》在一般新闻规律或普遍新闻规律研究的
基础上，会特别关注中国的新闻历史特别是当代中国的新闻实际与发展变化趋
势，也会特别关注现代新闻文化在中国的表现特征。尽管中国事实是世界事实的
一部分，具有与世界事实相同、相似的特点，但毕竟又像每个国家、每个地区的

---

❶　民众新闻活动主要包括两种主要类型：一是小范围的、以点到点模式为主的具有私人性质的
新闻传收活动，这是"前新闻业时代"人类新闻活动的主要方式，这样的方式在"新闻业时代""后
新闻业时代"继续存在；二是大众化的、公共化的与职业新闻类似的新闻传播活动。对民众新闻活动
规律的探讨，《新闻规律论》将主要以第二种类型为主要对象。

❷　关于"脱媒新闻传播现象"，笔者在《新闻主体论》的不同章节都有相关内容的分析与阐释，
可参见杨保军：《新闻主体论》，北京，人民日报出版社，2016。

❸　杨保军 . "共"时代的开创：试论新闻传播主体"三元"类型结构形成的新闻学意义 . 新闻
记者，2013（12）. 所谓具有一定的"偏向"性，主要是说，就目前来看，大众化、公共化的新闻传
播主体仍然主要是职业新闻主体，而非社会民众或其他群体。人类社会的日常新闻图景依然主要是由
职业新闻传播主体再现的、建构的。

❹　吴飞，任激薇 . "否思"新闻学 . 新闻与写作，2018（1）：16-23.

❺　孙正聿 . 注重理论研究的系统性、专业性 . 光明日报，2017-01-09（11）.

事实具有自身的特点一样，中国事实也有自身的特征或特色。作为中国的新闻学研究，应该更多地从中国的实际出发，从中国的经验出发，探讨新闻规律在中国新闻现象中的特殊形式，更多地为中国的新闻业发展提供理论参考、智识支持。当代中国新闻学的重要开启者甘惜分、王中等老一辈学者，始终主张新闻理论研究应特别关注社会现实，注重具体问题具体分析，"新闻学的研究既不能脱离整个社会现实，孤立地考察新闻事业，也不能从主观动机和愿望出发，更不能从虚幻的社会存在出发，而必须从社会的普遍联系中、从活生生的社会现实中、从不断变更的群众生活条件中，探索新闻事业的客观规律"❶。笔者自己也说过，"我们是中国人，我们应该首先观察中国社会，发现中国问题，解决中国问题，做好中国的事情"，所以，中国新闻理论研究务必要从中国国情与实际需要出发，针对中国问题，提出本土化的理论与设想。当然，与此同时，我们不能忽视"世界各处都声息相通，动静相关"❷，因而，中国的新闻理论研究，尽管不可避免地具有中国特色或中国特征❸，但我们的研究必须有世界眼光、人类胸怀。尽管新闻学对世界只有一种，但一定会有多种学派和风格。

人们看到，当今的中国，是改革开放中始终以"发展"为基本主题的中国，是改革开放中逐步发生社会转型的中国；是始终坚持社会主义道路、社会主义制度的中国，是坚持和平崛起、和平发展的中国；是一个前现代、现代、后现代交融中的中国，是一个农业社会、工业社会、信息社会交织中的中国；是一个正在被世界结构的中国，同时也是一个正在以自己的观念、自己的方式结构世界的中国，中国与世界确实变得谁也离不开谁，进入一个相互嵌套的时代。中国的新闻就是在如此背景中、如此现实中的新闻，它的丰富与复杂是空前的。因而，只有从中国事实出发，特别是从中国的现实出发，从中国的追求出发，才能真实揭示中国新闻活动的特点和可能的规律。但作为学术研究，我们只能首先把中国作为事实对象，而不能预先作为价值对象。我们在对中国之"是"的揭示中，也许可以对人们产生一些中国之"应"的启示。

在方法论观念上，《新闻规律论》继续保持笔者以往"新闻九论"❹ 的基本

---

❶ 王中. 谈谈新闻学的科学研究. 新闻战线，1980（1）：12 - 14.

❷ 许倬云. 许倬云观世变. 桂林：广西师范大学出版社，2008：17 - 18.

❸ 杨保军，李泓江. 新闻理论研究的当代中国特征. 新闻界，2018（2）：23 - 39，46.

❹ "新闻九论"是：《新闻事实论》（2001）、《新闻价值论》（2003）、《新闻真实论》（2005）、《新闻活动论》（2005）、《新闻精神论》（2007）、《新闻本体论》（2008）、《新闻道德论》（2010）、《新闻观念论》（2014）、《新闻主体论》（2016），它们先后分别由新华出版社、中国人民大学出版社、复旦大学出版社、人民日报出版社出版。

模式与风格，主要运用历史考察、概念分析、逻辑思辨、理论阐释为主的方法，在新闻哲学层面上对新闻规律展开力所能及的分析与论述。对人文学科社会科学来说，越是基本的问题、基本的概念，越是需要以哲学的方法展开清理，"没有哲学来澄清特定学科的基本概念和进行语义整编，就容易导致严重误解"❶。但是，笔者会以新闻实践为根本依据，也会以学术界既有经验实证研究的成果为重要参照，以避免规律探索陷入纯粹的宏大叙事或空洞想象之中。因为，笔者深知，"理论要向实践学习的东西，远比它能指导实践的要多"❷，"哲学思考和理论创新也是基于深入的经验观察而抽象出来的，不是凭空而来的"❸。只有那些基于实践事实的研究，才会获得可信的结果，才有可能对实践有所启示和指导。

笔者始终认为不同的方法各有所长，关键是方法与问题之间要有比较好的匹配。概念清理、逻辑分析、有根据有理由的说明解释，就是方法；以理性的方式讲清道理就是最基本的方法。讲道理，有时需要解释，有时需要实证，而实证也是解释，不过是另一种不同于概念分析的解释。对于那种迷信新技术、新方法的研究取向，笔者以为还是谨慎为好，而那些固守旧观念、老方法的做法，自然也需要反省。在研究技术、研究方法的先进性与研究结论的科学性之间，对于充满人文问题的社科领域并没有那么简单的必然关系。研究过程中必须考虑每一种方法的适应性。"任何一种研究方法，或者是专业术语，必然有其自身具体的历史和社会背景。"❹ 至于一些研究把重点放在了方法的炫耀上，而不是问题的探索上，就更是本末倒置了。❺

---

❶ 韩东晖．"科学为王"的时代哲学有什么价值．解放日报，2018-04-17．

❷ 李德顺．当代哲学思维的变革和挑战．新华文摘，2017（13）：39-42．

❸ 郭苏建．中国政治学科向何处去：政治学与中国政治研究现状评析．探索与争鸣，2018（5）：48-52．

❹ 孙飞宇．中国社会学的"中"与"西"．新华文摘，2017（22）：19-22．

❺ 李军．经济学发展须回归学科本质要求．新华文摘，2017（1）：55-58．李军针对经济学的社会科学性质指出："一些人将研究方法及研究工具的先进性、前沿性，同研究成果的科学性、学术性混同起来，以为采用的研究方法、研究工具越前沿、越先进，其成果的学术性乃至科学性就越高。在此观念的作用下，一些学术论文的写作实际上是重在显示其所采用的研究工具的先进性、前沿性，为建模而建模，而不是真正为了分析与解决实际的经济问题。"有学者依据研究经验进一步指出："很多时候，人们在定性分析中凭借直觉和少数几个变量就可以做出准确判断，而使用大数据和复杂算法反而是不必要的"［参见吴江、张小劲：《大数据国际政治研究的回顾与展望》，载《华中师范大学学报》（人文社会科学版），2016（4）］。事实上，新闻传播学研究领域存在着同样的现象，有的论文往往针对一个没有多少实际意义的问题，采用一些最新的研究方法，得出一些毫无新意的结论。这种"方法浪费"或"方法过度"的研究，至多的价值是训练了方法的应用。

新闻活动并不是纯粹的新闻信息传收活动，而是以新闻信息传收活动为基本活动内容与方式的一种复杂社会交往、交流活动。其复杂性在于，政治、经济、文化、技术等各种社会力量无不参与其中，各种社会逻辑（权力逻辑、经济逻辑、技术逻辑以及各种其他社会资本逻辑）无不运转其间。这就意味着，探究新闻规律，仅仅用传播学、新闻学的眼光、知识、思维、方法是远远不够的，还需要在综合视野（跨学科或超学科视野）中对其做出整体性的把握。"如果新闻学研究变得过于与世隔绝，只关注新闻生产的实践世界、快速发展的科技变革、未来的融资模式，或是去比较专业身份，那么，新闻学与公民价值观的根本关系将来可能会变成一个令人忧虑的问题。"❶ 事实上，任何一个领域的社会活动都是具有社会整体性的活动，单一视野、单一学科只能把握到有限的内容，只有综合性的立体认知，才有更大可能使人们认识到对象相对系统的、复杂的内外关系，把握到一些规律性的东西，诚如有学者所言，"在现代意义上，没有一个问题是单一学科能够解决的，都是需要大家共同来思考的"❷。其实，"人类活动领域之间没有绝对的界限，一个领域的活动往往对其他领域产生出意料之外的影响"❸，"学科只是行政和历史的产物，学科本来无领域。本着所有的知识都在解决问题的预设，天下学问皆可为我所用"❹。针对新闻研究，美国学者迈克尔·舒德森讲得更为直截了当，"新闻业应该是所有相关社会科学共同研究的一个对象，因为新闻的生产和流通与社会的各个领域都有十分紧密的联系"，"研究新闻的人应当让自身超脱于狭窄的'新闻学'领域，应当从整个'大学'的科系设置中汲取养料"❺。其实，这也正是我在探究新闻规律、研究新闻问题过程中的学科态度❻。这也足以说明，探析新闻规律是个非常艰巨的学术任务。当然，新闻学研究必须有自身的学科专注，而不能漫无边际。

❶ 吴飞，任微微．"否思"新闻学．新闻与写作，2018（1）：16-23.

❷ 孙正聿．马克思与我们．光明日报，2016-07-07（11）.

❸ 汪行福．"复杂现代性"论纲．天津社会科学，2018（1）：46-54，67.

❹ 钟蔚文，王彦．传播教育者要警惕"训练无能"：台湾政治大学传播学院名誉教授钟蔚文谈治学与从教．新闻记者，2017（12）：29-33.

❺ 常江，何仁亿．迈克尔·舒德森：新闻学不是一个学科——历史、常识祛魅与非中心化．新闻界，2018（1）：12-17.

❻ 事实上，笔者在一些论文中早已表达过类似的看法。笔者认为，新闻学研究者只有既走入新闻学，同时又能走出新闻学，才能做出比较好的、符合实际的研究。参见杨保军、涂凌波：《"走出"新闻学与"走入"新闻学：提升当前新闻学研究水平的两种必需路径》，载《国际新闻界》，2012（5）。

三

《新闻规律论》将在既有相对比较零散的研究成果基础之上，尽力建构起关于新闻规律研究的基本概念体系与理论框架，努力对新闻规律系统中的一些关键问题做出具有一定创新性的探索。《新闻规律论》的内容主要包括以下九个方面。

（一）新闻规律的性质与特征

新闻规律属于人作为活动主体的社会规律，是主体性规律，是一种社会领域活动规律。新闻规律在一般意义上，就是指新闻现象具有的相对稳定的特征和演变趋势，或者新闻活动内在的稳定关系及其变化趋势。新闻规律具有社会活动规律、主体性规律的一般特征，诸如客观性、相对稳定性、有限性（范围性）、历史性等。同时，新闻规律具有作为人类一种特殊活动内容、活动方式的特征，比如，新闻规律是以传收规律为核心的互动交流规律，是以新闻信息为核心内容的交流规律，是新闻系统与社会系统互动性的规律，是高度依赖以传播技术为核心的"技术丛"演进的规律，是人类不断追求新闻自由的规律。

（二）新闻规律的形成

规律不是先在的、预制的，而是事物运动变化的产物。自然规律是在自然万物的自然运行中逐步形成的，而对人类这样相对"小时间"的生命存在来说，自然规律看上去几乎是既在的、永恒的或不变的。社会规律是在社会事物的变化演进中形成的，不是一般的自然"事物"运动规律，而是"人类事实"或"人事"规律，是人类的活动规律，是相伴人类而生的生成性规律。按此逻辑，新闻规律是在人类新闻活动的历史实践过程中形成的，是在人类新闻活动的历史演进过程中自发自在形成的，同时也是在自觉自为的人类新闻实践活动中形成的。

规律的生成性特征从根本上决定了规律有自身的历史性特征。在新闻学视野中，尽管存在着贯穿人类新闻活动始终的可能规律，但有些新闻规律只是一定历史时代的规律、一定社会范围的规律、针对一定新闻活动方式的规律，而非永久性的规律、普遍的规律；有些新闻规律会在新的新闻活动方式产生、演进过程中逐步形成，而有些规律则会随着人类某种具体新闻活动方式的消退而消亡。

（三）新闻规律的系统构成

新闻活动系统具有自身的丰富性与复杂性；新闻规律是个规律系统，具有自身不同维度的构成方式与特点。新闻规律系统的构成分析实质上是新闻规律的类型化分析，这是对新闻规律更为精细的把握方式。

如果以系统论作为基本的方法论工具，"新闻规律系统"可分为两大子系统：内部规律系统与外部规律系统。内部规律主要包括两大部分：一是各个系统要素本身的演变规律，二是各要素之间的关系规律。外在规律系统也包括两大部分：一是新闻系统与社会整体（环境系统）的关系规律；二是新闻系统与社会各个领域系统，特别是主要社会子系统（如经济、政治、文化、技术系统等）的关系规律。如果从新闻规律系统的层次结构出发，可以大致分为三个层次的规律：基于人类新闻活动总体特征的新闻活动规律；基于一定社会新闻活动特征的活动规律；基于不同媒介形态特征的活动规律。

如果以现代职业新闻为参照，新闻规律可以分为：人类意义上的新闻活动历史规律和职业新闻活动规律。而其中内含第三个大的问题：职业新闻与非职业新闻的关系问题。尤其是进入 21 世纪，当非新闻职业的社会主体也能够像职业新闻传播主体那样生产传播新闻时，两类新闻活动主体间的关系规律更是成为极为热门的论题，这在一定意义上可能意味着整个传统新闻学开始进入转型时代。

（四）新闻系统要素演变规律

在一定的环境中，新闻活动系统是由传者、内容、媒介、接收者几个要素构成的，它们的演进规律是新闻内部规律的集中表现。

新闻传播主体结构的历史演变过程，整体上是一个由私人化传播主体为主向大众化传播主体为主转变的历史变迁过程，最终则是所有社会主体（包括个体和群体）都成为可进行大众化新闻传播的主体。在这样的历史进程中，越来越多的社会主体成为自主性、自由性越来越强的新闻传播主体，成为越来越能够冲破时空约束限制的传播主体。这在本质上是人类整体以及每一个体新闻自由度不断提高和扩大的过程。因而，可以笼统地说，新闻传播主体的演变规律就是社会主体不断走向新闻自由境界的规律。而所有可能的智能机器生产传播并不能改变人在新闻生产传播中的主体地位；智能新闻水平的不断提高，从根本上显示了人类作为新闻主体的创造性和能动性。

新闻传播内容的历史演进过程，是与其他内容逐步相区分的过程，是新闻内容相对独立化的过程，也是一个越来越丰富的过程。伴随着历史进程，人类新闻认识的范围在不断扩展、内容在不断深化。这说明，新闻与人们的生命、生存、生活、生产的关系越来越紧密。新闻作为人类认识、反映甚至塑造、建构事实世界的一种方式，不仅变得须臾不可离开、越来越清晰和相对独立，而且变得越来越重要。媒介化社会、媒介化生存进一步表明，"人类离不开新闻、新闻不会消亡"是颠扑不破的真理。

新闻媒介是最能反映新闻系统规律的一个要素。媒介形态的实质是各种技术或技术组合的支持与显现。不同媒介形态都有各自的典型性符号系统。不同媒介形态的信息承载介质各有特性。媒介形态的演进过程，在历史的主线上，是不同媒介形态叠加的过程，是后继媒介形态对前在媒介形态的补充过程，是一个加速度进化的过程。媒介形态演进的总体性基本机制是"扬弃"的过程，既有新的发明创造，对既有媒介形态的继承，又有对旧有媒介形态的抛弃。

新闻受众是新闻活动的根基。在宏观历史尺度上看，新闻收受者大致经历了作为人际新闻传播的收受者、作为大众化新闻传播的收受者、作为各种新闻传播模式融合中的收受者三个历史时期。这是一个收受角色逐步自觉化的历史演进过程，一个由新闻收受中模糊的角色主动性（人际传收），到清晰的收受角色被动性（大众化的传收），再到积极的收受角色主动性的历史过程。这一历史过程最具革命性的变化就是当今大众传播意义上的收受者角色传者化变革。这一过程表明了人类新闻活动方式的变化，而背后最根本的是媒介方式的变化、技术支持的变化。

（五）新闻活动核心规律

新闻活动的主要内容是新闻的生产传播和新闻的收受。新闻传收始终是新闻活动的基本关系、核心关系。狭义的"新闻规律"就是"新闻传收规律"，或"偏向"新闻传播主体一方的"新闻传播规律"。

在新闻活动中，传播与收受处于总体的互动之中，离开任何一方的新闻活动都是不完整的。"传收互动"是新闻活动内部的总体性规律。新闻传收活动的规模、效率、方式、模式和实际内容标志着一定时代、一定社会以至于整个人类新闻活动的整体状态和水平。

整体性的新闻传收互动规律是由新闻传播主体与新闻收受主体之间的具体活动机制、活动规律呈现的，主要表现为三大方面：一是选择律，即新闻传收过程是一种主动的、自觉的主体选择行为，选择机制支配着新闻传收过程；二是效用律，即完整的新闻传收过程是在传播者追求传播效果、收受者追求新闻效用的互动中展开的；三是接近律，即新闻传收主体间的信息共享、分享，知情意直至行为的互相接近与一致，是新闻活动持续不断的根本动力机制。

（六）新闻活动的宏观规律

新闻活动是人类众多社会活动形式中的一种，与整体的社会环境及其他各种活动形式之间有着不可分割的紧密关系，新闻活动对社会系统的运行及个人生存、生活、工作的作用和影响都是直接可见的经验事实。新闻活动与社会整体的互动规律应该是新闻规律系统中最为宏观的规律。

在整个社会有机系统中，新闻活动本质上属于认识活动、信息交流活动、精神交往活动或精神文化活动，同时也是贯穿于其他社会实践活动中的活动，这就从根本上决定了它对社会物质系统的依赖性；而建制性、职业性或者说机构性新闻活动（表现为新闻传媒业）的上层建筑性质、意识形态属性又从根本上决定了它对一定社会政治系统的依赖性。对经济、政治、技术的整体依赖性，是新闻活动存在、变化、演进的总体性宏观规律。一定社会的整体发展状况将从整体上决定新闻发展的水平，一定社会的经济制度、政治制度将从整体上决定其新闻制度和新闻运行方式。

技术发展是新闻活动演进的根本动力，这种根本动力关系从新闻规律的角度可概括为"技术主导新闻律"。技术主导律的主要内容为：技术主导新闻业的整体演进、技术主导新闻活动主要方式的变革、技术主导新闻媒介形态的更新、技术主导新闻思维的变化。

（七）党媒的特殊规律

对新闻规律论研究来说，既要探索普遍的新闻规律，更要探索特殊的新闻规律。"不同的国家具有不同的历史条件，不同的文化传统，不同的社会现实，这就使不同的国家具有不同的社会发展规律。"❶ 党媒体系是中国新闻事业的核心体系。党媒就是党所创办拥有的媒体，是党所领导管控的媒体。

党媒运行有三大规律。一是党性统摄律。党性是党媒的灵魂，党性原则是主导和统领党媒事业、党媒工作的最高原则、总体原则，贯穿于新闻舆论工作的总过程和各个环节。二是人民中心的价值律。"属于人民，服务人民，依靠人民，这是社会主义新闻事业的显著特征"❷，为人民服务是党媒的价值目标，党的新闻事业也是人民的新闻事业。三是引导舆论的方法律。以正确的舆论引导人，是党媒运行方法律的核心内容。正确舆论的根本标准就是与党和政府的有关路线、

---

❶ 杨耕. 社会科学的特殊性. 光明日报，2017 - 04 - 24（11）.

❷ 项德生，郑保卫. 新闻学概论. 武汉：武汉大学出版社，2000：278.

方针和政策保持高度一致，用正确的方法反映舆论、影响舆论、引导舆论是党媒的核心职能。

党媒运行的三条规律共同构成了党媒规律的有机系统。党性统摄律，是党媒最具特色的运行规律，属于党媒本体性的规律；人民中心律，是党媒运行的价值律，它揭示了党媒运行的价值根源、价值动力与价值追求、价值目标，居于党媒规律系统的灵魂地位；舆论引导律，反映的是党媒的核心任务以及主要工作方式方法的内在特征，属于党媒新闻舆论工作的方法律。

（八）新闻规律的实践体现

新闻规律是看不见的存在，隐藏贯穿在人类的新闻活动中。但是，新闻规律的客观作用与影响会体现在新闻实践活动之中，新闻活动主体在不同的新闻活动（主要是新闻生产与传播活动、新闻收受活动、新闻管理控制活动等）中会自觉不自觉地遵循（违背）新闻活动规律。在新闻理论研究中，人们通常更为关注的问题是新闻规律对传播主体"提出"的客观要求。❶

传统新闻业时代，大众化新闻传播的主导性使得新闻实践者与研究者都特别关注新闻规律在职业新闻传播活动中的体现。所谓体现，侧重点是指新闻规律对职业新闻传播活动的客观要求，具体表现为新闻活动主体对职业新闻生产与传播活动提出的基本原则与规范，诸如真实、客观、全面、公正、公开、透明、对话等。如果新闻活动者对新闻规律的认识把握是准确的，并且确实是按照规律原则制定新闻准则的，那就可以说，新闻活动主体的新闻行为体现了新闻规律，而那些依照新闻规律制定的活动规范，就是新闻规律的直接体现。大概正是因为这样，人们经常把依据新闻规律制定的一定行为原则或规范直接当作新闻规律本身，但这在理论逻辑上是有误的。

在人类新闻活动进入"后新闻业时代"，传统上依据新闻规律针对职业新闻传播主体提出的要求，也越来越应该"普遍化"到非职业新闻的生产传播活动之中。尽管实行起来相当困难，但其"应当性"是不可否认的。何况，在目前的新兴媒介环境背景下，非职业新闻的生产传播，即民众个体与"脱媒主体"❷的大

---

❶ "规律"本身是不会对主体"提出"要求的，提出要求只能是主体性的目的性行为。因而，所谓规律的客观要求，是说主体认识了规律，为了顺应规律对主体行为提出的要求。

❷ 杨保军．"共"时代的开创：试论新闻传播主体"三元"类型结构形成的新闻学意义．新闻记者，2013（12）：32-41；杨保军．"脱媒主体"：结构新闻传播图景的新主体．国际新闻界，2015（7）：72-84.

众化新闻生产与传播活动不仅越来越广泛，而且对整个新闻业和人类新闻活动方式带来了越来越大的结构性影响。因而，按照新闻规律的内在要求展开新闻活动，应当成为所有新闻活动主体应有的基本素养。

（九）新闻规律的作用机制

新闻规律作为一种客观的新闻活动机制，有其发挥作用和产生影响的基本方式。从区分意义上看，主要有两种方式：自发为主的作用方式、自觉为主的能动运用方式。从综合意义上看，则可以说，新闻规律总是以自发与自觉相统一的方式对新闻活动主体产生作用和影响。

新闻活动者既可能不自觉地遵守新闻规律，也有可能不自觉地违背新闻规律。当违背了新闻规律，规律就会以自己的客观力量惩罚新闻活动者，从而使新闻活动者在经验教训中体会、认识到新闻规律的存在，进而改进自己的新闻行为。

更重要的是，新闻活动主体应该积极认知、探索、掌握新闻规律，也就是认识和掌握新闻活动的基本特征，认识和掌握新闻活动内部以及新闻系统与其他社会系统之间的稳定关系，并且自觉尊重新闻规律、按照新闻规律去从事新闻活动。

四

规律研究特别是社会活动规律的研究是高难度的探索工作。"规律的发现和论证是非常严肃而艰苦的事，它要经过从具体上升到抽象、从表面上升到本质的思维过程，与工作经验总结不是一回事。"❶ 我国著名考古学家苏秉琦说："自然规律、社会历史规律是客观存在，无时无刻不在运转并制约着人们的活动。但规律又是抽象的，看不见，摸不着，认识规律不那么容易。"❷ 有学者谈及经济规律探索时写道："人的行为有高度的不确定性，由此决定了探索人的行为以及有关的经济运行规律，比探索大自然的规律实际上更为困难。"❸ 这些判断其实适用于所有的人文学科与社会科学领域，当然也适用于关于新闻规律的探索。而且，与其他人文社会领域的规律研究相比，新闻规律研究也许更加困难，因为与人类的其他社会活动相比，新闻活动方式的变化实在是太快了，简直是日新月异。伴随人类社会的整体发展，特别是传播技术的飞速提升，新的媒介形态、新闻样态

❶ 陈力丹．精神交往论：马克思恩格斯的传播观．修订版．北京：中国人民大学出版社，2016：302.

❷ 苏秉琦．满天星斗：苏秉琦论远古中国．北京：中信出版社，2016：49-50.

❸ 李军．经济学发展须回归学科本质要求．新华文摘，2017（1）：55-58.

层出不穷。如何在变化万千的新闻现象中、在不断更新的媒介形态关系中、在不断改变表现形式的传收矛盾关系中发现、认识比较稳定的内在关系或基本发展趋势，确实是一个非常艰苦的过程，需要持续的关注和努力。而关于新闻系统与社会整体运行的规律性关系，新闻系统与政治、经济、文化领域的规律性关系，就更是庞大和复杂的问题，需要比较全面系统且专深的人文社科素养。

规律研究也是"风险"较高的一类研究活动。仅从学术意义上看，规律认识是所有理论研究中带有终极性追求目标（但认识活动本身没有终极性，也不存在终极性的真理）的研究，即学术研究的目标就在于认识相关对象的内在本质、揭示其运动变化的规律。即使那些声称人类活动没有规律的研究者，一旦仔细看看他们的研究成果，立即就可发现，他们实质上也在探索对象领域中稳定的要素及其各种可能关系，这无疑就是关于规律的探索。事实上，如果认识了一定对象的变化发展规律，也就意味着完成了一定阶段的认识任务，可以开启下一阶段的认识活动，自然科学如此，社会科学、人文学科同样如此。

因而，在新闻规律探索中，也像在其他规律探索活动中一样，不要轻言发现了规律，认识了规律，更不要轻言已经掌握了规律。恩格斯的一段话是值得时时牢记的："给随便遇到的平凡事实加上一个响亮的名称，把它吹嘘为自然规律，甚至吹嘘为基本规律，那末科学的'更加深刻的基础的奠定'和变革，实际上对任何人来说，甚至对柏林《人民报》的编辑部来说，都是可以做到的了。"❶ 认识规律的目的是遵循规律、运用规律，如果动不动就说已经认识了规律，或者说只有"我们"能够认识规律，这都不是科学理性的精神。自然规律的"绝对性"使人类可以"预告"一些事实/现象将会确定发生，但并不存在这样功能作用的社会规律。社会规律是统计性的反映事物发展变化的趋势性规律。因而，再"好"的社会规律，只要能"预测"到社会发展的大趋势也就很不错了。在新中国的历史上，轻言认识了规律、掌握了规律，于是便随心所欲、任意妄为，曾经给我们的事业带来过重大的伤害，我们不能重蹈历史的覆辙。新闻规律，对于新闻研究者来说，是个具有整体性、本质性的问题，自然也是个很复杂的问题，而"复杂的问题是没有简单答案的"❷，我们需要平心静气地慢慢探索。

---

❶ 马克思恩格斯全集：第 20 卷. 北京：人民出版社，1971：241.
❷ 霍尔. 超越文化. 何道宽，译. 北京：北京大学出版社，2010：81.

论新闻学的"基本问题"*

杨保军

恩格斯在《路德维希·费尔巴哈和德国古典哲学的终结》中写道:"全部哲学,特别是近代哲学的重大的基本问题,是思维与存在的关系问题。"❶哲学领域有其基本问题,其他现代学科领域,包括新闻学作为现代学科体系的一门,也应该有自己的基本问题。然而就新闻学研究实际来看,尽管有那么几篇文章曾经提出过这一问题,但并没有展开深入的讨论❷,通常更多的是以"新闻的本原是什么"不很恰当地代替了这一问题❸。本文将以新的看法试探性地提出新闻学的基本问题,并做出初步的理论阐释,期望得到同行的批评指正。

一、基本问题的内涵、结构与特征

要对"新闻学的基本问题是什么"做出回答,首先得对"基本问题"本身是什么做出解释,正所谓"一般是个别的方法"❹。基于如此考虑,我们先对"基本问题"本身的内涵、结构与特征加以分析。

(一)基本问题的内涵

问题是针对一定对象而言的,即问题都是关于一定对象的问题。因而,任何问题都有自己的对象范围、对象领域,或者说都有自身的问题来源。

---

 * 原载于《新闻记者》,2019(4):1-10。

❶ 恩格斯. 路德维希·费尔巴哈和德国古典哲学的终结. 北京:人民出版社,1972:14.

❷ 就笔者所涉猎的文献范围,比较明确提出新闻学基本问题的论文很少,讨论也不深入。参见肖宜之:《论新闻的主客观关系:关于新闻学基本问题的探讨》,载《新闻界》,1987(4);刘惠文:《试论新闻学之重大的基本问题》,载《当代传播》,2004(6)。

❸ 以往在讨论新闻学的理论体系时,绝大多数都是以某一单一概念作为逻辑起点的,有些人以"事实"为逻辑起点,有些人以"新闻"为逻辑起点,还有些人以"新闻活动"或其他概念、范畴作为逻辑起点。

❹ 我国伦理学家王海明指出:"不懂得一般,就不懂得个别;一般是个别的方法……理解鱼是理解鳜鱼的方法。"参见王海明:《伦理学方法》,22页,北京,商务印书馆,2003。

一旦谈论基本问题，逻辑上就意味着不是一个问题，而是针对一定的有机问题系统而言的；有机问题系统，是说构成问题系统的不同问题之间具有内在的关系，可能有些问题大一些，有些问题小一些，有些问题重要一些，有些问题次要一些，如此等等。只有在至少由两个具体问题构成的有机问题系统中，才能在逻辑上讨论基本问题与其他问题或非基本问题的关系问题。

理解"基本问题"的前提关键是对"基本"的理解。"基本"的词典含义是"根本、根本的、主要的"❶。显然，这样的词义具有内在的相对性，即根本、根本的、主要的是相对非根本的（末节的）、非主要（次要）的而言的。因而，基本问题就是根本问题、主要问题，在一个有机问题系统中，相对基本问题的其他问题就可以说是非根本问题、非主要问题。笔者在本文中更多以"根本性"来理解"基本"的含义。❷

基本问题的"根本性"表明：在一个有机问题系统中，基本问题是最重要的问题，是本源性的问题，是第一问题。❸ 基本问题以外的其他问题都根源于基本问题，或者说，非基本问题都是由基本问题（根本问题）衍生、派生、延伸出来的问题。这样的逻辑意味着对基本问题的确立与解释，必然决定着对非基本问题的解释。只要基本问题变了，关于一个有机问题系统的解释也就变了。进一步说，也许是更为重要的，基本问题的变化将从根本上影响对基本问题来源对象的解释。

（二）基本问题的结构

问题就是矛盾，问题就是关系。所有问题都是对一定关系的揭示和表征。作为问题的基本问题在理论逻辑上表现为概念关系，或者说是对不同概念关系的陈述。

---

❶ 中国社会科学院语言研究所词典编辑室．现代汉语词典．5 版．北京：商务印书馆，2005：631.

❷ 人们通常在更为宽泛的意义上使用"基本""基本问题"这些概念，基本的是指主要的、基础的，因而基本问题实质上就是一个领域或一种理论中的主要问题、基础问题，或者更准确地说，是指比其他相关问题更为优先的问题、更为重要的问题，比如在陈力丹的《新闻传播学基本问题笔谈》［参见《北京理工大学学报》（社会科学版），2005（1）］中，就把"大众传媒的职能""舆论监督的性质"等等名为基本问题，显然这是在一般意义上对基本问题的运用，并不是在学科根本问题意义上对基本问题的使用。事实上，在一般的学术论述中，也大都在如此意义上使用"基本"或"基本问题"，与本文对"基本问题"的理解显然是不完全一样的。

❸ 并且，进一步说，基本问题是唯一的，不可能有两个基本问题。如果有两个，那就要决定哪个问题更为基本，因而，从逻辑上说，在针对确定领域或对象形成的一个有机问题系统中，基本问题只有一个。

基本问题的根本性从根源上决定了基本问题必然是由一个有机问题系统中的"基本概念"或基本范畴结构而成的问题。像基本问题中的"基本"一样，基本概念中的"基本"，也是指一个有机概念系统中"根本的、主要的"概念，这样的概念，是同一概念系统中其他概念的本源性概念，其他概念逻辑上是由基本概念衍生、派生、延伸出来的概念。

从概念或范畴角度看，任何一个有机问题系统都包含着一系列的有机概念或范畴，所有问题都是由概念或范畴之间形成的命题构成的。在针对同一领域对象的概念系统中，不同概念的地位、功能、作用是有差别的。由概念系统中"基本概念"形成的问题才能构成基本问题。在理论逻辑上，问题至少是两个概念之间的关系，因而，基本问题至少关涉到两个基本概念，它们在同一有机问题系统中具有对等性的特点。比如，如果认定"物质"与"精神"概念或范畴是哲学概念系统中的基本概念，那"物质与精神的关系问题"就会成为哲学的基本问题；如果认定"思维"与"存在"概念或范畴是哲学概念系统中的基本概念，那"思维与存在的关系问题"就会成为哲学的基本问题。

由于问题是关于对象的问题，因而，关于对象的基本概念尽管在符号运用上具有一定的约定性，但概念的内涵并不是主观任意设定的，而是由对象内在关系决定的。由于人们对同一对象的认识有所不同，因而对基本概念的认定会有差别，相应地，对基本问题的认定也会有所不同。❶ 事实上，正是在对基本概念、基本问题的历史认识过程中，才形成了关于一定对象领域的认识史、思想史和学术史。这一过程也是人类逼近对象真相、获取关于对象真理（规律）的过程。

基本问题是由基本概念构成的关系，因而，自然内在包含着基本概念之间各种可能的基本关系。对基本问题中不同基本概念间可能的基本关系的揭示，将形成以基本问题为核心的逻辑体系，这样的逻辑体系实质上就是关于基本问题来源对象领域的理论体系、知识体系，自然也是关于来源对象领域的思维体系和解释体系。

因而，从原则上说，对于一个有机问题系统来说，也即对于一个相关的实际领域系统来说，有什么样的基本概念就有什么样的基本问题，有什么样的基本问题就有什么样的基本理论体系。

---

❶ 比如，笔者在本文中提出的观点，只是笔者关于新闻学基本概念、基本问题的见解，其他研究者可能与笔者的观点并不完全一致，但正是在不同见解、观点、理论的历史、现实对话交流中，关于新闻活动的认识才会逐步深入，才会逐步逼近新闻活动的真相和规律。

（三）基本问题的特征

按照上文关于基本问题内涵及基本问题结构的理解，可以说，基本问题的总体特征，就是它相对其他非基本问题的"根本性"。关于基本问题的"根本性"，可以做出以下一些更为细致的分析和解释。

其一，基本问题是一个有机问题系统中的根源性问题。这就是说，基本问题是"源"问题，其他问题是"流"问题，基本问题是"本"问题，其他问题是"末"问题，非基本问题都是从基本问题衍生、派生、延伸出来的，"基本问题"与"非基本问题"构成一种"源流关系""本末关系"。基本问题与非基本问题的关系是内在的，而非外在的，这就意味着，对基本问题的解释将决定着对非基本问题的解释。

其二，基本问题是一个有机问题系统中的贯通性问题。基本问题是根本性问题，它的根本性不仅通过"根源性"或"源泉性"来体现，而且进一步通过"贯通性"来体现，即根源于基本问题的其他所有非基本问题都蕴含着基本问题的内在要求，都以各自的问题方式体现着基本问题的丰富内涵和逻辑可能，就像树干、树枝、树叶都蕴藏着来自树根的营养，也都蕴含着当初种子的可能结果。一种理论体系能生什么"叶"，能开什么"花"，能结什么"果"，都是由基本问题如何贯通性地实现决定的。

其三，基本问题是一个有机问题系统中的总体性问题。基本问题的根源性、贯通性已经说明它是一个有机问题系统中的总体性问题。总体性是说，基本问题对所有其他问题的解释具有前提性的作用，而它本身的解释则是由所有其他问题的展开构成的。正因为这样的总体性，才从根本上决定了建基于基本问题的理论系统或理论体系，具有内在的统一性。其实，任何好的理论体系必然具有内在的统一性。只有具有内在统一性的理论，在形式上、内容上才会达到时代性的完整性，才有可能是比较透彻的理论、彻底的理论。"所谓彻底，就是抓住事物的根本"，"而理论只要彻底，就能说服人"❶。那些"半截子"理论，就是没有基本问题的理论，没有总体性问题的理论。

基本问题在一定有机问题系统中的根源性、贯通性、总体性特征意味着，对基本问题的不同认定，在理论视野中，将有不同的理论体系建构起来；而从理论功能论角度看，也就意味着关于同一对象会有不同知识体系、思维体系、解释体

---

❶ 马克思．《黑格尔法哲学批判》导言//马克思恩格斯选集：第 1 卷．北京：人民出版社，1972：9.

系、规范体系、反思批判体系、理想引导体系建构起来。❶ 显然，认定什么样的问题作为一个领域、一定范围的基本问题，在理论上，也必然在实践上，有着十分重要的意义和作用。

二、新闻学的基本问题及其逻辑构成

新闻学的基本问题是"事实与新闻的关系问题"，但为什么这一问题是新闻学的基本问题，它根源于什么，这样的基本问题若是逻辑性地展开，又有哪些主要具体的命题构成？下面将对这几个问题做出分析。

（一）新闻学的基本问题

前面关于"基本问题"内涵、结构及特征的分析与阐释等为我们寻找新闻学的基本问题设定了基本标准或规范。

首先，新闻学的基本问题，必须是新闻学特别是新闻理论（一个学科的基本问题主要通过其基本原理或基本理论体系来体现）中的根源性、贯通性和总体性问题。如果在理论上确立的问题不具有这些特征，那就不可能成为基本问题。这就是说，是否基本问题，在理论上是可逻辑检验的，不是随意可以设定的。

其次，作为基本问题，不能是单一概念所揭示的实体对象，必须是至少两个概念形成的关系。单一基本概念只能构成学科的逻辑起点，并不构成学科的基本问题。基本问题中的两个基本概念一定是学科中最基本的一对概念，并且，它们之间有着内在的基本关系，不然，就难以构成学科的基本问题。

最后，新闻学的基本问题，不是理论的设想，不能仅仅来源于理论逻辑本身，而是必须来源于新闻实际，来源于新闻实践活动，来源于新闻实际活动中的核心活动或基本活动。而所谓基本活动或核心活动，就是定性或规定新闻活动为新闻活动的那种活动，以它为中心的并对它能够形成作用和影响的活动，只能称为与基本活动相关的新闻活动。从新闻实际出发，从新闻实践出发，这是寻求新闻学基本问题最重要的、最根本的途径。

当然，除了上面几条外，任何当下关于新闻学基本问题的思考和探究，都应该以过往的相关研究成果（不限于新闻学科）为参照，在既有研究成果的基础上展开新的探索。

---

❶ 我国哲学家孙正聿认为，理论具有巨大的功能，理论主要有解释性功能、规范性功能、批判性功能和理想性功能。参见孙正聿：《哲学通论》，修订版，59～60 页，上海，复旦大学出版社，2018。

（二）新闻学基本问题的来源

首先，新闻学基本问题根源于人类新闻实践活动中的基本活动。所有的理论问题都应来源于实际问题。学科领域的理论问题来源于学科领域对应的相关实践活动中的实际问题；而理论体系中的基本问题则应来源于相关实践活动领域系统中的基本活动、基本实际问题。也就是说，理论意义上的基本问题是相应实践活动中基本活动、核心活动的反映。

对于新闻活动系统来说，什么样的活动是其基本活动呢？关于新闻活动的性质、属性与构成，笔者在《新闻活动论》❶中做过比较深入细致的分析，基本结论是：新闻活动是人类固有的一种活动，是人类诸多社会活动方式中的一种。新闻活动直接表现为关于新闻信息的交流活动，在这样的信息交流中，包含着人类之间的精神交往与交流、文化交往与交流；在社会功能意义上，新闻活动是具有多元功能的信息交流活动，也是贯穿在人类各种社会交往活动、实践活动中的一种特殊信息活动，因而，新闻活动必然与社会整体以及各个社会领域产生诸多关系。简明直说，新闻活动就是人类传收新闻信息的活动。显然，"新闻信息的传收活动"是新闻活动系统中的核心活动、基本活动。新闻学的基本问题应该反映这一基本活动，或者说，新闻学的基本问题应该是关于这一基本活动的理论反映、逻辑呈现。

新闻信息传收活动最基本的客观逻辑是：事实—传者—新闻—收者。尽管人类新闻活动从古至今经历了不同历史时代的演进，但这一基本客观逻辑并没有发生根本的变化。这一客观逻辑表明，作为新闻活动主体的传收者，面临的共同问题是"事实与新闻的关系问题"。传播者通过首先处理与事实的关系问题，形成面向收受者的新闻，而收受者通过处理与新闻的关系问题，形成与传播者及事实的关系。在这种互相勾连的关系中，新闻活动核心主体——传播主体和收受主体——通过新闻实践活动（新闻信息传收活动）自然形成或建构起了新闻活动的基本问题：事实与新闻的关系问题。

进一步说，如果我们把整个人类既看成新闻传播者，又看成新闻收受者，也就是把人类看成传收一体化的新闻活动者❷，那就更为清晰地看到，人类正

---

❶　杨保军. 新闻活动论. 北京：中国人民大学出版社，2006.

❷　人人都既是传播者又是收受者，是一体化的新闻活动者，这是基本的历史事实、现实情况和未来必然。在人类早期的新闻活动中，传收角色本就浑然一体；现代新闻业导致的传收分化并没有消解传收一体化的事实，职业传播者不过是社会大众作为新闻发现者的代理人，本质上并没有改变人类作为传收共同体的实际；后新闻业时代开启后，传收的一体化又成了明显的普遍事实；传收一体化在未来的人类新闻活动中只能更加普遍有效。

是通过自身的新闻实践活动，建构起了事实与新闻的基本实际关系。因此，从实践上看，新闻活动中的所有问题都会围绕实际中的事实与新闻的关系问题而展开，也会在不断处理这一基本问题的过程中形成新闻活动的历史演变与进化。

其次，新闻学基本问题根源于理论自身的逻辑。如上所言，从根本上说，事实与新闻的基本关系问题来源于新闻实践活动之中，是新闻实践活动面临的基本问题的反映和呈现。事实与新闻的关系因人的新闻活动而生成，人因处理事实与新闻的关系而形成新闻传收主体关系。可见，事实与新闻的关系、新闻传收主体关系在客观逻辑上是共在的。

但从理论逻辑上说，"新闻"传收主体之间的关系，是因事实与新闻的关系而存在的，人正是在处理与事实世界的关系中，在新闻学视野中，创造了事实与新闻的关系，进而因处理事实与新闻的关系问题而形成"新闻"传收主体之间的关系。因此，比起新闻传收主体之间的关系，事实与新闻的关系问题在理论逻辑上具有更为基本的意义，具有理论逻辑上的优先性。因而，只有事实与新闻的关系问题才是新闻学的基本问题，传收主体间的关系问题并不构成新闻学的基本问题❶，尽管这一问题在整个新闻学体系中非常重要❷，使新闻学不再是简单的"事学"，而成为一个领域中的"人学"。

事实与新闻的关系问题一旦被认定为新闻学的基本问题，那就意味着所有的新闻理论问题都会围绕事实与新闻的关系问题衍生、延伸出来，新闻理论体系、学术体系、话语体系也能够在基本问题的基础上建构起来。

（三）新闻学的基本问题体现为四个主要方面

事实与新闻的关系问题是新闻学的基本问题，但这还是一个总体性的问题，显得空洞抽象。要理解这一基本问题的实质，还需要展开具体的分析。依据笔者目前的理解，事实与新闻的关系问题至少可以从以下四个方面揭示其实质内涵。

第一，事实是新闻的本原，这是新闻本体论的基本命题。面对事实与新闻的关系问题，首先需要解决的问题就是，"事实"与"新闻"在客观逻辑上哪个优

---

❶ 其实，在马克思主义哲学视野中，哲学的基本问题是"存在与思维的关系问题"，按照这样的逻辑，"事实与新闻的关系问题"自然应该是新闻学的基本问题。但这样的逻辑推理过于大而化之，显得抽象空洞，所以笔者才在文中分析了新闻学基本问题的实践根源与理论逻辑根源。

❷ 杨保军. 新闻主体论. 北京：人民日报出版社，2016.

先的问题。❶ 相对新闻来说，事实具有时间上的先在性，这是直观的事实，不需要多少证明，因而事实是新闻的本原，新闻来源于事实，或者说，事实是新闻的本体。事实在时间上先在于新闻的关系理论，就是新闻学的本原论或本体论。

关于事实与新闻的如此这般的本体性关系，在马克思主义新闻观视野中早已解决❷，这就是事实在先，新闻在后，事实是新闻的本原，新闻是对事实的能动反映，陆定一关于新闻"就是新近发生的事实的报道"的定义❸，准确地反映了事实与新闻的先后关系。事实上，尽管关于新闻的定义有不同的类型，诸如事实论定义❹、报道论定义❺、信息论定义❻，但学者们在论及新闻与客观事实的时间先后关系时，论及两者的源流关系、本末关系时，无不承认事实在先、新闻在后这一基本本原论或本体论判断。

从新闻理论体系建构角度看，事实是新闻的本原，构成了新闻本体论的第一命题❼，它在宏观上揭示了客观事实世界是新闻符号世界的对象和根源❽，在微

❶ 注意，这里只讲事实与新闻在客观逻辑上的优先性问题，因为事实一旦转换成新闻，事实与新闻就是共在的，并不存在观念逻辑上的先后问题。而且，从理论逻辑上看，新闻观念一经形成，反倒成为选择事实的标准，似乎在逻辑上优先于新闻事实的存在，即只有符合新闻观念的事实，才能被看作是"新闻事实"。时间上的优先性与逻辑上的优先性并不是完全可以等同的问题。

❷ 马克思主义新闻观就是唯物主义的新闻观，就是历史唯物主义与辩证唯物主义相统一的新闻观，在新闻本原论或本体论上坚持客观事实先于新闻报道。

❸ 陆定一. 陆定一新闻文选. 北京：新华出版社，1987：2.

❹ 事实论的典型代表人物，在中国新闻学术史上，就是有中国新闻学"开山祖"地位的徐宝璜，他在《新闻学》中写道："新闻者，乃多数阅者所注意之最近事实也。"参见徐宝璜《新闻学》，10页，北京，中国人民大学出版社，1994。

❺ 报道论的典型代表人物，在中国新闻学术史上，就是在党报理论史上具有重要地位的陆定一，他在《我们对于新闻学的基本观点》一文中指出："新闻的定义，就是新近发生的事实的报道。"参见陆定一：《陆定一新闻文选》，2页，北京，新华出版社，1987。

❻ 信息论是20世纪80年代提出的新的定义方式，代表人物是我国著名新闻学者宁树藩，他认为，新闻就是"经报道（或传播）的新近事实信息"（参见项德生等：《新闻学概论》，43页，武汉，武汉大学出版社，2000）。在笔者看来，事实论与信息论本质上是一致的，因为信息不过是对事实的表征。信息论定义与事实论定义相比，能使人们更好地理解新闻作为信息的本质特征，但信息只能是事实的信息，因而，从新闻本体论意义上说，事实比信息更为恰当（参见杨保军：《新闻理论教程》，92页，北京，中国人民大学出版社，2005）。正因为事实与信息之间的如此关系，笔者将新闻学的基本问题设定为事实与新闻的关系，而非信息与新闻的关系。

❼ 杨保军. 新闻本体论. 北京：中国人民大学出版社，2010.

❽ 参见杨保军：《新闻事实论》，第八章"媒介世界的创造"中的第三节"媒介世界与现实世界的关系"，197～203页，北京，新华出版社，2001；亦可参见杨保军：《新闻理论教程》（第3版），第十四章"新闻符号世界"中的第三节"新闻符号世界与新闻事实世界的关系"，306～310页，北京，中国人民大学出版社，2014。这些内容实质上是笔者在宏观层面上对新闻学基本问题的讨论，但在这些论述中，应该说还缺少明确的新闻学"基本问题"意识。

观上揭示了任何一条具体新闻的本原都是具体的客观事实的本质，从而确立了"事实决定新闻，新闻是对事实的呈现"这种不可颠倒的根本关系，确立了新闻的出发点是事实、新闻的根据是事实、新闻的标准是事实、新闻的根本特性是事实等这样一些基本观念，这也构成了唯物主义新闻观的前提或基石。任何偏离此本体论的新闻观念必然在根源上背离新闻的本性，从而有可能使新闻不再是新闻，而是其他什么东西。因此，对于系统的、内在成体系的新闻理论来说，这些基本的新闻本体论观念会贯彻在新闻认识论、新闻价值论和新闻方法论之中。当然，这样的基本观念更需要落实在新闻实践——不管是职业的还是非职业的新闻活动——当中。

第二，新闻是事实的呈现（能动反映、陈述、再现），这是新闻认识论的基本命题。新闻活动是人类认识事实世界的基本方式之一，是人类认识实践系统的有机构成部分，是沟通人与事实世界的中介之一。新闻作为人类认识、把握事实世界最新的有意义变动的一种方式，其核心自然在于：在处理事实与新闻关系这一基本问题时，新闻能否真实呈现事实的真实面目，即新闻能否在内容上实现与事实的同一性。这正是新闻学的认识论问题，集中表现为新闻理论体系中的新闻真实论。

新闻能否认识、把握事实世界的最新变动情况，这一新闻认识论中最基本的问题，实质上是所有认识方式面临的基本问题。这一问题不是新闻学能够回答的，也不是任何一个学科能够回答的，它只能通过人类整体的认识史、实践史来回答。马克思说："社会生活在本质上是**实践的**。凡是把理论诱入神秘主义的神秘东西，都能在人的实践中以及对这种实践的理解中得到合理的解决。"❶ 实践是认识的根源，实践是检验真理的最终标准，人类有无认识事实世界的能力，能否符合实际的认识世界，也只能通过认识活动本身、实践活动本身来回答。尽管时至今日仍然存在着认识论上的不可知论和怀疑论，但人类能够认识事实世界的基本信念已经普遍确立起来。在新闻学视野中，新闻能够认识、把握事实世界的最新变动情况也已成为基本共识。事实上，恩格斯早就在一般意义上表达过这样的思想，他说："我们的主观的思维和客观的世界服从于同样的规律，因而两者在自己的结果中不能互相矛盾，而必须彼此一致，这个事实绝对地统治着我们的

---

❶ 马克思恩格斯文集：第 1 卷．北京：人民出版社，2009：505－506．

整个理论思维。它是我们的理论思维的不自觉的和无条件的前提。"❶

新闻可以真实、客观、全面地呈现事实，从而达到新闻报道与报道对象内容上的同一。作为一种具有自身个性特点的认识方式❷，新闻能够认识事实世界，但它也像所有其他认识世界的方式一样，在各种主客观可能因素的影响制约下，只能有限度地认识和把握自身的事实对象。需要指出的是，有人因新闻真实的有限性、客观的有限性，以及新闻呈现事实过程中不可避免的建构性而怀疑甚至否认真实新闻、客观新闻的可能性，显然是错置了问题、搞混了逻辑❸。

第三，新闻有选择地呈现事实，这是新闻价值论命题。如上所言，新闻是人类认识事实世界的重要方式，是沟通人与事实世界的基本方式，也是人类生活世界的基本资料❹，所有这些都足以说明新闻对于人类的意义与价值，对于越来越信息化、越来越媒介化的人类生存、人类生活来说，新闻的价值只会有增无减，越来越大。

然而，由于人的能力的有限性、人所在环境的约束性、事实世界本身的丰富性与复杂性，人类在以新闻方式处理事实与新闻的关系时，需要选择也必然选择，不存在无选择的主体，也不存在无选择的新闻。新闻都是选择的结果。选择就是取舍，其中蕴含着真善美的标准，体现着选择者的立场倾向、需要愿望、利益追求、理想信念，一言以蔽之，体现着选择者的价值标准、价值取向。以什么样的价值标准处理事实与新闻的关系问题，以及延伸出来的新闻与新闻需要之间的关系，是新闻活动的灵魂问题，关系到什么样的新闻是有意义的新闻，关系到新闻为谁服务的根本问题，不同的新闻价值取向服务的主体对象是不同的❺，这是新闻价值论的核心问题❻。

事实与新闻的关系问题，作为新闻活动和新闻学中的基本问题，贯穿于整个

---

❶ 马克思恩格斯选集：第 3 卷 . 北京：人民出版社，1972：564.

❷ 杨保军 . 新闻真实论 . 北京：中国人民大学出版社，2006：98 - 152.

❸ 杨保军 . 新闻真实需要回到"再现真实". 新闻记者，2016（9）；杨保军 . 再论"新闻事实"：技术中介化的新闻事实及其影响 . 新闻记者，2017（3）.

❹ 马克思在其相关著述中多次论及这一观点，参见陈力丹：《马克思主义新闻观百科全书》，79 页，北京，中国人民大学出版社，2018。

❺ "新闻学研究者的服务对象大体而言无外乎如下几方面：政治权力（政党与政府）、商业买家（媒体公关）、新闻产业（传统媒体与新媒体组织）、新闻学界（知识生产场内部）、社会公众。"参见吴飞：《重新出发：新闻学研究的反思》，载《新闻记者》，2015（12）。

❻ 关于新闻价值论的系统讨论，可参见杨保军：《新闻价值论》，北京，中国人民大学出版社，2003。

新闻活动过程之中，意味着新闻价值论必须是关注整个新闻活动的价值论，必须是系统的新闻价值论，既要关注狭义的"新闻价值"理论❶，还要特别关注广义的"新闻的价值"理论，并使新闻价值与新闻的价值有机统一起来，形成完整系统的新闻价值论。

完整系统的新闻价值理论，自然包括事实的新闻价值、新闻的新闻价值以及其他延伸价值，自然包括新闻传播的价值，新闻媒介、新闻媒体以至于整个新闻业和人类新闻活动对于人类、一定社会、群体、组织和个体的价值和意义。顺便可以指出的是，目前关于新闻价值现象的研究还是初步的，尚未建构起系统的新闻价值论体系。

第四，新闻以自身方式呈现事实，这是新闻方法论命题。新闻方式是人类认识事实世界的方式，是人类沟通自身与事实世界关系的特殊方式。新闻方式，作为人类认识事实世界的方式，与其他人类认识把握世界的方式一样，具有反映性和建构性的普遍特点，但它之所以成为自身，在于它拥有自身的个性特征，既不同于历史方式、文学艺术方式，也不同于宗教方式、科学方式和哲学方式❷，它"不是把日常、简单的事物深刻化、玄化，而是把深奥的东西、难理解的事物简明化、通俗化、大众化。新闻认识使事实世界的最新变化在普通人面前变得可读、可见、可听，易于理解。作为认识活动的新闻活动，在它的历史发展过程中，始终都在追求大众性和公共性，因而新闻认识始终具有大众认识、公共认识的突出特点"❸。在结果表现上，新闻"是对活生生现实的描述❹，是再现的真实，是通向'真实之整体'的'地方知识'，是对生活浸淫了人文关怀的批判和参与。新闻本身就是获取知识的研究，但不是抽象理论的研究，而是栩栩如生的描述型研究"❺。说简单一点，新闻方式所提供的知识更具有日常生活世界知识的特征。

---

❶ 狭义的新闻价值论，是指局限于传播者处理事实与新闻价值关系的新闻价值理论，它的核心是传播者用什么样的新闻价值标准选择新闻报道对象，最具代表性的狭义新闻价值理论就是"新闻价值要素学说"，关于新闻价值要素学说的系统阐述，可参见杨保军：《新闻价值论》，124～144 页，北京，中国人民大学出版社，2003。

❷ 杨保军. 准确认识"新闻的价值"——方法论视野中的几点新思考. 国际新闻界，2014（9）：108-121.

❸ 关于这些方式的一般特征阐释，可参见孙正聿：《哲学通论》，36～38 页，上海，复旦大学出版社，2018。

❹ 杨保军. 新闻活动论. 北京：中国人民大学出版社，2006：52.

❺ 潘忠党. 解读凯里·跨文化传播·新闻与传播之别. 中国传媒报告，2005（4）.

所谓新闻方式，本质上就是处理事实与新闻关系的方式，也就是如何让事实转化为新闻的方式，新闻如何转化为人类新闻消费的方式。这样的新闻方式是不断进化的历史方式。从大的历史维度上观察，人类新闻活动方式在现代新闻业诞生之前，以民众新闻为主，现代新闻业诞生之后，则以职业新闻为主，而在互联网诞生之后，进入民众新闻与职业新闻逐步融合的新时代，开启了"后新闻业时代"的新闻方式❶，因而，"新闻学从职业和专业机构的眼界向'人类传播'实践打开，新闻业是'人类传播平台范畴'中的一个部分"❷。仅从事实转化为新闻的维度（也就是新闻生产传播方式维度）看，其经历了口语方式，文字方式，印刷、广播、电视方式，如今则处于互联网为代表的新兴媒介方式、智能媒介方式，相应地，人类消费新闻、运用新闻的方式也在发生着历史性的变化。

在事实向新闻的转化过程中，迄今为止，尽管职业的与非职业的融合方式已经勃兴，但最典型的方式仍然是职业新闻方式、专业新闻方式（在新闻业态层面上，可以称之为新闻的事业方式或产业方式），正是在职业新闻方式、专业新闻方式的历史成长过程中，形成了今天人们耳熟能详的基本原则、基本要求和基本方法，诸如真实、客观、公正、全面、及时、公开、对话、透明等。同样，正是在事实向新闻转化的过程中，关涉到新闻的法律问题（核心是新闻自由问题）、伦理道德问题、新闻控制问题、新闻影响问题等，从而使新闻活动进一步体现作为社会活动的整体意义❸，体现出一定社会新闻图景原则上是所有社会主体共同活动的结果。这也从一个方面说明，事实与新闻的关系问题，内在包含着建构整体新闻理论体系的基因，从中可以合乎逻辑地推演出新闻理论体系的一系列问题，甚或说是全部问题。

事实与新闻的关系问题是新闻学的基本问题，源于基本问题的新闻本体论、

---

❶　关于人类新闻活动的宏观历史描述，特别是关于非职业新闻的新现象——民众个体和脱媒主体的新闻生产传播现象，笔者发表了一系列的论文，可参见杨保军：《简论"后新闻传播时代"的开启》，载《现代传播》，2008（6）；杨保军：《新闻的社会构成：民间新闻与职业新闻》，载《国际新闻界》，2008（2）；杨保军：《简论网络语境下的民间新闻》，载《新闻记者》，2008（3）；杨保军：《"脱媒主体"：结构新闻传播图景的新主体》，载《国际新闻界》，2015（7）；杨保军：《民众新闻观念的实质及其可能影响》，载《编辑之友》，2015（10）。

❷　黄旦. 重造新闻学——网络关系化的视角. 国际新闻界，2015（1）.

❸　笔者在《新闻主体论》中表明的一个基本观点便是，一定社会变动的新闻图景实际上是所有社会主体共同塑造的结果，并不是简单的一些人为另一些人塑造的结果，只是在具体的新闻活动中，才把不同的社会主体区分为不同的主体角色——新闻源主体、传播主体、控制主体、收受主体、影响主体。参见杨保军：《新闻主体论》，北京，人民日报出版社，2016。

新闻认识论、新闻价值论、新闻方法论构成了新闻理论的基本体系结构方式，而基本问题的新闻实践、新闻活动根源提醒我们：事实与新闻的关系问题本质上是属人的问题，是新闻活动主体，特别是新闻传收主体通过自在自然、自觉自为新闻活动创造出来的、建构起来的，因而传收主体关系自然蕴藏其中，新闻主体论自然贯注于新闻本体论、新闻认识论、新闻价值论和新闻方法论之中。❶

三、确立新闻学基本问题的主要意义

新闻学基本问题的来源，以及它在新闻学特别是新闻理论有机问题系统中的地位与作用，已经足以说明确立基本问题对于理论建设与相关实践活动的价值与意义，具体来讲，主要包括以下几点。

第一，确立新闻学的基本问题对建构内在统一的新闻学理论体系具有根基性的作用。如果能够认定合理的基本问题，也许就能够从新闻学的基本问题出发去理解全部的新闻学问题，从而使新闻理论体系成为一个具有内在逻辑统一性的体系。既往的新闻理论教科书大都是从单一的本原概念讲起（不同学者对新闻的本原概念设定也不相同），而不是从新闻学基本问题讲起，这种还原主义的思路，"归根结底"式的做法，好像至今没有建构起什么像样的具有内在逻辑统一性的体系。如果换一个思路，也许能够开辟出新的学术路径、学术境界。当然，现在还是问题，而非答案。

第二，确立新闻学基本问题，也许能够使新闻学术共同体至少在一定的历史时段拥有相对比较集中的基本问题意识，并围绕基本问题衍生、派生、延伸出的问题展开具有时代水平的研究，这应该有利于新闻学研究的深化和系统化，使新

---

❶ 有学者曾指出，"新闻学重大而基本的问题，始终是新闻报道者在公开的新闻媒介上利用事实或资料以影响并与新闻接受者互动的关系问题。新闻学之重大的基本问题之'主干'，依然是新闻报道者（在西方传播学里称'新闻传播者'或'传者'）与新闻收受者（或称'受众'）的一般关系"[参见刘惠文：《试论新闻学之重大的基本问题》，载《当代传播》，2004（6）]。这一判断实质上等于把新闻学的基本问题认定为"传收主体的关系问题"，显然，这只是新闻活动主体视野中的基本问题，而非整体新闻活动视野中或新闻学视野中的基本问题，这一关系问题尽管在整个新闻学体系中十分重要，但它仍然只是新闻学基本问题内含的一个维度，更重要的是，如笔者在分析新闻学基本问题的理论根源时所说，它在理论逻辑上并不优先于事实与新闻的关系问题。至于有学者将新闻学的基本问题认定为新闻的主客观关系问题，尽管具有一定的启发性，但却难以成立，因为对于人类来说，所有认识方式都有主客观的关系问题，新闻中的主客观关系问题不过是新闻活动中的一个方面的问题，并不是总体性的问题，因而这样的认定并没有揭示出新闻学基本问题的个性特征。曾有作者在文中说，"新闻只能是主客观相结合的产物，它既有客观性，也有主观性，两者是相辅相成、缺一不可的"[参见肖宜之：《论新闻的主客观关系：关于新闻学基本问题的探讨》，载《新闻界》，1987（4）]。

闻学在遵循学术规律的前提下，相对比较快地成形、成熟起来，进入新的发展阶段，不再焦虑、纠结于新闻学有学无学的没完没了的论辩。有学者针对传播学研究现状指出，传播学似乎有几十种甚至上百种理论，但当前的传播学研究却处于迷茫状态，重要表现之一便是"鲜有人能说清楚传播学的理论核心是什么"❶，按本文的逻辑，实质等于说鲜有人能说清传播学的基本问题是什么。有了基本问题，就会逐步创造出、建构出基本理论、核心理论以及围绕基本理论的系统体系。依笔者之见，不管哪个学科的研究，哪个领域的研究，弄清基本问题、核心问题，对于这个学科或相关领域的研究来说，都既是基本的出发点，又是应该始终围绕的核心。

第三，任何理论都是一套知识体系、思想体系，其中包含着理论创造者、建构者的理想和期望，如此理论体系具有解释、规范、反思和引导相关领域理论研究和实践活动的基本功能。就新闻学而言，建立在不同基本问题上的新闻理论，不仅对如何解释新闻现象具有重要的理论作用，同时对如何规范和引导新闻实践具有重要的意义。因而，以什么样的新闻哲学观念从根本上回答新闻学的基本问题，不仅是新闻理论本身的建设问题，对新闻实践、新闻活动也自然有着重要的作用和影响。但无论哪种新闻理论观念主导、引导下的新闻实践，都应该围绕新闻活动中的基本问题而展开，即紧紧围绕"事实与新闻的关系问题"而展开，不然，就很可能偏离"新闻"实践，不再是"新闻"活动，也就难以真正很好地实现"新闻"的价值。

四、余论

每个学科都有自身的一系列问题，其中有老问题，也会不断随着相应实际领域、研究领域的变化产生新问题，这些问题共同构成其具有封闭性与开放性相统一的问题系统；对问题系统的阐释，在理论视野中，就构成了该学科具有一定封闭性与开放性相统一的理论体系。对问题系统中不同问题之间关系的厘定在基础意义上决定着问题逻辑关系的合理性，也将在基础意义上影响整个学科理论体系的合理性。这其中最重要的可能就是对问题系统中基本问题的确立，从原则上说，其他问题都应该是基本问题在不同维度上的自然衍生和延伸。

什么样的问题才是新闻学的基本问题，在以往的研究中提问不多，或提问并

---

❶ 吴飞. 传播学研究的自主性反思. 浙江大学学报（人文社会科学版），2009（2）.

没那么明确，研究成果就更少了，这也许是多年来新闻学原理体系难以令人满意地建构起来的重要原因之一。本文在一定意义上突破了以往还原论式的新闻理论体系建构思路，也许多少能够对相关研究有所启示。

本文明确提出"事实与新闻的关系问题"是新闻学的基本问题，但只是做了初步的阐释，主要是一些理论层面的思考和分析，而不是基于学科史、学术史的坚实论述，属于"宏大叙事"的层面❶，因而更多具有的是方法论的意义。即使是现有的侧重方法论意义的理论分析，也依然是初步的，笔者深知其中包含着许多艰难的理论问题尚未得到论及。比如，对基本问题的四个方面及其相互关系展开全面深入系统的研究，那一定是长久的任务；又如，如何在基本问题基础上建构新的新闻理论原理体系，就更是艰难的任务，而本文尚未涉及，只认为这是一种新的可能；再如，也许是更为尖锐的需要进行前提反思批判的问题是，以基本问题为起点的理论体系建构有着怎样的合理性、正当性和可行性，本文也未深入展开。

问题很多，答案很少，这也许就是思考的魅力，学术的引力。

衷心希望感兴趣的学界同人能对这一重要问题给予更多关注，展开更多深入细致的探究和讨论，这对我们创建中国特色的新闻学科体系、学术体系、话语体系可能具有重要的基础作用。

---

❶ 实事求是地说，本文更多的是提出了想法，是一种理论思想，还谈不上是"落地式的学术深究"。

从政治现实到社会现实的逻辑转向
——马克思主义新闻学研究 70 年（1949—2019）*

周　俊

一、引言

通常，当我们提到"马克思主义新闻学"这一个词汇时，其含义是指运用马克思主义的立场、观点和方法研究新闻规律，是中国特色新闻理论研究的组成部分。而目前中国的新闻理论研究正面临着"范式危机"❶，两者都尚未形成一个完整和系统的学科体系及完成研究范式的转变。因此，本文将"马克思主义新闻学研究"看作一种"理论范畴"，而非"学科"，是基于马克思主义视角的一系列新闻理论研究。实际上，新中国建立至今，"马克思主义新闻学"的提法也并不是一以贯之，而是与一些类似的概念如"无产阶级新闻学""马列主义新闻学""社会主义新闻学""中国特色社会主义新闻学""马克思主义新闻观"等相伴相随。这些概念的提出与我国的社会发展息息相关，更是与当时政治情境互动的结果，具有各自明显的时代烙印和与之相适应的内涵，而"马克思主义新闻学"可以涵盖这些概念，将这些不同时期的新闻理论研究纳入一个相对统一的理论范畴中。从知识社会学的视角来看，这些概念的变迁本身就是知识形成的过程。本文就是要做这样一种知识社会学的观察，关注马克思主义新闻学知识是如何形成与发展的，而不是马克思主义新闻学的知识本身。因此，本文不会去讨论马克思主义新闻学是什么或应当是什么。

自 1918 年北京大学新闻学研究会成立后，中国新闻学的引入和创建已有百年。有研究从发展状态的角度认为这一百年走过了萌芽启蒙、登堂入室、分化发

---

*　本文最初以"马克思主义新闻学研究 70 年（1949—2019）"为题载于《新闻与传播研究》2019年第 8 期，后被收录于 2019 年 9 月出版的《新中国新闻与传播学研究 70 年》（中国社会科学院主持编撰的"庆祝中华人民共和国成立 70 周年书系"，中国社会科学出版社），收录到本文丛后题目做了修改。

❶　刘海龙. 中国新闻理论研究的范式危机. 南京社会科学，2013（10）：93-99.

展、政治异化、回归学术、创新繁荣等发展阶段。❶ 也有学者从研究属性的角度
将其分为外来化、本土化、学理化、理论化、时代化五个时期。❷ 这些分析对于
中国新闻学百年发展的描述是基于一种不断进化的视角，以便了解不同历史时
期的新闻学研究与政治现实之间的外生逻辑关系。有研究则从理论建构的角度
分析了中国新闻学学术话语体系的自主建构需要处理好的三个关键关系，即重
新审视新闻理论与新闻实践的关系；明确新闻学研究主体的责任关系；处理好
西方新闻传播理论的引进与本土化的关系。❸ 这种分析着眼于学术发展的内生
逻辑。

　　新中国成立之前，以李大钊、毛泽东、刘少奇、张闻天、陆定一、恽逸
群、张友渔等为代表的无产阶级革命家及新闻工作者，以马克思主义为指导
来研究中国新闻事业的理论与实际，对新闻的定义、性质及类别的理论探索，
对新闻自由问题予以马克思主义的阐释，以中国化的视角解读新闻功能问题
等，在马克思主义新闻思想与中国新闻实际相结合方面迈出了可喜的一步。❹
这些无产阶级革命家关于新闻事业的理解是为了帮助革命获得胜利，还不是严
格意义上的理论建构，但却为后来的马克思主义新闻学研究提供了研究起点和
研究对象。

　　在米歇尔·福柯（Michel Foucault）看来，权力与知识生产密切联系，知识
服务于特定的权力，权力也通过知识的构建来体现和维护自身的权力关系。❺ 新
中国成立前无产阶级革命家关于新闻事业的理解也是一种知识，从一开始显现出
马克思主义新闻学研究深受政治权力情境的影响。但是，从整个社会发展来看，
知识并不仅仅服务于权力，马克斯·舍勒（Max Scheler）认为："所有知识，尤
其是关于同一些对象的一般知识，都以某种方式决定社会———就其可能具有的
所有方面而言———的本性"，"反过来说，所有知识也是由这个社会及其特有的
结构共同决定的"。❻ 一门学科之所以能够从直接性的社会实践中抽身出来，专

❶ 季为民. 中国特色新闻学的历史、使命和方向. 陕西师范大学学报（哲学社会科学版），
2018（3）：145 - 154.

❷ 郑保卫，叶俊. 中国马克思主义新闻学百年形成发展历程. 新闻春秋，2018（1）：4 - 11.

❸ 林溪声. 学术自觉：建构中国新闻理论话语的历时考察. 南京社会科学，2013（10）：
100 - 104.

❹ 吴汉全. 马克思主义新闻思想中国化的早期探索. 新闻与传播研究，2011（6）.

❺ 福柯. 必须保卫社会. 钱翰，译. 上海：上海人民出版社，1999：233 - 234.

❻ 舍勒. 知识社会学问题. 艾彦，译. 北京：华夏出版社，2000：58 - 59.

门从事理论性的认知活动，其合法性是社会赋予的。按照这样一种"作为合理性的合法性"（Legitimacy as rationality）或"作为逻辑性的社会性"（social as logical）原则，任何学科都要在其知识累积过程中满足其理论知识在逻辑上的自洽性，同时保证其理论知识同经验现实的一致性。❶ 马克思主义新闻学研究作为一种知识生产，对其发展的分析不能仅沉浸于从抽象角度讨论知识传统，更要关注其是如何与政治情境互动的，从历史传统中把握知识生产的现实逻辑，才有可能"开辟历史与逻辑有机统一的新闻理论体系"❷。

从理论知识与经验现实一致性的角度来看，新中国的马克思主义新闻学研究在汇编、教材、论文和著作四种研究形式方面经历了从面向政治现实逻辑到面向社会现实逻辑的转向过程，这是基于"政治—知识—社会"互动的分析视角。面向政治现实逻辑是指服务当时的政治情境而进行的单维度和单向度的研究。单维度是只从政治情境的角度分析问题。单向度则指马克思主义新闻学研究只是服务当时的政治情境，而不能对当时的社会发展、政治情境或其他学科产生影响。社会现实逻辑是指适应当时社会情境而进行的多维度和双向度的研究。多维度是从传播学、政治学、经济学、社会学、法学、历史学等多种学术视角和研究范式去分析问题。双向度是指马克思主义新闻学研究既要适应当时的政治情境，也能对社会发展、政治情境或其他学科产生影响。

二、汇编式研究

新中国成立后，新闻工作和研究与其他行业或研究一样，都是从学习借鉴苏联模式开始的，最早的研究成果是以学习苏联新闻工作和思想的汇编形式出现，之后以无产阶级革命家新闻思想的汇编和新闻学辞典的形式为主。

（一）学习苏联新闻工作和思想的汇编

1954—1955 年期间，人民出版社组织出版了一系列学习苏联的书籍。❸ 其中一本《联共（布）关于报刊书籍的决议》在其"中文版出版说明"中特别提道：

---

❶ 赵超，赵万里 . 知识社会学中的范式转换及其动力机制研究 . 人文杂志，2015（6）.

❷ 李彬 . 中国新闻理论研究的范式危机·主持人语 . 南京社会科学，2013（10）：93.

❸ 这些书籍主要包括借鉴苏共中央关于新闻工作政策的《联共（布）关于报刊书籍的决议》（1954 年 4 月）；学习苏联领导人关于新闻工作文章的《布尔什维克报刊文集》（1954 年 11 月）；引进苏联关于新闻理论讲义的《联共（布）中央直属高级党校新闻班讲义汇编》（1954 年 4 月）、《苏联共产党中央直属高级党校新闻班讲义汇编》（1955 年 8 月）。

"俄文版原书各篇蒐辑到一九四零年为止，本书中一九四五——一九四六年的四篇，是本社附加的。"❶ 为何要在原版书上增加这四篇？这需要从这些汇编的内容中寻找答案。汇编的开始并不是苏联共产党中央的文件，而是列宁的两篇文章和斯大林的一篇文章。第一篇列宁的《〈苏维埃政权的当前任务〉一文的初稿（速记）》论述了报刊工作："……苏维埃的报纸把过多的篇幅和过多的注意力用到那些政治上的琐事和政治领导人物们的私人问题上去了，……报纸应该在首要地位刊载劳动问题，而且要以实际存在的形式把这些问题直接提出来。……报纸应该成为劳动公社的机关报。"❷ 第二篇是体现列宁新闻思想的重要文章《论我们报纸的性质》（发表于 1918 年 9 月 20 日的《真理报》），对报道内容提出了批评："现在，老一套的政治鼓动，即政治空谈，占的篇幅太多了，而新生活的建设，建设中的种种事实，占的篇幅太少了。"然后强调"少谈些政治""多谈些经济"。

而增加的文件虽然与列宁的文章相距二十多年，但依然关注报道的内容。其中一篇《关于改善加盟共和国、边区和州的报纸的质量及扩大它们的篇幅》论述道："报纸编辑部削弱了对写作者的工作以及与读者的联系。在报纸篇幅上很少出现党和苏维埃领导工作人员、经济工作人员、工程师、农学家、工业和农业先进工作人员、科学和文化艺术活动家的文章。某些报纸充满了用枯燥的文牍主义的训令式的文体写成的肤浅的毫无内容的文章和通讯。"❸

无独有偶，1956 年 7 月 1 日《人民日报》改版的社论《致读者》中也强调了以上类似观点，比如："人民日报是党的报纸，也是人民的报纸。""生活里的重要的、新的事物，人民希望在报纸上多看到一些，我们也应该多采集，多登载一些。""生硬的、枯燥的、冗长的作品还是很多，空洞的、武断的党八股以及文理不通的现象也远没有绝迹。"❹ 从以上观点的对照中可以发现，该书增加的四篇文件一方面是为了服务当时全面学习苏联的政治情境，另一方面也为《人民日报》改版提供"理论支撑"，来反思我国当时的新闻实践，都不是随意而为的。《人民日报》改版的报告及附件、《致读者》社论和中央的批示文件，这三个文件"形成一个完整的思想，建立新的、与社会主义建设时期相适应的新闻体制和理

---

❶ 联共（布）关于报刊书籍的决议 . 北京：人民出版社，1954：中文版出版说明 .

❷ 同❶1 - 2.

❸ 同❶310.

❹ 致读者 . 人民日报，1956 - 07 - 01.

论"，是"对传统新闻学理论的一次重大突破"❶。此时的译介汇编虽然从表面上来看是面向政治现实逻辑，但也开始了面向社会现实逻辑的探索。这种探索对新闻与政治的关系进行了反思，虽然是从政治单维度出发，但已开始出现双向度的逻辑，不但寻求对新闻业发展的影响，也在寻求影响当时的政治情境，如对中国社会主义建设的讨论。

（二）无产阶级革命家关于新闻论述的汇编

随着《人民日报》改版半年后无声无息地终止，以及我国阶级斗争的形势的发展，尤其是"文化大革命"的影响，汇编也转为完全面向政治现实的"语录新闻学"，如中国人民大学新闻系 1958 年编写的《马克思恩格斯论报刊》、北京大学中文系新闻专业❷1973 年和 1975 年先后编辑的《马克思恩格斯列宁斯大林论报刊（上、下编）》。❸"文化大革命"结束后，复校后的中国人民大学新闻系于1981 年对该汇编进行了修订，增加了一倍多篇幅的原著，开始尝试突破"语录新闻学"。语录摘要式汇编转向马克思主义经典论著导读形式的编著和新闻学辞典的编纂。根据苏联历史学博士阿·奥科罗科夫教授编纂的《列宁论报刊》一书，杨春华和星华于 1983 年编译了《列宁论报刊与新闻写作》。全书不仅收录了列宁论述报刊工作的文章、书信及他签署的法令和决议，还有奥科罗科夫教授评介列宁办报思想的文章。❹该书不仅对经典论著进行摘编，而且增加了评介式的导读，这种形式为我国后来的导读式汇编提供了参考思路。

而有意识地主动将汇编从政治现实转向社会现实的逻辑是中国社会科学院新闻研究所编辑出版的一系列汇编书籍❺，这既是适应当时改革开放的政治情境，也试图探索对新闻事业多维度的观察。1980 年出版的《中国共产党新闻工作文件汇编》（上、中、下）❻被认为"是迄今为止较为全面的关于中国共产党新闻和

❶ 钱江.《人民日报》1956 年的改版. 新闻研究资料，1988（6）.

❷ 该专业的主体实际上是"文化大革命"期间被停办的中国人民大学新闻系。

❸ 类似的汇编主要有：北京广播学院新闻系编：《马克思恩格斯列宁斯大林论报刊 列宁论广播》，1966 年和 1977 年内部印刷使用；长江日报社：《马克思恩格斯列宁斯大林毛主席论报刊宣传》，1976 年内部印刷使用。

❹ 杨春华，星华. 编者的话//列宁. 列宁论报刊与新闻写作. 杨春华，星华，编译. 北京：新华出版社，1983.

❺ 在此之前，中国人民大学新闻系于 1963 年和 1978 年就曾编写过《中国报刊工作文集》，但是还未有意识转向社会现实逻辑。

❻ 中国社会科学院新闻研究所. 中国共产党新闻工作文件汇编：上中下册. 北京：新华出版社，1980.

宣传工作历史文献的一套资料汇编。这套书在当时影响广泛，至今也是研究中国特色马克思主义新闻观的主要工具书之一"。"资料的搜集工作基本没有受到当时政治的影响，能够搜集到的都尽可能抄录或复印下来。""是考证历史的重要依据。"❶ 1985 年出版的《马克思恩格斯论新闻》❷ 被认为"虽然其中不少篇是摘编，但它是'文'而不是'语摘'；它不是'语录新闻学'，恰恰是批判了'语录新闻学'的产物"❸。值得一提的是，时任该所副研究员陈力丹 1987 年编辑出版的《马列主义新闻学经典论著》开始以个人署名，不再是集体署名❹。该书"全面介绍了革命导师的新闻思想和新闻实践经验，并对少量明显的被曲解了的论述，编者都以题注形式做了全面的、客观的、含蓄的说明"❺。

自此，以历史考证和编者注释为主要方法的汇编不仅对无产阶级革命家相关论述进行完整的编辑呈现，而且结合当下社会发展的情境进行分析，我国马克思主义新闻学的汇编式研究逐渐摆脱了"语录新闻学"单向度服务政治的窠臼，至今出版了较多经典导读形式的汇编著作。❻

（三）新闻学辞典

汇编式研究除了经典导读形式，还以新闻学辞典的特殊形式出现。这些辞典关于马克思主义新闻学的词条❼是在分析无产阶级革命家经典论著的基础上，将

---

❶　陈力丹 . 记《中国共产党新闻工作文件汇编》的成书经过 . 新闻知识，2018（1）：46 - 47.

❷　中国社会科学院新闻研究所 . 马克思恩格斯论新闻 . 北京：新华出版社，1985.

❸　文彦仁 . 空谷足音——学习《马克思恩格斯论新闻》. 新闻大学，1986（13）：107 - 109.

❹　陈力丹 . 马列主义新闻学经典论著 . 北京：人民日报出版社，1987. 该书于 2017 年又出了修订版，在原来的基础上扩展收录视野，收入三位革命导师关于新闻、宣传、舆论和其他社会性传播的论著和论著摘要共 179 篇，全面展现了他们的新闻观和传播观，注意保留主要观点论证的前后文字，以便再现论证的背景。考虑到 19 世纪的马克思、恩格斯和 20 世纪初的列宁距离现在较为久远，该书为每篇写了题注，增加了注释，为 81 篇论著配了历史照片。

❺　李秉忠 .《马列主义新闻学经典论著》书讯 . 新闻实践，1987（10）：24.

❻　这些编著先后主要有：中共中央宣传部新闻局：《马克思主义新闻工作文献选读》，北京，人民出版社，1990；吴飞：《马克思主义新闻传播思想经典文本导读》，杭州，浙江大学出版社，2005；郑保卫：《马克思主义新闻经典论著导读》，北京，中国人民大学出版社，2007；刘建明：《马克思主义新闻观经典读本》，北京，清华大学出版社，2009；吴飞、钱诚一、郭建斌、陈建云、严三九：《马克思主义新闻传播思想经典文本导读》，杭州，浙江大学出版社，2010；何梓华、尹韵公等：《新闻学概论教学参考书》，北京，高等教育出版社，2011；尹韵公：《马克思恩格斯列宁斯大林论新闻出版》，北京，中国社会科学出版社，2012；《马克思主义新闻出版观重要文献选编》编委会：《马克思主义新闻出版观重要文献选编》，北京，人民出版社，2014；童兵：《马克思主义新闻观读本》，上海，复旦大学出版社，2016；胡钰：《新闻理论经典著作选读》，北京，清华大学出版社，2016。

❼　这些辞典除了有马克思主义新闻学相关的词条，还包括新闻业务、新闻事业以及对外国新闻与传播理论和事业的介绍（早期以批判的形式出现）。

相关核心观点提炼为概念，不再局限于语录的摘编。复旦大学新闻系在"文化大革命"后期编辑了新中国第一本新闻学辞典《新闻学小辞典》（1976 年 1 月）❶，该辞典在第一部分设立"无产阶级新闻学主要著作"，集中介绍了相关经典论著，在第九部分设立"资产阶级新闻学"，以批判的形式介绍了"公众传播""'社会责任'论""新闻价值""无冕之王""新闻五要素""黄色报纸""一分钱报"等名词，为我国新闻学研究提供了一个不同的观察维度。"文化大革命"结束后，复旦大学新闻系余家宏、宁树藩、徐培汀、谭启泰于 1984 年出版了《新闻学简明词典》，在第一部分设立"马恩列斯新闻论著和报刊实践"；在第二部分设立"新闻工作文献"，介绍了我国无产阶级革命家的相关论著和党中央相关文件。❷ 与《新闻学小辞典》的一个很大的区别是，该词典不再专门设立"资产阶级新闻学"，而是将相关词条都编入第三部分"新闻理论一般词汇"。由此可以看出，该词典的编纂已经不再是单维度的政治现实逻辑，而是开始转向社会现实的逻辑。同时，该词典也关注了当时新闻业和整个中国社会的发展，"《词典》选收词目、分类、解释词义、编制年表，以及收入的各种附录，都是从实际出发，根据社会上对新闻知识的需要来考虑编纂的，因此比较切合实用"❸。鉴于该版存在一些失误，该词典不久又出版了修订版《新闻学词典》（改了书名）❹。至今，我国相继出版了多部新闻学辞典❺，逐步摆脱了阶级斗争思维的影响。

除了在一般性的新闻学辞典中汇编马克思主义新闻学的相关论著，还出现了专门的马克思主义新闻学辞典。陈力丹 2002 年出版了《马克思主义新闻学词典》❻，"这部词典出自一人之手独立完成，30 多万字，530 条，基本没有参照系，这种情况在词典编纂中不多见"，"以时间为序，由远及近，从理论思想、观点术语、人物活动、论著文件、媒体组织、历史事件六个方面，纵观不同历史时期马克思主义新

❶ 复旦大学新闻系 . 新闻学小辞典 . 广西日报编辑部印，1976. 不少文献将该系学者余家宏等 1984 年编辑的《新闻学简明词典》误看作第一本辞典。

❷ 余家宏，宁树藩，徐培汀，谭启泰 . 新闻学简明词典 . 杭州：浙江人民出版社，1984.

❸ 夏家麟 . 小评《新闻学简明词典》. 辞书研究，1985（3）：96 - 98.

❹ 余家宏，宁树藩，徐培汀，谭启泰 . 新闻学词典 . 杭州：浙江人民出版社，1984.

❺ 这些辞典先后主要有：陈力丹：《新闻学小词典》，北京，中国新闻出版社，1988；甘惜分：《新闻学大词典》，郑州，河南人民出版社，1993；冯健：《中国新闻实用大辞典》，北京，新华出版社，1996；程曼丽、乔云霞：《新闻传播学辞典》，北京，新华出版社，2013；童兵、陈绚：《新闻传播学大辞典》，北京，中国大百科全书出版社，2014.

❻ 陈力丹 . 马克思主义新闻学词典 . 北京：中国广播电视出版社，2002.

闻思想和实践的发展过程。它相当完整地展示了马克思主义新闻思想的基本内容和框架，以及这些思想产生的历史背景"❶。以《马克思主义新闻学词典》为蓝本，陈力丹于2018年主编出版了157万字的《马克思主义新闻观百科全书》❷，"这是一本全景式马克思主义新闻观的知识地图"，"书的编撰形式新颖，有对新闻传播学界流通的术语和观点来龙去脉的细致梳理，有对理论思想的细致分析，有对尘封史料的再度挖掘。全书连缀起来既是马克思主义新闻史，又是马克思主义新闻传播思想导读"，是"以原著、第一手材料为基础的研究典范"，"是一部扎扎实实的论从史出的著作，全书词条大多在认真考证原著、原始材料的基础上得出结论。这种读原著、悟学理的治学态度，贯穿于全书整个编写过程"。❸ 这部辞典的出版体现了我国马克思主义新闻学研究在汇编式研究方面已转向社会现实逻辑。

三、教材式研究

一般来说，教材是知识的普及性读物，不是学术论证性质的专著。但是，新中国对马克思主义新闻学进行系统梳理并建构成理论化的体系，是从教材开始的，其中有些教材具有开拓性，起到了类似研究著作的作用，因此对于马克思主义新闻学相关教材的分析是不可忽视的。这些教材主要分为以马克思主义为指导原则的新闻理论教材和直接研究马克思主义新闻思想的教材。

（一）新闻理论教材

虽然19世纪末20世纪初，国人自办报纸已经成为中国报业的主流，新闻学科的地位也得到确立，出版了一系列的新闻理论教材，但是由于所借鉴的是西方的报学理论，因此被认为是资产阶级观点而弃用。1952年全国新闻出版业和广播电台完成国有化改造，所有的报刊电台成为各级党政机关的一部分。去西方化的思想不断加深，新闻教育也进行了改造运动。中国共产党接管燕京大学新闻系、复旦大学新闻系等一些教育机构（之前在民国年间实行的资产阶级新闻教育），取消原有的旧课程，开设马克思主义的政治理论课，坚持党报新闻学传统，不学英美的资产阶级新闻，转而向"老大哥"苏联学习经验。最初是1951年新闻总署办公厅组织编写的《联共（布）高级党校新闻班讲义选译》，随后人民出

❶ 季为民.《马克思主义新闻学词典》出版. 新闻爱好者，2002（4）：29.

❷ 陈力丹. 马克思主义新闻观百科全书. 北京：中国人民大学出版社，2018.

❸ 夏琪. 马克思主义新闻观研究要建立在第一手材料基础上：读《马克思主义新闻观百科全书》. 青年记者，2018（28）上：49－50.

版社组织翻译了更全面的苏联讲义《联共（布）中央直属高级党校新闻班讲义汇编》（1954 年 4 月）和《苏联共产党中央直属高级党校新闻班讲义汇编》（1955年 8 月）。这些教材贯穿着党性、思想性、战斗性、群众性、真实性这五大原则，认为马克思新闻学就是由这五个原则和"阶级斗争工具论"这一性质组成，这一观点也成为后来很长一段时间宣传的"五性一统"的理论来源。1954 年在北京大学新闻专业任教的甘惜分以苏联讲义为模板制订的《新闻工作理论与实践》教学大纲就受此影响较大。对此，甘惜分与笔者进行深度访谈时反思："我去北大之前，中宣部已经叫人翻译了苏联的《新闻学理论教学大纲》，就讲五大原则，太简单，太教条主义……当时苏联的教材与中国的实践是脱节的，不能够指导实际工作。"❶ 这一时期的"五性一统论"不仅助长了新闻界的教条主义和形式主义，而且也给后来的新闻教育改革造成了很大的理论障碍。❷ 可以说，全面学习苏联模式的结果就是进一步强化了我国新闻界"政治为体，新闻为用"的思想，马克思主义新闻学研究在教材方面陷入完全面向政治现实的逻辑。

但是，这种局面随着 1956 年党中央"双百"方针的提出和新闻业界《人民日报》的改版而出现短暂的变化，新闻学界尝试突破党报理论的某些固有观点和苏联的新闻理论模式。1956 年 7 月至 8 月，时任复旦大学副教务长、政治理论教学委员会主任兼新闻系主任的王中带领师生来到无锡、南京、青岛、济南等地考察报纸的改革情况。9 月，他开始为学生讲授新闻课程，编写了《新闻学原理大纲》，向新闻系教师征求意见。该大纲并没有铅印成书出版，多是油印纸张发给学生上课时用，初稿仅 1 000 多字的大小标题，共 18 章。该大纲仅有前三章讲课提纲，这部分内容曾于 1957 年在上海人民广播电台公开播出。根据该大纲和王中讲课的内容，可以将王中的核心观点概括为报纸的"两重性"、新闻事业是社会产物、办报要根据读者需要等。王中认为"新闻学是由新闻事业发展的需要而产生的"，"必须从社会的普遍联系中、从活生生的社会现实中、从不断变更的群众生活条件中，探索新闻事业的客观规律"。❸ 在当时整体面向政治现实逻辑的马克思主义新闻学研究中，王中对新闻理论体系的探索虽然不完整，但已经开始

---

❶ 参见 2012 年 2 月 2 日甘惜分深度访谈，此为周俊主持的 2012 年中国人民大学重大基础研究计划"马克思主义新闻理论创新研究（二期）"子课题"新中国马克思主义新闻学教材发展与创新研究"的研究内容。

❷ 童兵，林涵 . 20 世纪中国新闻学与传播学：理论新闻学卷 . 上海：复旦大学出版社，2001：156.

❸ 余家宏，丁淦林 . 王中研究新闻学的经过与贡献 . 新闻大学，1995（1）：14 - 19.

从经济学、历史学、社会学等多维度去思考新闻的功能，这是一种转向社会现实逻辑的尝试，在当时的政治情境中无异于"离经叛道"。

1957 年反右派的斗争扩大到新闻界，王中很快受到批判，马克思主义新闻学研究在教材方面陷入了一种沉寂状态。1975 年 10 月，署名为北京市朝阳区工农通讯员、北京大学中文系新闻专业七三级工农兵学员联合编写的《新闻理论讲话》，虽然只有 112 页，却被认为是这一时期唯一一本"新闻理论"著作了。❶ 该书共有六讲，"斗争""批判"思维贯穿始终，对刘少奇提出的"为读者服务""社会需要"等观点进行批判，将其言论定性为反动反社会主义的言论。❷ 这段时期的马克思主义新闻学研究停滞了，新闻已等同于政治，不存在学术意义上的研究。

"文化大革命"结束后，马克思主义新闻学研究先从恢复党报理论开始，中国人民大学新闻系甘惜分于 1982 年正式出版《新闻理论基础》，被认为是新中国第一本国人自编并公开出版的新闻理论教材，"对于我国新闻教育界、新闻学术界和新闻实际工作部门具有广泛的影响，在当时全国只有 40 余万新闻工作者中，他的《新闻理论基础》一书发行超过 20 万册，不少新闻院校把它选作教材。"❸ 相比于苏联的新闻理论教学大纲，《新闻理论基础》从新闻入手探索党报事业的发展特点，上篇讨论新闻和舆论的特征、关系，以及新闻事业的性质和作用，下篇则着重阐述无产阶级新闻事业和现实生活、群众以及党三者之间的关系，认为三者的关系是新闻事业的根本矛盾，其中提到了党性与人民性的统一、党的政治思想路线等问题。❹ 该教材将之前分散的党报观点整合在一个框架之中，澄清了极左年代搞混乱了的许多问题，结束了"语录新闻学"时代，建构了党报理论体系模式，成为"新中国成立以后马克思主义新闻学原理的首次系统论述"❺。同期，还出现了一些内部出版的同类教材。❻

这些教材仍然是从政治这单一维度理解新闻和新闻业的，将政治宣传等同于新闻报道，斗争哲学贯穿全书。尽管当时国家的工作重心已经从"以阶级斗争为

---

❶ 童兵，林涵 . 20 世纪中国新闻学与传播学：理论新闻学卷 . 上海：复旦大学出版社，2001：361.

❷ 北京市朝阳区工农通讯员，北京大学中文系新闻专业七三级工农兵学员 . 新闻理论讲话 . 1975.

❸ 童兵 . 马克思主义新闻学泰斗：甘惜分 . 新闻论坛，2014（6）：26－29.

❹ 甘惜分 . 新闻理论基础 . 北京：中国人民大学出版社，1982.

❺ 同❶366.

❻ 这些教材先后主要有：边静元：《新闻学简述》，武汉，湖北日报新闻研究室，1981；徐培汀：《新闻学概论》，兰州，甘肃省新闻研究所、《兰州报》编辑部，1982；高爽：《新闻学专题讲座》，哈尔滨，黑龙江省新闻工作者协会、黑龙江省新闻研究所，1982.

纲"转变到"以经济建设为中心"了，但在新闻领域的认识仍然滞后于时代的发展。❶ 这时期马克思主义新闻学研究在教材方面开始向新闻本体回归，而不再完全是政治的一部分，但是依然处于政治现实逻辑的研究中。此时，另外一类试图摆脱阶级斗争思维和多维度思考新闻业的教材开始涌现。1982 年北京广播学院康荫内部出版的《新闻概论》中已经引进了"传播"的概念。❷ 1983 年出版的《简明新闻学》最早建构了"新闻—新闻事业—新闻工作"三板块新闻理论框架❸。作者张宗厚和陈祖声当时刚从中国社会科学院新闻研究所获得硕士学位不久，在书中明确提出："在我们以往的新闻理论中过分地强调了阶级性的一面，而对于新闻事业的科学性、社会性和舆论性则注意不够。在那种'新闻理论'的影响下，许多人以为'新闻无学'或'新闻学就是政治学'，从而在实践中产生着有害的影响。"❹ "新闻学是研究新闻现象和新闻活动规律的科学。或者说，它是研究新闻活动的历史、现状，新闻现象中的本质联系，新闻事业的性质、任务和作用，以及新闻工作的原则和方法的科学。"❺ 该书与 1984 年中国社会科学院新闻研究所戴邦、卢惠民、钱辛波等编写的《新闻学基础知识讲座》❻ 一起对后来的新闻理论教材的影响深远，掀起新闻理论教材编著的高潮。❼ 从此，我国的新闻理论教材开始从政治现实逻辑转向社会现实逻辑，以马克思主义为指导原则，结合传播学、社会学、社会心理学、历史学、政治学等多维度思考新闻与政

---

❶　陈力丹 . 回归新闻学本体：改革开放 30 年来我国新闻理论教材结构的变化 . 国际新闻界，2008（12）：12 - 17.

❷　康荫 . 新闻概论 . 吉林省广播电视学校、北京广播学院新闻研究所，1982.

❸　这种框架基本围绕新闻、新闻事业、新闻工作三个部分展开论述。"新闻"即探讨新闻活动的特点及一般传播规律；"新闻事业"讨论一般性质、作用和功能；"新闻工作"则讨论社会主义新闻工作的内容、性质、功能和作用等。

❹　张宗厚，陈祖声 . 简明新闻学 . 北京：人民日报出版社，1983：444.

❺　同❹7.

❻　戴邦，卢惠民，钱辛波 . 新闻学基础知识讲座 . 北京：人民口报出版社，1984. 该教材也是采用"新闻—新闻事业—新闻工作"三板块新闻理论框架，由于当时全国各地举办函授班，其与甘惜分的《新闻理论基础》的印刷量较大。

❼　沿袭三板块框架的教材先后主要有：复旦大学新闻系新闻理论教研室：《新闻学概论》，福州，福建人民出版社，1985；樊炳武：《新闻学概论》，郑州大学函授教材，1985；余家宏、宁树藩、叶春华：《新闻学基础》，合肥，安徽人民出版社，1985；成美、童兵：《新闻理论简明教程》，北京，中央广播电视大学出版社，1986；郑旷：《当代新闻学》，北京，长征出版社，1987；缪雨：《新闻学通论》，北京，新华出版社，1987；何光先：《现代新闻学》，昆明，云南教育出版社，1988；何崇文：《新闻理论基础》，重庆，西南师范大学出版社，1989；王益民：《系统理论新闻学》，武汉，华中理工大学出版社，1989；郑保卫：《新闻学导论》，北京，新华出版社，1990；杨思迅：《新闻学教程》，哈尔滨，黑龙江教育出版社，1990；卢惠民：《社会主义新闻学导论》，北京，中国广播电视出版社，1990。

治、社会、公众之间的关系。❶

(二) 马克思主义新闻思想的教材

与新闻理论教材出版的繁荣局面相比，关于马克思主义新闻思想的教材显得
"冷清"些，早期直接以"马克思主义新闻思想"为题，以童兵和陈力丹的教材
为代表，之后多以"马克思主义新闻观"为题。童兵2002年出版《马克思主义
新闻经典教程》，叙述了马克思主义经典作家的新闻论著和新闻思想，介绍了这
些新闻经典的写作时代、主要内容及重要观点在马克思主义新闻思想发展中所占
据的地位。❷ 陈力丹2003年出版的研究生教材《马克思主义新闻思想概论》，对
马列主义思想体系中不同时代的主要代表人物的传播思想、新闻思想、宣传思想
进行全面研究，系统阐述了他们的思想内容。❸ 这两本教材之后不断再版，成为
马克思主义新闻思想教材的范本，对以后同类教材影响较大。❹

随着马克思主义新闻观的概念在新闻学界和业界的普及，以"马克思主义新
闻观"为题的教材替代了以"马克思主义新闻思想"为题的教材。最早系统地对
马克思主义新闻观进行编著的教材❺是陈力丹2011年出版的本科生教材《马克思

---

❶ 这些教材先后主要有：刘建明：《宏观新闻学》，北京，中国人民大学出版社，1991；江柳：
《系统基础理论新闻学》，北京，新华出版社，1991；吴高福：《新闻学基本原理》，武汉，武汉大学出
版社，1993；成美、童兵：《新闻理论教程》，北京，中国人民大学出版社，1993；李元授：《新闻信
息概论》，武汉，武汉大学出版社，1994；邵培仁、叶亚东：《新闻传播学》，南京，江苏人民出版社，
1995；黄旦：《新闻传播学》，杭州，杭州大学出版社，1995；李卓钧：《新闻理论纲要》，武汉，武汉
大学出版社，1995；雷跃捷：《新闻理论》，北京，北京广播学院出版社，1997；蔡铭泽：《新闻学概
论新编》，广州，暨南大学出版社，1998；何梓华、成美：《新闻理论教程》，北京，高等教育出版社，
1999；童兵：《理论新闻传播学导论》，北京，中国人民大学出版社，2000；程世寿、刘洁：《现代新
闻传播学》，武汉，华中理工大学出版社，2000；李良荣：《新闻学概论》，北京，高等教育出版社，
2001；丁柏铨：《中国当代理论新闻学》，上海，复旦大学出版社，2002；刘建明：《当代新闻学原
理》，北京，清华大学出版社，2003；郑保卫：《当代新闻理论》，北京，新华出版社，2003；杨保军：
《新闻理论教程》，北京，中国人民大学出版社，2005；刘九洲：《新闻理论基础》，武汉，武汉大学出
版社，2006；郑保卫：《新闻理论新编》，北京，中国人民大学出版社，2007；陈力丹：《新闻理论十
讲》，上海，复旦大学出版社，2008；胡正荣：《新闻理论教程》，北京，中国广播电视出版社，2008；
本书编写组：《新闻学概论》，北京，高等教育出版社，2009。
❷ 童兵．马克思主义新闻经典教程．上海：复旦大学出版社，2002.
❸ 陈力丹．马克思主义新闻思想概论．上海：复旦大学出版社，2003.
❹ 刘乃勇．马克思主义新闻学要论．北京：新华出版社，2013；朱杰．空间的生产：马克思主
义新闻思想简史．北京：中国社会科学出版社，2014.
❺ 2005年出版过名为《马克思主义新闻观教程》的教材，其中三分之二篇幅是经典论著的摘编。
2007年出版过名为《马克思主义新闻观十五讲》的教材，是15位专家各为一章的论述汇编。这两本读
物尚未形成一个系统体系的教材。参见：夏赞君、卿明星：《马克思主义新闻观教程》，长沙，湖南科学
技术出版社，2005；范敬宜、李彬：《马克思主义新闻观十五讲》，北京，清华大学出版社，2007。

主义新闻观教程》。该教材以马克思主义的创始人马克思和恩格斯的新闻观，以及后来对中国共产党产生重大影响的列宁的新闻观作为前一部分的重点阐述对象，随后是毛泽东以来中国共产党的主要领导人的新闻观（2015 年再版时延伸到习近平的新闻观）。❶ 童兵和陈力丹的这些教材注重对原始文献的考证，以史为据，论从史出，既适应了当时全国范围学习马克思新闻观的政治情境，也注重从新闻学、传播学、历史学、法学等多种维度展开思考。

《马克思主义新闻观教程》以梳理无产阶级革命家新闻思想为主线，与之不同的是，一些教材参照新闻理论的框架来编写。丁柏铨和双传学主编的《马克思主义新闻观：理论与实践》对马克思主义新闻观的理论渊源、发展脉络、主要内容、本质要义及现实意义等进行了具体阐释。❷ 中宣部和教育部共同组织编写的《马克思主义新闻观十二讲》结合习近平对新闻工作的论述，讲述了新闻工作中的一些基础理论和重大原则问题。❸ 这些教材紧密配合当时的政治形势，隐含着面向政治现实的逻辑。除了面向高校的教材，当时的国家新闻出版广电总局直接面向全国 20 多万记者组织编写了《新闻记者培训教材 2013》，其中专门设立"马克思主义新闻观"部分❹，被认为"对于新闻采编人员坚持正确的出版方向和舆论导向，营造增强道路自信、理论自信、制度自信的舆论氛围，是必不可少的指引"❺。

四、论文式研究

从发展进程来看，我国关于马克思主义新闻学的论文式研究经历了以阶级斗争为主线、学理化探索、聚焦马克思主义新闻观三个阶段。

（一）以阶级斗争为主线

1956 年《人民日报》改版后引起短暂的讨论高潮。有文章提出"新闻工作是最经常的、最有力的思想工作和政治工作"❻，"把政治教育放在首要的地位，

---

❶　陈力丹．马克思主义新闻观教程．北京：中国人民大学出版社，2011.

❷　丁柏铨，双传学．马克思主义新闻观：理论与实践．南京：江苏人民出版社，2016.

❸　《马克思主义新闻观十二讲》编写组．马克思主义新闻观十二讲．北京：高等教育出版社，2019.

❹　柳斌杰．新闻记者培训教材 2013．北京：人民出版社，2014. 其中的"马克思主义新闻观"部分由周俊编写。

❺　冯瑶．一部简明实用的好教材．中国出版，2014（15）：70.

❻　邓拓．马克思主义哲学和新闻工作．新闻战线，1959（9）：1-10.

强调教学与政治斗争结合"❶，"新闻学是一门具有强烈的阶级性和党性的科学"❷，"用马克思主义哲学来解释新闻学"❸。因此，要从毛泽东的著作中学习办报思想，用毛泽东思想武装新闻队伍，要高举马克思列宁主义的旗帜，办好无产阶级的新闻事业。❹ 继而，有文章第一次提出"马克思主义新闻学"这一名词，认为"马克思主义新闻学不能是、也从来不是从资产阶级新闻学中发展出来的"，"经典作家有关新闻工作的言论指示，是他们在自己从事党报工作或领导报刊工作中，在和资产阶级报刊进行斗争中做出的，因而是理论与实际密切结合的，是马克思主义新闻学的无价瑰宝，是无产阶级新闻工作经验的已经理论化的表现"❺。这里的"马克思主义新闻学"概念强调阶级斗争，与今天的内涵是不同的。这一阶段的文章是评述性质的，不能用今天的研究规范来苛求，但是其基本视角是阶级斗争，服务当时的政治情境，开启了基于政治现实逻辑的论文式研究路径。这些表明立场态度的文章是基于单向度和单维度服务政治情境的逻辑，影响深远，目前很多缺乏严谨学术论证的泛泛而谈式文章仍沿用这种逻辑。

（二）学理化探索

即使是这样评述性质的文章，在"文化大革命"期间也几乎不见了。真正在学理上进行探索的论文式研究是在改革开放这一新的政治情境中开始的，在1980—1983年期间呈现爆发式的局面，主要集中在中国社会科学院新闻研究所、中国人民大学新闻系、复旦大学新闻系、北京广播学院，以及新闻业界的相关研究中。

中国社会科学院新闻研究所主办的刊物当时影响全国，比较集中地体现了马克思主义新闻学的研究成果。1979—1993年，新闻所持续出版的《新闻研究资料》积累了大量有关中国共产党新闻事业的研究文章。1984—1988年出版的内刊《新闻法通讯》较为系统地阐释了马克思、恩格斯、列宁的新闻法治思想。1985—1989年，中国社会科学院新闻研究所和中国新闻学会联合会持续出版的双月刊《新闻学刊》是当时全国唯一的新闻学期刊，发表了较多涉及马克思主义新闻学的历史与现实的研究文章，如童兵的《公开发表〈哥达纲领批判〉的历史

❶ 罗列．批判新闻教育中的资产阶级路线．新闻战线，1958（11）：18-19.
❷ 沈育．马克思主义新闻学的基本观点．江淮学刊，1963（4）：31-43.
❸ 宫策．新闻与实践．新闻业务，1957（1）：1-8.
❹ 孙雪天．从毛主席著作中学习办报思想．新闻战线，1960（1）：8-9；叶飞．用毛泽东思想武装新闻队伍．新闻战线，1960（6）：1-2；廖盖隆．高举马克思列宁主义的旗帜 办好无产阶级的新闻事业：纪念列宁诞生九十周年．新闻战线，1960（8）：3-8.
❺ 李龙牧．加强新闻学的理论建设．新闻业务，1962（6）：21-25.

经验》，胡绩伟、黎澜兴（陈力丹笔名）的《评"语录新闻学"》，陈力丹的《列宁论苏维埃报刊的作用》，李小冬（陈力丹笔名）的《工人政党的三种党报体制及其发展》等。❶ 另外，中国社会科学院新闻研究所和北京新闻学会 1983 年 3 月主办"纪念马克思逝世 100 周年新闻学术讨论会"，与会代表 100 多位，提交论文 28 篇，会后编辑出版了《马克思新闻思想研究论文集》，收录了温济泽的《马克思的新闻思想及其发展》、戴邦的《马克思新闻思想研究的历史和现状》、张之华的《五四时期马克思主义的传播和报刊阵地的开拓》、徐培汀的《马克思与新闻科学》、陈力丹的《马克思报刊思想的几个重要观点》、余家宏的《试论马克思恩格斯党报思想的发展》等 12 篇论文。该文集在"出版说明"中指出："在我国，研究马克思的哲学、经济学和科学社会主义的理论早就开始，并且已出版了大量专著，但把马克思的新闻思想作为一门科学加以系统地研究，还没有引起足够的重视。"因而呼吁全国新闻业界和学界"都来关心这项关系到创建我国马克思主义新闻学的奠基工作"❷。

中国人民大学新闻系 1980—1982 年编辑出版的《新闻学论集》第 1—4 辑中集中刊登了马克思主义新闻学的论文。第 1 辑刊登了余致浚的《论全党工作着重点转移后报纸的性质和任务》、甘惜分的《什么是新闻——关于新闻的定义》、成美的《坚持无产阶级报纸党性原则的几个问题》、赵永福的《列宁领导〈经济生活报〉的实践给我们的启示》、蓝鸿文的《马克思恩格斯和〈新莱茵报〉编辑部》❸；第 2 辑刊登了何梓华的《两种社会制度两种出版自由》、卢普林的《社会主义新闻事业是不是无产阶级专政的工具?》❹；第 3 辑刊登了陈力丹的《〈前进报〉是怎样前进的——记马克思恩格斯在〈前进报〉的工作》、贾培信的《略论〈火星报〉的分裂》❺；第 4 辑刊登了童兵的《"向公众阐明自己的事业"——马克思、恩格斯和〈纽约每日论坛报〉》❻。

---

❶ 陈力丹 . 新闻所早期在马克思主义新闻观研究方面的贡献 . 新闻与传播研究，2018（增刊）：26 - 29.

❷ 中国社会科学院新闻研究所 . 马克思新闻思想研究论文集 . 北京：人民日报出版社，1983.

❸ 中国人民大学新闻系《新闻学论集》编辑组 . 新闻学论集：第 1 辑 . 北京：中国人民大学出版社，1980.

❹ 中国人民大学新闻系《新闻学论集》编辑组 . 新闻学论集：第 2 辑 . 北京：中国人民大学出版社，1981.

❺ 中国人民大学新闻系《新闻学论集》编辑组 . 新闻学论集：第 3 辑 . 北京：中国人民大学出版社，1981.

❻ 中国人民大学新闻系《新闻学论集》编辑组 . 新闻学论集：第 4 辑 . 北京：中国人民大学出版社，1982.

　　复旦大学新闻系主办的《新闻大学》同期也发表了不少论文，如《马克思恩格斯是怎样对待在报纸上开展批评的》❶《列宁报刊活动编年》❷《不拘一格的新闻写作：读马克思、恩格斯在〈新莱茵报〉上发表的作品》❸《马克思主义的记者如何上路：读刘少奇同志有关新闻工作的论述》❹《坚持真理，尊重事实：记马克思的新闻工作作风》❺《试析马克思早期"人民报刊"思想：兼论各个历史时期的人民报刊问题》❻《试论马克思恩格斯后期的党报思想》❼《马克思心目中的"党刊"：读新发现的〈马克思一八四七年给费尔特海姆的信〉》❽《十九世纪六十年代马克思恩格斯反对〈社会民主党人报〉办报方针的斗争》❾《马克思论〈泰晤士报〉》❿。

　　北京广播学院主办的刊物《北京广播学院学报》发表的论文主要有：《精辟阐述马克思主义新闻理论的文献：重温少奇同志〈对华北记者团的讲话〉》⓫《谈谈社会主义新闻事业的党性和人民性》⓬《评"阶级斗争工具"说：兼论报纸的根本属性》⓭《马克思和无产阶级报刊的党性》⓮《论人民报刊的本质：学习马克思办报思想体会》⓯。

　　主要面向新闻工作者发行的刊物《新闻学会通讯》《新闻战线》《新闻记者》等也积极参与马克思主义新闻学的探索，如《新闻学会通讯》曾发表《关于青年

❶　陈大维．马克思恩格斯是怎样对待在报纸上开展批评的．新闻大学，1981（2）.

❷　闻言，秦中河．列宁报刊活动编年．新闻大学，1982（4）：120 - 122.

❸　陈力丹．不拘一格的新闻写作：读马克思、恩格斯在《新莱茵报》上发表的作品．新闻大学，1982（4）：37 - 39.

❹　辛彬．马克思主义的记者如何上路：读刘少奇同志有关新闻工作的论述．新闻大学，1982（5）：15 - 19.

❺　陈力丹．坚持真理 尊重事实：记马克思的新闻工作作风．新闻大学，1982（5）：20 - 22.

❻　丁名．试析马克思早期"人民报刊"思想：兼论各个历史时期的人民报刊问题．新闻大学，1983（6）.

❼　陈大维．试论马克思恩格斯后期的党报思想．新闻大学，1983（6）.

❽　黎汶．马克思心目中的"党刊"：读新发现的《马克思一八四七年给费尔特海姆的信》．新闻大学，1983（6）.

❾　严石．十九世纪六十年代马克思恩格斯反对《社会民主党人报》办报方针的斗争．新闻大学，1983（6）.

❿　夏鼎铭．马克思论《泰晤士报》．新闻大学，1984（7）.

⓫　王珏．精辟阐述马克思主义新闻理论的文献：重温少奇同志《对华北记者团的讲话》．北京广播学院学报，1980（2）.

⓬　沈兴耕．谈谈社会主义新闻事业的党性和人民性．北京广播学院学报，1981（1）.

⓭　郭镇之．评"阶级斗争工具"说：兼论报纸的根本属性．北京广播学院学报，1981（3）.

⓮　王珏．马克思和无产阶级报刊的党性．北京广播学院学报，1983（2）.

⓯　康荫．论人民报刊的本质：学习马克思办报思想体会．北京广播学院学报，1983（2）.

马克思和老年马克思报刊思想的几个问题》❶《报刊活动对马克思、恩格斯的共产主义世界观形成的影响》❷《马克思论巴黎公社的新闻工作》❸《马克思和恩格斯是信息传播研究的先驱》❹ 等论文。

值得一提的是，"文化大革命"后第一批新闻学硕士研究生的毕业论文也多集中在马克思主义新闻学领域，主要包括中国人民大学童兵的《试论马克思恩格斯自由报刊思想的发展》、郑保卫的《革命无产阶级第一张最好的机关报〈新莱茵报〉》、贾培信的《〈火星报〉：党的思想和组织中心》；中国社会科学院新闻研究所陈力丹的《马克思〈莱茵报〉时期的报刊思想及其历史地位》、戴松成的《列宁在苏联新经济政策时期的报刊思想》、窦其文的《论毛泽东同志新闻思想形成和发展》、许焕隆的《论瞿秋白对党的新闻事业的贡献》、李安达的《论党报的指导作用》；复旦大学秦中河关于列宁新闻思想的研究❺、陈大维的《试论马克思恩格斯后期的党报思想及其形成》。这是马克思主义新闻学研究的一支富有创新力的新生力量，其中陈力丹、童兵、郑保卫等已成为我国当下马克思主义新闻学研究的中坚力量。

这段时期的探索虽然从今天的学术规范来看还存在一些缺陷，但新闻学界和新闻业界能面对现实问题，并试图结合无产阶级革命家的新闻思想和实践，对历史和文献进行考证，努力寻找适合中国新闻业未来发展的道路。这种学理性的探索为我国马克思主义新闻学研究开创了面向社会现实逻辑的论文研究路径。

（三）聚焦马克思主义新闻观

面向社会现实的逻辑在后来的马克思主义新闻观的研究中并没有成为主流，只是在少量的研究中得到继续。2003 年中宣部、国家广电总局、国家新闻出版总署、中国记协联合发布在全国新闻战线开展"三项学习教育活动"的通知后至今，我国马克思主义新闻学研究就聚焦在马克思主义新闻观领域。从数量上来看，关于马克思主义新闻观的文章可谓空前"繁荣"。但是，这种数量上的"繁荣"让马克思主义新闻观的研究又可能滑入"教条主义话语"，这种主导话语用一些理论教条反注经典文本，比如预先设定一些"原理板块"——"认识论""自然观""历史观"，然后再摘录这些"板块"中的一些观点，比如"物质决定意识""生产力决

---

❶ 陈力丹. 关于青年马克思和老年马克思报刊思想的几个问题. 新闻学会通讯，1982（12）.
❷ 童兵. 报刊活动对马克思、恩格斯的共产主义世界观形成的影响. 新闻学会通讯，1983（13）.
❸ 陈力丹. 马克思论巴黎公社的新闻工作. 新闻学会通讯，1984（3）.
❹ 范东生. 马克思和恩格斯是信息传播研究的先驱. 新闻学会通讯，1984（5）.
❺ 该论文目前在复旦大学新闻学院毕业论文库中缺失，具体题目有待核实。

定生产关系", 然后再据此作为我们面对《马克思恩格斯全集》进行一种近乎同质性解读的前提框架, 据此进行理论联系实际, 进而再据此进行当代新闻学体系的新发展。显然, 这种教条主义方法已经不能适应当代马克思主义新闻学研究的新要求。❶

面对这种"鱼龙混杂"的研究环境, 中国社会科学院新闻与传播研究所马克思主义新闻学研究室 2013—2015 年编辑出版了三卷本《马克思主义新闻传播史论的研究历程: 中国学界文选》。该文选梳理和收录了 1980 年至 2015 年我国马克思主义新闻学研究的重要论文, 不仅提供了有价值的文献汇编, 还起到了"去伪存真"的作用, 提醒着我国马克思主义新闻学研究要继续面向社会现实的逻辑, 而不能徘徊于面向政治现实的逻辑。

在面向社会现实逻辑的研究中, 陈力丹对马克思主义新闻观的论文式研究具有示范意义。他在组织编写《马克思主义新闻观百科全书》的过程中, 同时组织和指导了一系列依据一手资料和历史考证的论文, 涉及马克思报刊活动及其思想❷、党报❸、新闻出版自由❹、报刊与社会变迁和政治❺、音乐和

❶ 宗益祥. 对马克思主义新闻学的两点思考. 新闻与传播研究, 2018 (增刊).

❷ 陈力丹, 冯雪珺. 新发表的马克思《莱茵报》活动历史文件考证研究:《科隆市民关于继续出版〈莱茵报〉的请愿书》. 当代传播, 2012 (4); 陈绚. 报刊的价值: 不能让揭露"失去意义": 马克思恩格斯《〈新莱茵报〉审判案》一文的原著考证研究. 国际新闻界, 2013 (3); 张辉锋, 逄丽, 谢丽莎. 有关《新莱茵报公司章程》的考证. 新闻与传播研究, 2013 (5); 吴璟薇. 马克思"人民报刊"理念提出的背景考证: 读马克思关于《莱比锡总汇报》被查禁的系列通讯. 国际新闻界, 2013 (10).

❸ 杨钢元, 李一帆. 革命时代"认真谈论政治"的杂志应有明确方针: 列宁致阿·马·高尔基 (1910 年 11 月 22 日) 考辨. 国际新闻界, 2012 (6); 卢家银. 马克思主义新闻政策与党内意见交流的重要文献: 恩格斯《给〈社会民主党人报〉读者的告别信》考证研究. 国际新闻界, 2013 (3); 杨保军, 陈硕. 无产阶级办报刊的使命:《〈新莱茵报. 政治经济评论〉出版启事》评析. 新闻与传播研究, 2013 (6); 刘宏宇. 倍倍尔论党内思想交流与新闻传播的原则:《关于德国社会民主工党党纲和组织章程的报告》的考证研究. 国际新闻界, 2013 (10); 王雨琼. 共产主义试验背景下的列宁党报思想的沿承、发展与畸变: 列宁《论我们报纸的性质》考证分析. 国际新闻界, 2013 (10); 王晶. 党报要做贯彻党的纲领和策略的典范: 对《马克思和〈新莱茵报〉》一文的考证. 国际新闻界, 2014 (2).

❹ 刘宏宇.《评普鲁士最近的书报检查令》考证研究: 马克思首篇政论文的历史背景及思想观念分析. 国际新闻界, 2011 (9); 钱婕. 印花税是"对以自由精神创作的作品的一种禁止制度": 马克思《报纸印花税》考证研究. 国际新闻界, 2011 (9); 陈继静. 书报检查、出版法与出版自由: 马克思《普鲁士出版法案》管窥. 国际新闻界, 2013 (3); 张金玺, 陈一点. 维护不同意见自由斗争的权利: 关于恩格斯《关于招贴法的辩论》的考证. 国际新闻界, 2013 (3); 陈绚. 出版自由法与绞杀自由并存的怪现象: 对马克思《霍亨索伦王朝的出版法案》一文的考证研究. 新闻与传播研究, 2013 (6).

❺ 张建中. 折射德国 1830 年代报刊与社会变迁的一面镜子: 恩格斯《刊物》一文考证. 国际新闻界, 2011 (9); 路鹏程. 报刊怎样从事政治和什么样的政治: 恩格斯《关于工人阶级的政治行动》考证研究. 国际新闻界, 2013 (3); 王晶. 马克思论报纸利益与政治: 对马克思《伦敦〈泰晤士报〉与帕麦斯顿勋爵》一文的考证. 国际新闻界, 2013 (3); 陈力丹, 张勇锋. 法兰西第二帝国时期的新闻统制与抗争: 马克思《对波拿巴的谋杀》一文考证研究. 新闻与传播研究, 2013 (5).

宗教传播❶等方面的深入研究。而在当下热门的关于习近平新闻工作重要论述的研究中，陈力丹依然保持面向社会现实逻辑，遵循科学研究自身的规律，探索新时代的新闻规律，其代表性论文如《党性和人民性的提出、争论和归结——习近平重新并提"党性"和"人民性"的思想溯源与现实意义》❷《"始终把人民放在心中脑中"——习近平"以人民为中心"思想的渊源与中国特色社会主义的实践基础》❸。这两篇论文分别被非新闻传播学领域刊物《中国特色社会主义理论》（中国人民大学复印报刊资料）2017年第3期和2018年第7期全文转载，这说明马克思主义新闻学研究已经开始双向度的发展，不局限于适应当下的政治情境，也开始对其他学科产生影响。

五、著作式研究

我国马克思主义新闻学研究的著作是在"文化大革命"以后出现的，比其他研究形式要迟，主要集中在无产阶级革命家新闻思想、马克思主义新闻观以及多元学科视角的研究。

无产阶级革命家新闻思想方面的著作是最早出现的，可以追溯到赵水福和傅显明的《列宁与新闻事业》❹，但系统性的研究是从童兵的博士论文开始的，他的《马克思主义新闻思想史稿》系统地研究了马克思主义新闻思想的形成、发展及其各个历史阶段的特点。❺ 之后的相关研究主要有：夏鼎铭的《马克思恩格斯列宁报刊理论与实践》❻，吴廷俊的《马列新闻活动与新闻思想史》❼，郑保卫的《中国共产党新闻思想史》❽，雷莹、邹火明的《邓小平新闻宣传理论研究》❾，陈

❶　王亦高.音乐是使享受和演奏协调的艺术：谈恩格斯《莱茵省的节日》.国际新闻界，2011（7）；林瑞琪.早期基督宗教传播特性分析：与恩格斯对谈（恩格斯《布鲁诺·鲍威尔与早期基督教》）.国际新闻界，2011（9）.

❷　陈力丹.党性和人民性的提出、争论和归结：习近平重新并提"党性"和"人民性"的思想溯源与现实意义.安徽大学学报（哲学社会科学版），2016（6）.

❸　陈力丹."始终把人民放在心中脑中"：习近平"以人民为中心"思想的渊源与中国特色社会主义的实践基础.辽宁大学学报（哲学社会科学版），2018（1）.

❹　赵水福，傅显明.列宁与新闻事业.北京：北京广播学院出版社，1986.

❺　童兵.马克思主义新闻思想史稿.北京：中国人民大学出版社，1989.

❻　夏鼎铭.马克思恩格斯列宁报刊理论与实践.上海：复旦大学出版社，1991.

❼　吴廷俊.马列新闻活动与新闻思想史.武汉：华中理工大学出版社，1992.

❽　郑保卫.中国共产党新闻思想史.福州：福建人民出版社，2004.

❾　雷莹，邹火明.邓小平新闻宣传理论研究.重庆：重庆出版社，2003.

富清的《江泽民舆论导向思想研究》❶，新华通讯社课题组编写的《习近平新闻舆论思想要论》❷，中共中央宣传部组织编写的《习近平新闻思想讲义（2018 年版）》❸ 等。这些著作呈现两种明显的逻辑分化。关于马克思列宁新闻思想的研究多呈现面向社会现实逻辑的趋势，而关于我国党和国家领导人新闻思想的研究多为面向政治现实的逻辑。

马克思主义新闻观的著作也呈现这种趋势。面向社会现实逻辑的研究以陈力丹的《马克思主义新闻观思想体系》❹ 和刘建明的《马克思主义新闻观理论基础》❺ 为代表，其他的著作多为面向政治现实的逻辑❻。

在著作方面体现社会现实逻辑的更多出现在多元学科视角的研究中，虽然数量很少，但将是我国马克思主义新闻学研究的方向所在。陈力丹的《精神交往论：马克思恩格斯的传播观》既是这方面最早的探索，也是目前最显著的代表作。该书从信息传播的角度，系统论证了马克思恩格斯历史唯物主义的传播理论、世界交往的基本理念。❼ 该书的韩文版已经翻译完成，英文版正在翻译中，这可能将是我国马克思主义新闻学研究在双向度上的进一步发展。该书最初受到传入国内的传播学的影响，但最终又能走向世界，将可能对国外的传播学、马克思主义等学科产生影响。

六、结语

基于"政治—知识—社会"互动的视角，对新中国马克思主义新闻学研究的发展历程进行分析后，本文可以得出以下基本判断。

第一，马克思主义新闻学研究深受政治情境的影响。福柯认为知识的产生必然受权力环境的深刻影响，当社会和人类行为成为研究对象和需要解决的问题时，知识的创造就必然与权力的机制有关❽，权力对知识产生的影响是具体的、

---

❶ 陈富清．江泽民舆论导向思想研究．北京：新华出版社，2003.

❷ 新华通讯社课题组．习近平新闻舆论思想要论．北京：新华出版社，2017.

❸ 本书编写组．习近平新闻思想讲义（2018 年版）．北京：人民出版社、学习出版社，2018.

❹ 陈力丹．马克思主义新闻观思想体系．北京：中国人民大学出版社，2006.

❺ 刘建明．马克思主义新闻观理论基础．北京：清华大学出版社，2010.

❻ 邵华泽．马克思主义新闻观及其在中国的运用和发展．北京：人民出版社，2009；朱国圣，林枫．马克思主义新闻观研究．北京：新华出版社，2010.

❼ 陈力丹．精神交往论：马克思恩格斯的传播观．开明出版社，1993；中国人民大学出版社，2008；中国人民大学出版社，2016.

❽ 福柯．权力的眼睛：福柯访谈录．严锋，译．上海：上海人民出版社，1997：228.

细节的、具体环境具体分析的，某种权力形式能够生产出对象和结构都极为不一样的知识❶。总体而言，马克思主义新闻学研究从一开始就是一种自上而下式的政治权力延伸，由革命导师对新闻事业的理解作为研究起点和研究对象，这种理解是基于当时的革命实践需要。新中国成立后至今，马克思主义新闻学研究的变化都受到当时政治情境的影响。新中国成立初全面学习苏联的政治情境要求马克思主义新闻学研究首先借鉴苏联的新闻理论体系。1956 年随着社会主义改造的基本完成，社会主义建设成为主要的政治情境，此时马克思主义新闻学研究虽然服务于这样的政治情境，但曾经出现短暂的面向社会现实逻辑的探索，试图通过新闻事业的改革来影响社会发展。"文化大革命"的政治情境则完全断绝了马克思主义新闻学研究。改革开放带来全新的政治情境，此时的马克思主义新闻学研究一方面要适应这种情境，另一方面受到这种情境内含的思想解放力量驱动，开始探索多维度和双向度的社会现实逻辑。马克思主义新闻观被提出后，党的领导人在不同时期关于新闻、宣传、舆论等方面的论述成为马克思主义新闻学研究的主要对象。

第二，面向政治现实逻辑的研究容易形成"真理制度"（truth regime），束缚马克思主义新闻学研究的创新力。在福柯看来，知识本身的发展可能会形成一种权力和"真理制度"，这种制度是权力和知识相互支持、相互渗透的制度化、实践化的产物。❷ 每个社会都有其用于区分真假话语的机制和机构❸，18 世纪的一个特征是知识逐渐变得纪律化和制度化，在知识的内容上也日益趋向同质和单一❹。无论在时间上还是数量上，面向政治现实逻辑的马克思主义新闻学研究因为符合政治情境的需要而被政治权力所支持和推广，虽然成为研究的主流，但研究内容呈现同质单一的趋势，如早期的"语录新闻学"和当下以领导人论述为主的马克思主义新闻观研究。福柯认为这种知识的纪律化和制度化会造成"被压迫的知识"，即"那些长期被人们忽视的、边缘化的历史知识，以及那些处在知识等级体系的下层、地方性知识、特殊性知识"❺。当面向政治现实逻辑的研究成为一种"真理制度"，就会深刻影响新闻学界的职称、课题和发表出版，形成理念

❶ 福柯. 权力的眼睛：福柯访谈录. 严锋，译. 上海：上海人民出版社，1997：148.
❷ 刘永谋. 福柯的主体结构之旅——从知识考古学到"人之死". 南京：江苏人民出版社、凤凰出版传媒集团，2009：105 - 106.
❸ 杜小真. 福柯集. 上海：上海远东出版社，2003：446.
❹ 福柯. 必须保卫社会. 钱翰，译. 上海：上海人民出版社，1999：171 - 172.
❺ 同❶218.

接近的专家集团，将单向度和单维度的研究立为典范，从而使得面向社会现实逻辑的研究处于被抑制的边缘化地位，最终这些所谓主流研究容易陷入被盲目崇拜和教条化的陷阱，束缚学者的创造力和想象力，不利于马克思主义新闻学研究的创新和发展。

第三，面向社会现实逻辑的研究在向多维度和双向度发展，但当下对政治情境、社会发展和其他学科的影响还很微弱。习近平提出："要加快完善对哲学社会科学具有支撑作用的学科，如哲学、历史学、经济学、政治学、法学、社会学、民族学、新闻学、人口学、宗教学、心理学等，打造具有中国特色和普遍意义的学科体系。"❶不仅要建设具有支撑作用的学科体系，他于 2016 年 5 月在哲学社会科学座谈会上的讲话中还提出，要以马克思主义为指导，立足于中国实际，加快构建中国特色哲学社会科学。在面对这样的要求时，我们首先要反思：当下的新闻学是否能对哲学社会科学发挥支撑作用？马克思主义新闻学是否也能具有支撑作用？如何发挥支撑作用？如何立足中国实际去构建中国特色的马克思主义新闻学？这些必须要先从新中国的相关研究进行剖析，找到其符合学科发展和科学研究规律的逻辑，才能够去思考以上问题。而当下，即使是面向社会现实逻辑的研究也大多是转向多维度的研究，却鲜有双向度的研究，更别说对其他学科的支撑作用了。因此，多维度和双向度的社会现实逻辑将是我国马克思主义新闻学研究继续发展壮大的重要途径。

---

❶ 习近平. 在哲学社会科学工作座谈会上的讲话. 北京：人民出版社，2016：22.

第三部分

当今热点

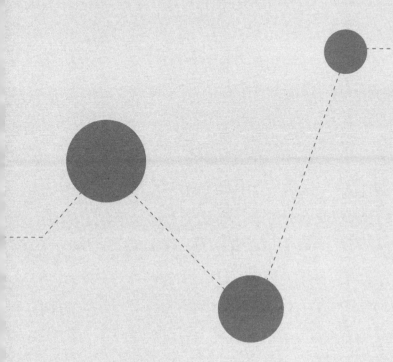

当下中国网络话语权的社会阶层结构分析 *

赵云泽　付冰清

在任何历史时期，社会各阶层均需要通过话语表达来确立本阶层的存在，从而参与社会资源的分配、维护阶层的利益，但社会各阶层的话语权存在强弱之分。在当下中国，互联网迅速发展，网络话语权在社会中的影响力日渐增强，使得主要依靠传统媒体把握社会公共话语权的模式被打破，各阶层的话语权占有格局正在被改写。本文试图剖析当下中国网络话语权的社会阶层结构，及其产生的社会影响。

一、文献述评与研究问题

目前对于互联网用户特征的研究比较多，但对于互联网用户中"谁在网上说话"，即"谁拥有多少互联网话语权"的研究相对较少。本研究旨在通过对互联网言论的内容分析，逆向判断"网上说话人的阶层"，剖析当下我国各阶层的网络❶话语权结构，从而更加明确网络言论更多地代表了哪个阶层的"民意"。

（一）当下中国的社会阶层结构

"社会阶层是指利益分化过程基本完成，经济、政治和社会地位相对稳定的集团。"❷ 按照韦伯的观点，社会分层必须综合考虑物质财富、社会声望和政治权利的拥有状况，结合这三个维度的多元指标来进行分层。运用"社会阶层"的概念进行社会分层研究体现的是一种多元的阶层划分标准和非对抗的、整合社会各阶层的"功能论"的阶级阶层分析思路。对于中国当下社会阶层的划分，社会学者们大多按照韦伯的观点进行研究，但在具体细化的划分标准上却各有不同。陆学艺在《当代中国社会阶层研究报告》中提出了以职业分类为基础，综合考虑组

---

　* 原载于《国际新闻界》，2010（5）：63-70。付冰清，中国人民大学新闻学院硕士研究生。
　❶ 本文中"网络"均指"互联网"，"网民"指"互联网用户"。
　❷ 刁乃莉．近年来中国社会阶层研究综述．学术交流，2009（10）．

织资源、经济资源和文化资源占有状况的划分标准。❶ 李强综合分析了社会分层的 10 种标准，即生产资料的占有、收入、市场地位、职业、政治权利、文化资源、社会关系资源、社会声望资源、民权资源和人力资源，并指出这 10 种标准的侧重点不同，社会学家采用何种标准进行研究，需要明确哪一种标准更有利于缓和社会矛盾、协调社会关系。❷ 另外还有学者提出了消费水平和消费方式、阶层归属意识的划分标准。整体而言，目前学术界较为主流的看法是：把"职业"作为社会分层的标准，把资源占有作为基本维度，并辅之社会经济地位综合指数的测量。❸

依据以上学者们达成共识的分类标准对社会阶层结构进行划分，1978 年改革开放后，中国社会分层结构已经由改革开放前的两个阶级（工人阶级和农民阶级）和一个阶层（知识分子阶层），演化形成农民、工人阶层规模缩减，其他阶层多元共存的社会分层结构。

对当代中国社会阶层划分中，最有代表性的观点是陆学艺对内地社会群体划分的 10 个阶层。❹ 这 10 个阶层包括"国家与社会管理者阶层""经理人员阶层""私营企业主阶层""专业技术人员阶层""办事人员阶层""个体工商户阶层""商业服务业员工阶层""产业工人阶层""农业劳动者阶层"和"城乡无业、失业、半失业者阶层"。

此外，在对当前中国社会结构变迁研究及趋势分析中，许多专家和学者都提到了"中产阶级""中间阶层""中间层"等概念。虽然对于目前中国是否形成或存在中产阶级、多大比例的人口是中产阶级、如何定义中产阶级，学者们的观点存在分歧，但多数学者认为中国目前客观存在这样的"中间阶层"。陆学艺认为"社会中间阶层"是由他划分的 10 个阶层中的"专业技术人员""办事人员""个体工商户""商业服务业员工"四个阶层构成的。

陈光金根据 2005 年全国 1‰ 人口抽样调查数据，结合陆学艺的社会分层观点，绘出当下我国社会各阶层人口量结构图，并指出中国社会阶层结构已经具备现代社会阶级阶层结构的雏形，但其基本形状仍是一种金字塔形，结构底层比重过大，中间层规模过小，不利于结构的稳定以及与此相关的利益关系的自

---

❶ 陆学艺. 当代中国社会阶层研究报告. 北京：社会科学文献出版社，2002：8.
❷ 李强. 社会分层十讲. 北京：社会科学文献出版社，2008：12-22.
❸ 李培林，李强，孙立平. 中国社会分层. 北京：社会科学文献出版社，2004：8.
❹ 陆学艺. 当代中国社会阶层研究报告. 北京：社会科学文献出版社，2002：9.

我调节（社会中间层规模的增大有利于社会结构的稳定）。❶

（二）话语权与网络话语权

话语，最早是语言学中讨论的概念，指比语言小，比句子更大的语言结构，它具体地指实际语言运用中具有一定交际目的和内容及形式上的完整性的口语或书面语句单位❷。20世纪，话语概念突破了语言学的界限，逐渐从语言学领域扩展到其他领域，在抽象的意义上指称用词语表达的具有特定知识价值和实践功能的思想客体，如哲学话语、政治话语、历史话语等，话语开始具有社会的、历史的维度。❸福柯在对话语进行深入研究的过程中，指出了话语实践运作中的权利关系。费尔克拉夫在《话语与社会变迁》一书中探讨话语分析时指出，批判的话语分析方法不同于非批判的方法的地方，"不仅仅在于描绘了话语实践，而且在于揭示了话语如何由权力与意识形态的关系所构成，揭示了话语对于社会身份、社会关系以及知识和信仰体系的建构作用"❹。

话语权，即为了表达思想、进行言语交际而拥有说话机会的权利。❺从个人的角度来看，它属于表达权的一部分，是公民对其关心的国家事务、社会事务及各种现象提出意见和发表意见的不可剥夺的民主权利❻；从群体的角度来看，"话语意味着一个社会团体依据某些成规将其意义传播于社会之中，以此确立社会地位，并为其他团体所认识的过程"❼。话语与权利不可分，真正的权利是通过"话语"来实现的，"话语"不仅是施展权力的工具，而且还是掌握权力的关键。❽

对于社会各阶层而言，为了维护阶层的利益并在社会资源分配中占据主动权，各个阶层都在通过自己的方式行使话语权。进入现代社会以后，通过媒体来行使话语权也成为越来越有效的方式。但是由于数量规模、社会地位、资源占有、整体素质的差异，不同社会阶层话语表达的意愿、渠道差异较大，于是所形

---

❶ 陈光金．改革开放以来中国社会结构的现代化转型//中国社会科学院．改革开放繁荣发展：中国社会发展和依法治国的实践与探索．北京：社会科学文献出版社，2009.

❷ 刘学义．话语权转移——转型时期媒体言论话语权实践的社会路径分析．北京：中国传媒大学出版社，2008：13.

❸ 同❷14.

❹ 费尔克拉夫．话语与社会变迁．殷晓蓉，译．北京：华夏出版社，2003：12.

❺ 郭继文．从话语权视角谈和谐世界．前沿，2009（10）.

❻ 马圆圆．网络话语权的出卖现象研究：以网络"水军"为例．新闻爱好者，2009（17）.

❼ 王治河．福柯．长沙：湖南教育出版社，1999：159.

❽ 同❼183.

成的社会声音存在强弱之分。社会上层拥有较多的组织资源、经济资源和文化资源，比较容易行使话语权，从而成为主流话语，起到一种"压服"的作用；而社会下层，只拥有较少甚至不占有社会资源，在这种情况下，他们的声音是很微弱的，可以轻易地被漠视和压制。

网络的发展与普及使得更多的社会阶层得以进入。在我国互联网普及的最初几年，上网用户多是占据社会较多政治、经济或文化资源的群体。据 1997 年 10 月中国互联网络统计报告显示，上网用户主要分布在计算机（15%）、教育（包括学生群体，共占 26.9%）、科研（12.8%）等领域，以及厂矿企业（11.1%），国家机关、党政机关和社会团体（9.4%）中。❶ 截至 2009 年年底，中国网民规模达到 3.84 亿人，在总人口中的比重达到 28.9%。❷ 与早期的职业分布相比，更多社会中下层群体开始接触和使用网络，2009 年中无业/下岗/失业人员、产业/服务业工人、农民群体等网民比重呈现小幅增长。其中农村网民规模达到 10 681 万，同比增长 26.3%，但低于 2008 年的增长速度，也低于 2009 年整体网民增幅。❸

在网络环境下，各阶层的话语表达相对自由、开放和多元。随着互联网的普及，网民的阶层结构始终处在动态的调整过程中，这样的网民结构间接影响了各阶层的网络话语结构。一方面，学者们看到了网络对于行使话语权的积极意义，网络话语权具有权利和权力的双重属性，使得言论自由化和多元化，其主体更加平民化❹，政府也以对待"民意"的姿态对待网上言论，但另一方面，"网络言论在多大程度上代表社会舆论"一直是学者们质疑的地方。

（三）"数字鸿沟"的持续增大

2010 年 4 月 15 日，中国互联网络信息中心（CNNIC）发布《2009 年中国农村互联网发展状况调查报告》（简称《报告》）。《报告》显示，截至 2009 年 12 月底，中国农村网民规模已经达到 10 681 万人，虽然网民规模保持增长，但从普及

❶ 中国互联网络信息中心. 中国互联网络发展状况统计报告.（2003 - 10 - 13），www. cnnic. cn/download/2003/10/13/93603.

❷ 中国互联网络信息中心. 第 25 次中国互联网络发展状况统计报告.（2010 - 01 - 15），www. cnnic. net. cn/uploadfiles/pdf/2010/1/15/69/101600.

根据第 44 次《中国互联网络发展状况统计报告》，截至 2019 年 6 月，我国网民规模达 8.54 亿人，互联网普及率达 61.2%。——编者注

❸ 同❷20.

❹ 毛旻铮，李海涛. 政治文明视野中的网络话语权. 南京社会科学，2007（5）.

率、网民结构、网络应用三方面来看，城乡互联网差距持续拉大。

从城乡互联网的普及率来看，互联网在城镇的普及率是44.6%，在农村仅为15%。CNNIC《报告》对比了2007年以来中国城乡互联网的发展差距：2007年，城乡互联网普及率的差距仅为20.2%，2008年，差距扩大为23.5%，2009年，差距拉大为29.6%。农村互联网发展速度慢于城镇发展速度，互联网在城乡的差距在拉大，城乡之间的"数字鸿沟"有扩大的趋势。

CNNIC《报告》中分析，在导致农村互联网增速放缓的因素中，"农村地区网络基础知识匮乏，对互联网的认知存在偏差""农村互联网相关基础设施薄弱，公共上网资源匮乏""农村上网成本相对于农民收入水平仍较高"是最重要的三大原因。此外，"年轻化、低学历、学生群体"是农村网民的主要特征。

而据中国网《2008年互联网舆情分析报告》指出，常在网上发表言论的网民，35岁以下的占78.8%，大专以上学历的占79.2%，月收入2 500元以下的占68.6%，在企业工作的占36.9%，这些人是构成"新意见阶层"的主体。基于以上两项研究可以说明，农村网民中在网上发表言论者所占比例非常低。

综上所述，本文将在以上研究的基础上，对"网络言论在多大程度上代表社会舆论""当下中国网络话语权的阶层结构如何"等问题进行研究。

二、研究方法

（一）网络话语权的内容分析

网络论坛、网站新闻跟帖评论、博客、个人主页等空间是网民话语表达最为活跃的场所，在这些空间发表的帖文都有可能成为非常受关注的网帖，被广泛转载和浏览，发表帖文成为网民表达话语最主要的一种形式。我们选择在一段时间内在以上网络空间中浏览数量最多的帖文逐条进行内容分析，从而确定帖子的内容所代表的社会阶层话语，进而探索当下中国的网络话语权结构形态，即如图1所示。

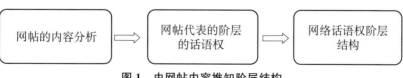

图1 由网帖内容推知阶层结构

考量网帖代表哪个阶层的话语权，主要依据网帖"为谁说话""叙述谁的话语"来确定代表"谁"的话语权。具体来看，我们采用如下的话语权阶层分析方法（见图 2）。

网帖内容		网帖代表阶层话语权
诉求A阶层的利益	⇨	A阶层话语权
表达A阶层生活中的喜、怒、哀、乐、好奇、有趣之事	⇨	A阶层话语权
A阶层批评B阶层	⇨	A阶层话语权
不确定阶层的人批评B阶层	⇨	不能确定哪个阶层的话语权

图 2　话语权阶层分析方法

具体来看，我们选取 2009 年 12 月间三个时间点，网络上浏览数最多的前 500 名帖子，共 1 500 个帖文进行逐条分析，通过帖子内容的话语表达，确定发帖者身份和阶层。人民网的舆情频道"论坛排行"中将 2～3 天内网络中浏览数量最多的 500 个帖子搜集了起来，因此，我们分别于 2009 年 12 月 16 日、22日、29 日，对人民网舆情频道搜集的网上浏览数最多的前 500 个（三日共 1 500个）帖子进行内容分析，除去被删除的网帖，最终获得有效网帖总数为 1 374 个。

（二）网络话语权的社会分层

考虑到网帖的匿名性，而且网帖表达的内容丰富多样，有些并不容易明确判断其表达哪个阶层的话语，本文结合陆学艺的观点，对社会阶层进行了两个层次的分类。

第一个层次为"社会上层""社会中间阶层""社会下层"，社会中间阶层包括"专业技术人员""办事人员""个体工商户""商业服务业员工"等他所划分的 10 个阶层中的四个阶层❶，我们将较中间阶层人均收入高的"国家与社会管理者阶层""经理人员阶层""私营企业主阶层"划为"社会上层"，将较中间阶层人均收入低的"产业工人阶层""农业劳动者阶层"和"城乡无业、失业、半失业者阶层"划为"社会下层"。❷

---

❶　陆学艺. 当代中国社会阶层研究报告. 北京：社会科学文献出版社，2002：46.

❷　这里的社会"上、中、下"三个阶层的划分，主要是依据陆学艺等社会学者的划分依据，按照经济收入和占有社会资源多少的原则进行的，仅为学术表述方便而用，并无道德评价和等级之分。

第二个层次即按照陆学艺所划分的 10 个阶层（见表 1）。

表 1　两个层次的社会阶层分类

第一层次分类	第二层次分类
社会上层	国家与社会管理者
	经理人员
	私营企业主
社会中间阶层	专业技术人员
	办事人员
	个体工商户
	商业服务业员工
社会下层	产业工人
	农业劳动者
	无业、失业、半失业人员

我们在研究中将按照以上两个层次对网帖所代表的阶层话语进行阶层划分，并从两个层次上研究网络话语权的阶层结构形态。

三、数据分析

我们对 1 374 个有效帖文进行了逐条分析，最后发现能明确划分为代表"社会上层""中间阶层""社会下层"三大阶层话语权的帖文数为 1 031 个，不能确定代表阶层的为 343 个，分析的有效帖数为 75%，进行 10% 的归类一致性编码信度（intercoder-reliability）检验，CA 值为 80%；能明确划分分别代表"国家与社会管理者""经理人员""私营企业主"等 10 个阶层的话语权的帖文数为 594 个，即有 437 个帖子可以确定在社会上、中、下三个大的阶层中，但是并不能细分到 10 个阶层中，进行 10% 的归类一致性编码信度检验，CA 值为 78%。以下是具体数据的分析。

（一）网帖浏览数与回复数呈显著正相关，沉默的螺旋在网络话语表达中式微

分析数据发现，尽管我们搜集的是网络空间中 2～3 天之内浏览量前 500 名的帖文，但是帖文的浏览数仍然相差悬殊，在所分析的样本中，最大的浏览数为 770 749，最小的却只有 957，标准差为 61 387.7（详细统计数据见附录 1）。从帖文正态分布图（见图 3）中也可以看出，大部分帖文的浏览量在 20 万以下的，浏览量在 20 万以上的，有一条长长的尾巴，即有数量较少的帖子却拥有较高的浏

览量，也说明网络议题的集中度较高。

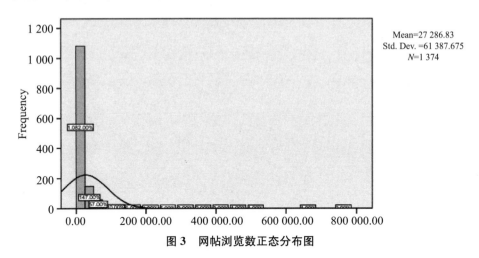

图 3　网帖浏览数正态分布图

另外，浏览量前 500 名的网帖主要发表或转载于天涯、新华、网易、凤凰等网站或论坛中，如表 2 所示。

表 2　浏览量前 500 名网帖的网站分布状况

		Frequency	Percent	Valid Percent	Cumulative Percent
Valid	新华网	361	26.3	26.3	26.3
	天涯论坛	707	51.5	51.5	77.7
	凤凰网	50	3.6	3.6	81.4
	网易	113	8.2	8.2	89.6
	央视网站	35	2.5	2.5	92.1
	华声论坛	46	3.3	3.3	95.5
	其他网站或论坛	62	4.5	4.5	100.0
	Total	1 374	100.0	100.0	

此外，网民对网络议题并非旁观者，网帖的浏览量与回帖量呈显著正相关（如表 3 所示），$r (1\ 374) = 7.7\ (p < 0.01)$。说明网民对于关注的事情并非"只看不说"，他们越关注的事情也越倾向于表达意见。在传统社会中，人们对于公共议题由于顾忌重重，往往表现出只有少数人说话，而多数人沉默或附和，即出现"沉默的螺旋"的现象，这种现象在网络社会中渐显式微，网民表现出"关心即要表达"的倾向。其原因我们认为一是与网帖的匿名性有关，二是中国经过最近几年网络公共话语空间的发展，网民已意识到网络舆论会在现实社会中产生较大的影响和作用。

表 3 网帖浏览数与回帖数的相关分析

	Correlations		
		浏览数	回帖数
浏览数	Pearson Correlation	1	0.747**
	Sig.（2-tailed）		0.000
	N	1 374	1 374
回帖数	Pearson Correlation	0.747**	1
	Sig.（2-tailed）	0.000	
	N	1 374	1 374

＊＊. Correlation is significant at the 0.01 level（2-tailed）.

（二）网络话语权集中在中间阶层

在第一个层次的社会阶层分类中，我们对 1 031 个能确定代表社会上、中、下阶层话语的网帖进行分析后发现，网络话语权集中在社会中间阶层，社会上层次之，代表社会下层话语权的最少。其中表达社会中间阶层的网帖的数量是 706，占 68%，表达社会上层的网帖的数量是 203，占 20%，表达社会下层的网帖的数量是 122，占 12%，如表 4 所示。

表 4 代表社会上、中、下三个阶层话语的网帖数量及比例

	包含阶层	数量	比例
社会上层	国家与社会管理者、经理人员、私营企业主	203	20%
社会中间阶层	专业技术人员、办事人员、个体工商户、商业服务业员工	706	68%
社会下层	产业工人、农业劳动者、无业失业或半失业人员	122	12%

在第二个层次的社会阶层分类中，1 031 个网帖中有 594 个帖子能够更加细化地判断其代表了哪个阶层的话语权。其比例结构同上述三个阶层划分的较为类似，专业技术人员阶层的比例最高（$N=194$，33%）、国家与社会管理者阶层次之（$N=167$，28%），如表 5 所示。

表 5 代表社会 10 个阶层话语权的网帖数量及比例

社会阶层	数量	比例
国家与社会管理者	167	28%
经理人员	22	4%
私营企业主	14	2%
专业技术人员	194	33%
办事人员	30	5%
个体工商户	13	2%
商业服务业员工	32	5%
产业工人	38	6%
农业劳动者	33	6%
无业失业半失业人员	51	9%

四、研究结论

（一）网络言论更多代表的是中间阶层的"民意"

从以上数据中我们可以看出，以网帖作为主要考量方式的网络话语权，主要集中在中间阶层中，在浏览数量前 500 名的网帖中有高达 68％的是表达中间阶层的利益诉求的。在对 594 个能明确判断其所属 10 个阶层中哪一个阶层的网帖中，专业技术人员所占的比例最高，达 33％；同时，国家与社会管理者阶层的网帖也占有较大比例，达 28％。所以，针对"网络言论在多大程度上代表社会舆论"的问题，我们认为，网络言论当下并不能完全代表社会舆论，占有中国人口总数 64.8％的"产业工人""农业劳动者""无业、失业、半失业人员"阶层只拥有 12％的网络话语权；而占人口总数 33.13％的社会中间阶层拥有 68％的网络话语权；占人口 2.04％的社会上层占有 20％的网络话语权（见图 4），如果再考虑网络媒体对传统媒体新闻的转载，社会上层占有的网络话语权比例将会更大。当然，另一方面网民们多认为来自非官方机构的网帖更能代表网民真实意见，所以，目前来看，网络舆论更多的代表的是中间阶层的"民意"，而非整个社会的民意。

对于这种情况，我们一方面应看到其进步性，即社会中间阶层掌握更多的网络话语权，有利于规避社会上层通过传统媒体垄断社会公共话语权的风险，中间阶层的发展和壮大更有利于中国社会向健康的结构形态发展，中间阶层的话语表达也更倾向于从较温和的民主协商的机制去解决社会矛盾；另一方面，我们也应该认识到，当下政府层面不能只重视网络言论，而忽视了占人口总数 64.8％的社会下层的话语诉求。

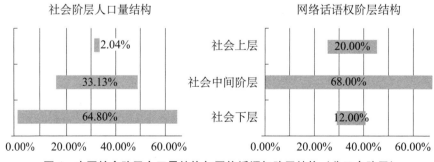

图 4　中国社会阶层人口量结构与网络话语权阶层结构（分三个阶层）

（二）网络话语权阶层结构与中国社会阶层结构不相协调的矛盾及表现方式

从以上的数据分析中可知，掌握网络话语权较多的是中间阶层，而"产业工人""农业劳动者"等阶层掌握较少网络话语权。如图 5 所示，网络话语结构呈现中间大、两头小的纺锤形结构，而中国社会阶层人口量结构是上层小、下层过大的金字塔结构。这二者之间的矛盾，较为突出地表现在数量庞大的社会下层群体，包括产业工人阶层、农业劳动者和城乡无业失业半失业阶层，无法通过网络表达利益诉求，话语权受到挤压，从而成为网络话语权结构中边缘化的群体。

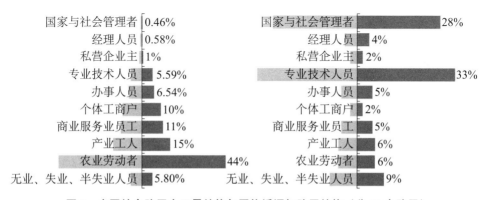

图 5　中国社会阶层人口量结构与网络话语权阶层结构（分 10 个阶层）

我们认为基于这样的网络话语权阶层结构，可以在一定程度上解释中国当前的公共话语表达方式中一些极端现象，即"中间阶层靠网络表达话语，而下层阶层则多通过集体上访、群体性事件表达话语"。有媒体认为，"近几年来发生在互联网内外的群体性事件出现了交织放大的趋势，增加了群体性事件的处置难度和防范阻力。……互联网已经成为一些群体性事件的主要动员手段和传播主渠道，应针对民意加大工作力度"❶。我们认为以上论述中的群体性事件，应该更为准确地描述为两种类型，一种是以中间阶层为主的通过互联网发起的群体性事件，另一种是由"产业工人""农业劳动者""失业、无业、半失业人员"发起的并非通过互联网组织的群体性事件。

中国社会阶层结构是一个典型的金字塔形状结构，而中国当下持续增大的收入差距使得收入分配形成了倒金字塔的形态，这造成了中国社会的结构性矛盾，而作为这种矛盾缓解途径之一的社会公共话语表达机制也同社会阶层结构并不

❶　郭奔胜，季明，代群，黄豁．网络内外群体性事件有交织放大之势．瞭望，2009（6）.

协调。

社会下层群体，由于占有有限甚至不占有社会资源，因此在就业机会、收入分配、医疗社保、教育住房等各种问题上远远落后于社会其他阶层的待遇，成为社会中的弱势阶层。在话语表达的制度方面，我国已经初步建立了包括人民代表大会制度、政治协商制度、信访制度、政党利益表达制度和行政领导接待制度等在内的人民利益表达制度体系。❶理论上，社会各阶层成员包括农民群体在内都可以通过自主选择多元的表达方式来表达利益诉求。而传统媒体中产业工人、农业劳动者及无业、失业、半失业人员的话语表达空间却日渐萎靡，农村几乎成为媒体的荒漠❷。这使得"产业工人""农业劳动者"等群体很难通过这些制度有效地表达自己的话语。

在社会资源分配中越来越被边缘化的状况促使社会下层群体急于表达自身的利益诉求，但当这些急切的利益诉求表达遭遇了现有民意表达机制存在的种种缺陷，甚至网络言论表达也处于边缘化的状态时，非体制的、采取极端行为的表达方式成为社会下层群体最有效的选择。

所以，我们认为网络空间解决了中间阶层表达话语的问题，但是当前网络话语平台并没有解决工、农等阶层在当代中国社会表达话语的问题，而这个群体占有中国人口的绝大多数，是中国社会健康、稳定的基石。

五、研究的不足之处

本文旨在探索中国当下网络话语权的结构，但在研究中未能将网络媒体对传统媒体文章转载的因素设计到研究模型中，对此只在文中做了定性的叙述；此外，在线交流等其他影响网络话语权的因素也没有设计到研究模型中，以后的研究者可考虑规避以上的不足。

---

❶ 王勇. 城市化进程中失地农民的利益表达：以川北某开发区失地农民为例. 武汉：华中师范大学博士论文，2007：65.

❷ 李红艳. 乡村传播与农村发展. 北京：中国农业大学出版社，2007：175.

附录 1　网帖浏览量描述性统计数据

N	Valid	1 374
	Missing	0
Mean		2. 728 7E4
Std. Error of Mean		1. 656 10E3
Median		9. 747 5E3
Mode		4. 36E3[a]
Std. Deviation		6. 138 77E4
Skewness		6. 257
Std. Error of Skewness		0. 066
Kurtosis		51. 636
Std. Error of Kurtosis		0. 132
Range		7. 70E5
Minimum		957. 00
Maximum		7. 71E5
Sum		3. 75E7
Percentiles	25	5. 963 0E3
	50	9. 747 5E3
	75	2. 098 0E4
a. Multiple modes exist. The smallest value is shown		

穷媒体、无序民主与国家动荡
——解析吉尔吉斯斯坦政变中的传媒之争 *

赵永华

  2010 年 4 月 6、7 日，在吉尔吉斯首都比什凯克发生了由反对派组织的群众示威游行，数千名示威者冲击了政府主要办公楼，占领了总统府、国家电视台。4 月 8 日，吉尔吉斯斯坦反对派领导人、前外长奥通巴耶娃宣布，由她领导的反对派成立临时政府，接管国家政权。4 月 15 日，吉尔吉斯总统巴基耶夫从贾拉拉巴德飞抵邻国哈萨克斯坦，在那里签署了辞职声明，并通过传真发给临时政府。在这突如其来的政局变动中，反对派仅用两天时间就把原政权摧毁，事态的发展令观者目不暇接。在吉尔吉斯斯坦政变发生和后续发展中，我们观察到了两种大众传媒现象，其一是在事变中吉尔吉斯斯坦国内的主流电视媒体成为各方政治力量抢占的对象，成为各方意愿表达的主渠道；其二是俄罗斯媒体相较于五年前在这一次的吉尔吉斯斯坦政变中表现活跃。由此，我们想进一步考察，这些媒体现象背后的原因是什么？吉尔吉斯斯坦大众传媒，尤其是电视媒体，其所有权和管理体制是怎样的？为什么电视传媒在政变中会被抢占？吉尔吉斯斯坦的传媒机构是否政治独立、经济独立，发展水平如何？吉尔吉斯斯坦大众传媒在国家发展中的角色怎样？社会地位如何？吉尔吉斯斯坦国内的俄语传媒享有多大的势力，影响力如何？其背后有没有俄罗斯的染指？

一、吉尔吉斯斯坦政变中反对派的媒体策略

  在这一次的吉尔吉斯斯坦政变中，各个政治派别的套路很相像——先占领政府大楼，再去占领当地的主要电视台，利用电视制造舆论。

  2010 年 4 月 7 日，反对派示威人群占领吉尔吉斯斯坦国家电视台大楼。在被占领的过程中，电视台的一些基础设备遭到破坏，导致该台的全部节目暂时中断。傍晚时分，反对派最终完全控制了电视台。稍后，该电视台启用了备用设

---

  * 原载于《新闻与传播研究》，2010（4）：85 - 92。

备，恢复工作。国家电视台原计划播出的所有节目都被叫停，开始直播反对派领
袖们的电视讲话。吉尔吉斯反对派通过电视直播向全国民众宣讲，把国家电视台
变为反对派发表意见的平台。反对派向民众解释国内的形势，评析国家局势，告
诉普通国民"政府不仅对抗议活动参加者使用了橡皮子弹，还使用了真正的子
弹"，反对派要求总统巴基耶夫承担大屠杀的责任。反对派的领袖们在电视上呼
吁与政府进行谈判，避免流血事件继续发生。位于首都比什凯克的两家私营电视
台"金字塔"和"第五频道"也停止播出节目。❶

　　4 月 15 日，巴基耶夫离开吉尔吉斯斯坦，宣布辞去总统职务。4 月 16 日，
临时政府全面控制了以上两家地方性私营电视台。如果说反对派占领国家电视台
是因为该台在吉尔吉斯斯坦具有很大的社会影响力，那么反对派对"金字塔"和
"第五频道"的占领，除了考虑到媒体本身影响力的大小的问题外，还另有原
因——这两家电视台的主人是吉尔吉斯斯坦前总统巴基耶夫的儿子马克西姆·巴
基耶夫。从 2005 年起，"第五频道"和"金字塔"电视公司就遭到马克西姆·巴
基耶夫的不断侵扰，最终被马克西姆·巴基耶夫和他的亲信们以强占的方式据为
己有。❷ 2010 年 4 月 16 日，反对派控制了"金字塔"和"第五频道"，临时政府
对此行动做出的解释是"原政权有可能企图通过'第五频道'和'金字塔'电视
台影响民意"❸。在未来六个月的时间里这两家电视台将由临时政府管理，根据
临时政府的相关法令，六个月期满后，电视台将被转交给它们真正的主人。如果
找不到这样的人，电视公司将被出售，所得资金上缴国家财政。❹

　　以上提及的"国家电视台""第五频道""金字塔"电视台是些怎样的媒体？
在该国的传媒格局中是否占据重要地位？从领土和人口看，吉尔吉斯斯坦是一
个小国，面积仅为 19.99 万平方公里❺，人口只有 536.2 万❻ (2009 年 12 月数

　　❶　Государственное телевидение Кыргызстана предоставило эфир представителям НПО и правозащитникам.
http：//www. internews. kz/newsitem/08 – 04 – 2010/11137.

　　❷　Временное правительство Киргизии захватило два телеканала. http：//www. utro. ru/news/
2010/04/16/888334. shtml.

　　❸　Новые власти Кыргызстана взяли под контроль телеканалы сына Бакиева. http：//telegraf. by/
2010/04/novie-vlasti-kirgizstana-vzjali-pod-kontrol-telekanali-sina-bakieva. html.

　　❹　Новые власти Киргизии взяли под временный контроль телеканалы сына бывшего президента.
http：//ru. trend. az/regions/casia/kyrgy-zstan/1670675. html.

　　❺　О Кыргызстане. http：//www. nature. kg/index. php? option＝comcontent&view＝article&id＝
16&Itemid＝10&lang＝ru.

　　❻　Население Кыргызстана в 2009 году достигло 5 млн. 362 тыс. человек. http：//kg. akipres. org/
news：157711.

据）。它是内陆山国，全国划分为 7 州 2 市。在吉尔吉斯斯坦境内出版的报刊只有几十家，多数报纸属于国家所有，一般每周出版一次，发行量只有几千份，发行量在万份以上的报纸很少。吉尔吉斯斯坦的报纸过去没有过、现在仍然没有太大的发行量。国家经济落后，广告市场一向匮乏，如果没有国家的补贴，能够生存下来的恐怕就只有屈指可数的几家报纸而已。报社记者的收入也很低，设备很陈旧，陈旧的程度令人难以置信，在地方上甚至还有相当一部分编辑部在打文章时竟然使用着苏联时代遗留下来的手动机械打字机。可见，吉尔吉斯斯坦的印刷媒体是相当不发达的。在吉尔吉斯斯坦，能够对普通民众产生普遍影响的是电视。该国的电子媒体机构有 17 家，详情如表 1、表 2 所示。

表 1 吉尔吉斯斯坦电视媒体的基本组成

管理体制分类	数量	名称	说明
国家电视 （或称国营电视）	1 家	国家广播电视公司（HTPK）	位于首都比什凯克，该国唯一的一家覆盖全国的电子媒体；上文提到的被反对派占领的"国家电视台"即属于该公司
公共电视	1 家	ЭлТР 广播电视公司	位于南部城市奥什，该国唯一的一家公共广播电视机构，其节目在各州的中心地区播出
商业电视 （或称独立媒体）	15 家	见表 2	分布在该国的各个州，首都比什凯克的商业电视台的数量最多、影响也最大

表 2 吉尔吉斯斯坦商业广播电视的地区分布

地区	广播电视机构名称
楚河州 （首都比什凯克所在州）	比什凯克独立电视台，"第五频道"广播电视公司，"金字塔"广播电视公司，HTC 广播电视公司，"和平"广播电视公司（独联体成员国的国际电视机构），Татина 广播电视公司
奥什州 （南部首都奥什市所在州）	"奥什"广播电视公司，Кереmет 广播电视公司，Meзoн 广播电视公司
贾拉拉巴德州	"9 月"广播电视公司
巴特肯州	Найман 广播电视公司
伊塞克湖州	Антен 广播电视公司，ЭМТВ 广播电视公司
纳伦州	Шанкай 广播电视公司，Аян 广播电视公司

吉尔吉斯斯坦全国性报纸的总编辑以及国家广播电视公司的主席由总统以法令的形式任命和免职。在该国的所有电视公司中，现有物质技术条件最好、员工人数最多的是国家广播电视公司，它在每个州都有州一级的电视台。国家广播电

视公司约有职员 1 500 名，其中只有 200～300 人是节目创作人员，其余基本上是技术人员。虽然国家广播电视公司已是该国最好的电视机构，但它的节目制作能力仍然很有限，在播出的所有节目中只有一半是自己的产品。

国家广播电视公司及其在各州的分支公司，其资金均来自国家财政预算。可以说，吉尔吉斯斯坦用于发展媒体的大部分资金都拨给了隶属于该公司的国家电视台。广告费是该电视台的又一大资金来源，国家电视台拥有播放广告的特别权利，它可以独立地经营广告。国家电视台还被允许出让时段，播放其他国家的电视节目，例如，它曾连续播出过我国新疆电视台的《今日中国》，由此得到了一笔不小的收入。

尽管如此，国家广播电视公司及各州的分部仍然感到财政困难，尤其是地方电视台。例如，贾拉拉巴德电视台曾一度因欠电信公司的钱而只能使用一部电话，其余的电话因欠费而被切断。其他州的电视台的处境也大致如此。地方电视台记者的收入少得可怜，2007 年时，每月工资只有 700～800 索姆（约合 20 美元）。❶ 由于工资太低，很少有人愿意当记者，除非是同时还有其他的收入来源，因此，吉尔吉斯斯坦电视记者的专业水平很难提高。另外，地方电视台的大部分设备已陈旧，技术早就过时了。电视台经常因为技术条件太差而无法及时、准确地报道在该地区发生的紧急情况和事件。

吉尔吉斯斯坦政变中被反对派控制的"第五频道""金字塔"电视台是商业电视台。该国共有 15 家商业电视机构，分布在全国的各个州，如表 2 所示。

在以上商业电视中，比什凯克独立电视台、"第五频道""金字塔"电视台影响较大，受欢迎程度较高。虽然吉尔吉斯斯坦是个不大的国家，但因经济落后而使电视业的发展存在着明显的地区差异，首都比什凯克占有更多的资源，有着地方无法比拟的优势。近年来，比什凯克的电视媒体发展迅猛，其中"第五频道"与"金字塔"电视台表现突出。2005 年"郁金香革命"之后，"第五频道"获得了大量的资金投入，开始引进新的媒介生产技术，购买现代化的设备，为记者创造极佳的工作条件，提高工资等。"第五频道"的前身是 KOOPT 广播电视公司，2007 年实行了彻底的改革，电视台改头换面，更名为"第五频道"，它是吉尔吉斯斯坦目前设备最先进、专业水平最好、财政状况最佳的电视台。商业电视台的

---

❶　Исследовательский проект: Политический Экстремизм，Терроризм и СМИ в Центральной Азии. http：//www.i-m-s.dk/files/pub-lications/1361%20Kyrgyzstan. RU. web. pdf.

投资，并不是单纯地为了赚取利润，而是出于一定的政治目的。投资者更多地是想把电视变成手中的工具，达到某种政治目标，同时兼顾经济利益。商业企业与某种政治力量联系起来❶，这背后的主使就是上文提到的马克西姆·巴基耶夫。

通过上述分析，就不难理解反对派占领国家电视台、"第五频道""金字塔"电视台的用意，其目的就在于剥夺"敌人"的话语权，控制舆论制高点。那么，临时政府在未来将怎样做呢？将会有哪些新的传媒举措？4 月 16 日，临时政府发表了题为《独立新闻——自由社会》的声明，向媒体允诺保障言论自由。声明中谈道："五年以来，巴基耶夫的家族体制是犯罪的、反人民的，它尽一切可能扼杀言论自由与不和谐的声音。记者遭到恐吓、殴打、逮捕，甚至杀害。当局对独立媒体施以天文数字的罚款，查封报纸，夺取电视台，封锁互联网。言论自由是一项基本的人权，是保持稳定和进行民主管理社会的基础。我们将一起为我们的共同价值观而奋斗，这首先是争取言论自由。"❷ 临时政府在 4 月 30 日的一次会议上通过了一项关于把国家广播电视公司改组为公共广播电视的法令，并于 5 月 3 日对外发布了这条消息。国家广播电视公司理事会将由 15 人组成。人员构成是：5 名总统的代表、5 名议会的代表、5 名公民的代表。所有 15 位理事将由社会团体推荐候选人，提交临时政府批准，最后由临时政府任命。第一届理事会将工作三年，此后每届理事会将工作五年。理事会的成员不能是国家公务员、党派成员、国家广播电视公司和其他电视公司的工作人员，以及在选举部门工作的人员。❸ 巧合的是，五年前巴基耶夫也曾提出过这两点。在"郁金香革命"时巴基耶夫声称："阿卡耶夫打压新闻界，这是错误的，不允许的。"但是，他很快就忘记了自己的话，"反而强化了对独立媒体的压制，对媒体工作人员的攻击事件频频发生，甚至有几名记者被杀害，另有一些记者被迫逃往国外"❹。巴基耶夫另一项与临时政府相同的举措是创办公共电视台。2005 年 12 月，巴基耶夫签署法令，把位于奥什市的一家国营电视台改为公共电视台，为的是提供独立、客观的新

---

❶　Исследовательский проект: Политический Экстремизм, Терроризм и СМИ в Центральной Азии. http://www.i-m-s.dk/files/pub-lications/1361%20Kyrgyzstan.RU.web.pdf.

❷　Временное правительство пообещало СМИ обеспечить свободу слова. http://www.fergh-ana.ru/news.php?id=14509&mode=snews.

❸　Наблюдательный совет НТРК будет состоять из 15 человек. http://www.for.kg/ru/news/119441/.

❹　Александр Токмаков. "Тюльпановая революция" в Киргизии: 5 лет спустя. http://www.inosmi.ru/middleasia/20100325/158807888.html.

闻，但是这一准则并没有贯彻到底。临时政府关于言论自由的许诺和公共电视的构想会不会实现？吉尔吉斯斯坦将于 2010 年 10 月 10 日举行议会和总统选举，该国未来的新闻政策走向还是一个未知数。

在吉尔吉斯斯坦的这一次政权更迭中，大众媒体成为反对派争夺的焦点，反对派充分发挥了媒体的政治传播功能。不仅如此，反对派还采取金钱手段发动街头政治。俄罗斯记者在比什凯克采访时，从当地的一位居民那里获知，在首都的不同地方有一些人在发钱，怂恿人们去战斗，去搞破坏。❶ 这些类似的手法在五年前的"郁金香革命"中被西方人士所采用，如今，吉尔吉斯国内的反对派也在娴熟地使用了，这也许是五年前的那场革命为吉尔吉斯斯坦留下的唯一遗产。

二、吉尔吉斯斯坦政变中巴基耶夫支持者的媒体抗议

在吉尔吉斯斯坦，对电视媒体的占领行为不只是反对派的专利。巴基耶夫的支持者们在后来的抗议活动中，占领了吉尔吉斯斯坦南部城市贾拉拉巴德的电视台（即国家广播电视公司在该地的分台）。2010 年 4 月 17 日下午，约 500 名巴基耶夫的支持者在贾拉拉巴德举行集会，声援已离开吉尔吉斯斯坦并签署了辞职声明的巴基耶夫。数十名巴基耶夫的支持者闯入了贾拉拉巴德州政府大楼，并将大楼封锁。激愤的一群人更是占领了当地电视台。他们直接冲进电视台台长的办公室要求电视台给他们进行直播。经过简短的谈判和劝说后，他们同意先录像再播出，因为贾拉拉巴德地方电视台与位于首都比什凯克的国家电视台不同，其落后程度如前文所述，该台只有在 18 点到午夜才可能有直播的节目。❷

吉尔吉斯斯坦的电视媒体，无论是国家所有的国营电视、公共电视，还是私营的商业电视，因国内的整体经济水平不高和新闻行业自身在理念上、技术上的落后，一般很难做到经济独立，进而影响它们的政治独立性，因此，在政局动荡中往往不能做出自己的政治选择，没有对时局的独立思考，在重大事件发生时发出的声音很微弱。在 2010 年 4 月的政变中，随着巴基耶夫政权的垮台，公共电视台 ЭлТР 迅速地倒向临时政府一边。作为巴基耶夫倡议创办并给予很多支持的 ЭлТР 电视台，其立场的突然转变引起了人们的极大不满。4 月 15 日，在被称为吉尔吉斯斯坦南部首都的奥什，约有 2 000 人聚集到 ЭлТР 电视台大楼附近，表

---

❶ Бишкек ожидает ещё одна ночь торжества мародеров. http：//news. mail. ru/politics/3639517/.

❷ Сторонники Бакиева захватили джалалабадское ТВ. http：//lenta. ru/news/2010/04/17/jalal1/.

示出对电视台的不满，批评该电视台只从反对派的角度报道事件，只陈述临时政府的观点。就在当天，前总统巴基耶夫在奥什市的中心广场举行了一次有几千名支持者参加的群众集会，准备发表演讲，但却遭到反对派人群的阻挠。几百个激愤的人冲向讲台，试图靠近巴基耶夫的身边，保卫人员几次向空中鸣枪警告，巴基耶夫躲进一家剧院的大楼里，稍后驶来一辆吉普车，巴基耶夫钻进车内以极快的速度撤离现场，向贾拉拉巴德方向驶去。反对派向汽车投掷石块，用棍棒击打车身。❶ 当天到电视台示威的人群谴责反对派阻止巴基耶夫演讲的行为，他们声称自己并不是巴基耶夫的支持者或者反对者，只是普通的市民，强烈要求电视台对该国正在发生的事件予以客观、公正的报道。❷

ЭлТР 是一家公共电视台，成立于 2005 年年底。当时根据总统签署的法令，在奥什州广播电视公司"奥什－3000"的基础上创设了这家公共电视台，目的是满足人们对独立的客观的信息、教育节目、儿童节目、文化娱乐节目的需求，以及加强公共广播的作用。❸ 之后几年，电视台的物质技术装备得到显著改善，对大部分节目进行了改版更新。导致变化的原因很简单，国家给电视台的资金投入大幅增加，几乎是原来的两倍。然而，来自国家的资金注入及其他支持对 ЭлТР 电视台来说还是远远不够的，它不仅面临着国内商业电视的挑战，还面临着邻国乌兹别克斯坦电视的跨国竞争。目前，ЭлТР 电视台的情况并不比国家电视台好，存在的问题仍然是资金不足、工作人员工资偏低、专业人才太少等。❹

在 2010 年 4 月的吉尔吉斯斯坦骚乱中，电视成为各派政治力量抢夺的对象，这首先是因为他们充分认识到媒体在政局动荡中的舆论主导作用。但是，他们对媒体的抢夺方式却与现代社会的做法不同。他们不是争取媒体的支持，而是以近乎武力的手段去夺取话语权，表现出极大的盲动和无序。这种现象跟吉尔吉斯斯坦的媒体管理与媒体自身的发展水平相关。正如前文所述，在吉尔吉斯斯坦，政府对大众传媒的控制一向严格，媒体没有自主权。媒体还经常因报道某政府官员

---

❶ В киргизском Оше 2 тыс. человек направились к зданию телеканала "ЭлТР". http：//inforotor. ru/visit/3355747? url＝http：//www. tas-ural. ru/lentanews/97987. html.

❷ Жители Оша призвали телеканал "ЭлТР" к объективному телевещанию. http：//top. rbc. ru/society/15/04/2010/394513. shtml.

❸ В Киргизии создано "Общественное телевидение-ЭлТР". http：//www. centrasia. ru/ne-wsA. php? st＝1134465120.

❹ Исследовательский проект: Политический Экстремизм, Терроризми СМИ в Центральной Азии. http：//www. i-m-s. dk/files/publications/1361％20Kyrgyzstan. RU. web. pdf.

而遭到法律诉讼，被处以巨额的罚款。而吉尔吉斯斯坦的媒体很穷，资金严重不足，技术落后，媒体工作人员的专业素质不高。在这个国家里，看不到媒体作为独立力量的存在，媒体对于国家进程的影响不大，也看不到媒体在市场中的良好表现，媒体对经济发展的贡献微乎其微。吉尔吉斯斯坦大众媒体的贫穷落后不仅是经济意义上的，也是政治层面上的。

三、吉尔吉斯斯坦政变中各方对俄罗斯媒体的指责

有美国传媒指出，吉尔吉斯骚乱是由俄罗斯在幕后策划的，目的是推翻亲美的中亚政权。据美国《时代周刊》报道，吉尔吉斯政变前数周，俄传媒不断攻击总统巴基耶夫和吉国政府，其中"俄罗斯之声"电台❶更是于3月24日"郁金香革命"五周年之际，指责巴基耶夫政府"完全无能"。

吉尔吉斯前总理乌谢诺夫亦声称，反对派领袖发动骚乱前，曾与普京会面。他认为，其实，俄罗斯对吉政府的敌视在数周之前就已经很明显地表现出来。当时，俄多家国有媒体开始有计划地攻击吉政府和吉总统巴基耶夫。❷ 4月7日，在首都比什凯克召开的新闻发布会上，乌谢诺夫表示，该国发生的事件中有"俄罗斯留下的痕迹"，他对俄罗斯媒体对该国情况所做的报道表示不满，认为报道存在偏见，乌谢诺夫还把这样的媒体称作"敌人"❸。当时数家俄罗斯广播公司和报纸猛批巴基耶夫政府，称其毫无效率。乌谢诺夫曾要求俄罗斯驻吉大使阻止俄罗斯媒体报道有关吉尔吉斯斯坦的负面新闻。❹

巴基耶夫在接受俄罗斯"莫斯科回声"广播电台采访时说道："我将不说出这个国家的具体名字，不想说，但是，如果没有外部力量的话，（反对派）不可能进行如此协调的活动。"❺ 采访巴基耶夫的是一家俄罗斯的媒体，而且是现场报道，巴基耶夫不愿说出名字的这个国家即是俄罗斯。吉尔吉斯斯坦政变刚一发生，就有国际舆论认为吉反对派得到了俄罗斯的暗中支持，此观点与吉总统的想

---

❶ 俄罗斯的对外广播电台。

❷ 美媒称俄罗斯为吉尔吉斯骚乱黑手 普京：与俄无关．（2010 - 04 - 09）．http：//www.chinanews.com.cn/gj/gj-gjzj/news/2010/04 - 09/2216073.shtml．

❸ Новая "тюльпановая революция" в Бишкеке：митинг，стрельба，переворот．http：//www.rian.ru/world/20100408/219291874.html．

❹ 吉尔吉斯现政府偏向亲美如下台将对俄罗斯有利．（2010 - 08 - 08）．http：//www.china.com.cn/international/txt/2010 - 04/08/content_19768432.htm．

❺ Юрий Снегирёв．Революция Розы．http：//www.izvestia.ru/world/article3140652/．

法不谋而合。

面对这样的国际舆论，俄总理普京矢口否认，明确表明俄政府与骚乱无关。俄罗斯总统梅德韦杰夫亦通过发言人表示，骚乱属吉国内政。但是，政变发生后，俄罗斯对宣布接管吉政权的临时政府负责人奥通巴耶娃表示出异乎寻常的强烈支持。4月8日，普京与奥通巴耶娃通电话，这是自奥通巴耶娃宣布接管政权后大国领导人首次公开对其表示支持。同时，克里姆林宫迅速疏远与巴基耶夫的关系，4月7日，间接表示莫斯科不欢迎他，与五年前的行为形成强烈反差。2005年3月，前任总统阿卡耶夫在抗议声中逃离本国，不久就在俄罗斯现身，直到现在仍留在俄罗斯❶。吉尔吉斯斯坦前总统阿卡耶夫通过"莫斯科回声"广播电台发表声明，呼吁吉总统巴基耶夫自动辞职，以免继续发生流血事件。❷

俄罗斯究竟是不是吉尔吉斯斯坦政变幕后的推手？俄罗斯中亚及高加索问题专家谢尔玛托娃认为："克里姆林宫事先的确得到了（与政变有关的）消息，但克里姆林宫没有像美国在2005年时那样把手伸向吉尔吉斯斯坦。"❸ 对于这一论断，目前没有更多的资料来证明。我们撇下这个问题不谈，将研究的重点放在媒体方面。对于俄罗斯媒体在吉尔吉斯政变中的表现，可以从以下三个角度分析思考。

其实，在俄罗斯，传媒尤其是独立传媒的意见并不代表国家政府的意见，媒体在进行报道时往往有自己的立场和选择标准。如前文所述，阿卡耶夫可以通过"莫斯科回声"电台发表声明，巴基耶夫也可以在该电台发表观点。

再有，所谓俄罗斯媒体对吉尔吉斯的负面报道，其事实根据往往也是存在的。政变前，俄罗斯媒体上曾出现大量报道，批评马克西姆·巴基耶夫把俄罗斯提供给吉尔吉斯斯坦的贷款用于个人目的，而他的贸易合作伙伴被卷进了数十亿美元的洗钱案❹。马克西姆现年32岁，曾领导主持吉尔吉斯斯坦中央发展、投资、创新机构的工作，该部门独立于政府其他部门，由总统办公厅直接领导，实

❶ 路透社：吉国政变·中俄美大国博弈．(2010-04-10)．http：//www.zaobao.com/wencui/2010/04/hongkong100410.shtml.

❷ 吉尔吉斯斯坦反对派示威者占领总统府．(2010-04-08)．http：//gb.cri.cn/27824/2010/04/08/2225s2809227.htm.

❸ 吉尔吉斯政变后与俄结怨美国向其示好．(2010-04-19)．http：//news.ifeng.com/world/special/jierjisi-saoluan/pinglun/201004/0419_9936_1607969_1.shtml.

❹ Новая "тюльпановая революция" в Бишкеке：митинг，стрельба，переворот．http：//www.rian.ru/world/20100408/219291874.html.

际控制着吉尔吉斯斯坦巨额资金的流向。报刊上常把小巴基耶夫称为"吉尔吉斯经济的灰衣主教"❶，他对国家财产的侵吞在吉尔吉斯斯坦国内已不是秘密。当该国爆发大规模骚乱时，马克西姆·巴基耶夫身在美国。据媒体称，马克西姆目前藏身于波罗的海的拉脱维亚。5 月 6 日，国际刑警组织对马克西姆·巴基耶夫发出了通缉令。临时政府还向白俄罗斯提出要求引渡前总统巴基耶夫，但遭到白俄罗斯的拒绝。巴基耶夫之所以被赶走，原因在于一系列的国内政治经济矛盾没有解决好，如贫穷、经济落后、家族政治、贪污腐败，普通百姓生活困难。俄罗斯媒体对吉尔吉斯斯坦国内存在的问题的揭露、对原政府和总统的指责，应该说是有其根据的。实际上，俄罗斯媒体对俄罗斯本国的批评报道也有很多，媒体更多地在扮演着反对派的角色。

此外，遭到俄罗斯媒体攻击的不仅是吉政府，反对派临时政府也同样被批评。费尔干纳通讯社是俄罗斯的一家专门报道中亚国家新闻的通讯社，记者网络遍布该地区的几十座大城市，自称其消息"最及时"❷。这家媒体批评临时政府对电视台搞新闻检查，其报道说："在吉尔吉斯的所有电视台的编辑部里都有临时政府的代表，由他们过滤那些涉及'四月事件'的内容。在没有出示任何证件和证明的情况下，这些不明身份的人就审查片子，由他们决定什么可以播出，什么应该替换。自今年 3 月 10 日，前政权封闭了几家独立媒体，原因是报道了对当局不利的消息，还命令私营广播电视公司停止转播'自由电台'的节目。该禁令在 4 月 7 日事件后被取消，但仅仅过了三天，新政权就开始对媒体进行新闻审查了。当他们是反对派的时候，总是批评总统巴基耶夫对媒体施压。而现在，执掌政权后，他们自己好像也开始使用与巴基耶夫完全相同的方法了。"❸ 尽管临时政府出于政局不稳的考虑，暂时对大众传媒实行了新闻检查，但是仍然成为俄媒体批评的口实。

因此，不能简单地从俄罗斯媒体的表现来看俄政府的态度。不过，在吉尔吉斯斯坦建立亲俄的政权倒是俄政府与媒体都希望看到的结果。不管外界对俄罗斯媒体的质疑是否正确，至少在吉尔吉斯斯坦存在着不少有影响的俄罗斯传媒。在

---

❶ Новые власти Кыргызстана взяли под контроль телеканалы сына Бакиева. http：//telegraf. by/2010/04/novie-vlasti-kirgizstana-vzjali-pod-kontrol-telekanali-sina-bakieva. html.

❷ Электронное периодическое издание. Информационное агентство 《 Фергана. Ру 》 . http：//www. ferghana. ru/contact. php.

❸ Кыргызстан：Новые власти фильтруют эфиры всех телеканалов страны. http：//www. ferghana. ru/news. php? id=14442&-mode=snews.

中亚五国中，吉尔吉斯斯坦境内的俄罗斯传媒数量最多。根据 2009 年 3 月的数据，在吉尔吉斯斯坦当地媒介市场上使用俄语的印刷媒体和电子媒体占到了70％。俄罗斯的一些主流媒体，如"第一频道"电视台、"俄罗斯"电视台、俄罗斯电台、"灯塔"电台、"莫斯科回声"电台、《共青团真理报》《论据与事实》《俄罗斯报》等，占据了吉尔吉斯斯坦的大部分媒体空间。❶ 根据 2007 年 7 月的统计结果，在吉尔吉斯斯坦首都最受欢迎的电视台依次是"比什凯克独立电视台"（吉）、"第一频道"（俄）、"金字塔"（吉）、俄罗斯电视台（俄）；最受欢迎的广播电台分别是"Шансон"（俄）、欧＋（俄）、"Хит FM"（俄）、俄罗斯电台（俄）；读者最多的报纸是《比什凯克晚报》（吉）、《Супер‐инфо》（吉）、《共青团真理报》（俄）、《金字塔》（吉）等。❷ 有的时候，该国居民通过媒体对俄罗斯生活的了解甚至多于对本国生活的了解。❸ 俄罗斯大众媒体在吉尔吉斯斯坦的影响力可见一斑，难怪吉总统与政府如此重视俄罗斯媒体的言论。

四、结语

无论是从经济状况还是从政治影响上来讲，吉尔吉斯斯坦的媒体都是贫穷的。这个国家的新闻体制既不是那种高度集中的、实行有效管理的国家垄断类型，也不是西方国家的分散但又相对有序的市场主导类型，而是这两者之间的过渡类型，或者说是"转型"类型。一个国家的媒体发展水平反映着该国的民主程度，与吉尔吉斯斯坦落后的媒体状况相对应的是无序的民主。贫穷与无序也许是吉尔吉斯斯坦人的民族与社会的特点。俄罗斯中亚及高加索问题专家谢尔玛托娃对比吉尔吉斯斯坦与乌克兰之后认为："乌克兰的政权更迭是通过选举，这是非常大的优点。虽然乌克兰这些年政坛不稳，但是他们做到了通过合法选举来实现政权更迭。乌克兰比吉尔吉斯斯坦富饶很多，乌克兰人的性格也和吉尔吉斯斯坦人不同，比如说，尤先科的脑子里绝不会出现把对手以一个莫须有的罪名关进监

---

❶ В Кыргызстане русскоязычные печатные и электронные СМИ занимают до 70 процентов местного медиарынка. http：//www. trend. az/news/cis/kyrgyzstan/1433175. html.

❷ Самыми популярными телеканалами в столице Кыргызстана по итогам июля 2007 года стали НБТ，"Первый канал" и "Пирамида". http：//broadcasting. ru/newstext. php? newsid=33323.

❸ Примеры Казахстана и Кыргызстана. Политический Экстремизм，Терроризми СМИ в Центральной Азии. http：//www. i‐m‐s. dk/files/publications/1354％20CentralAsia％20RU. web. pdf.

狱这样的想法。"❶

美国政治学家亨廷顿用民众政治动员和政治组织化来分析社会形态：低动员度＋低组织度＝传统社会；高动员度＋高组织度＝现代社会；低动员度＋高组织度＝威权社会；高动员度＋低组织度＝动荡社会。吉尔吉斯斯坦就属于无序民主化释放出高动员度，而国家管理呈现出低组织度。❷ 吉尔吉斯斯坦的问题需要解决的不只是民主化，还要培育出令人信服的法治和产权规则。吉尔吉斯斯坦的一名普通司机在接受中国记者采访时用嘲讽的口气说："兄弟，你看吧，五年以后，我们国家还是这样，还会发生革命！"❸

───────────────

❶ 吉尔吉斯政变后与俄结怨美国向其示好．（2010－04－19）．http：//news. ifeng. com/world/special/jierjisi-saoluan/pinglun/201004/0419 _ 9936 _ 1607969 _ 1. shtml.

❷ 唐学鹏．吉尔吉斯骚乱祸起"权贵经济"．（2010－04－08）．http：//www. 21cbh. com/HTML/2010－4－8/yOMDAwMDE3MjEyOQ. html.

❸ 吉尔吉斯政变后与俄结怨美国向其示好．（2010－04－19）．http：//news. ifeng. com/world/special/jierjisi-saoluan/pinglun/201004/0419 _ 9936 _ 1607969 _ 1. shtml.

记者职业地位的殒落：
"自我认同"的贬斥与"社会认同"的错位 *

赵云泽　滕沐颖　杨启鹏　解雯迦

在当下中国，记者的地位正伴随着传统媒体的式微而急剧下降。经济收入的下滑、工作难度的加大、工作环境恶化等诸多方面又放大着这一效应。造成记者地位下降的原因是多方面的，也是全球性的，但在当下中国，我们认为其中有一个重要原因是记者"自我认同"的贬斥与"社会认同"的错位。课题组在2013年10月到2014年9月先后在北京针对编辑记者做了一次问卷调查，在云南、山东等地做了两次深入媒体、企业的实地调研，举行过若干次座谈会和深度访谈。本文主要是基于以上三次的调研数据撰写而成的。

一、"自我认同"的贬斥：从"无冕之王"到"新闻民工"

戈夫曼（Goffman）认为人处于社会之中存在三种身份认同：一是社会认同（social identity），即我们把一个陌生人安置在他所属的特定社会位置；二是个人认同（personal identity），指专属个人的一组社会事实的连续记录或特殊记号所构成的认同；三是自我认同（self identity），指个人对自己处境的主观感受，以及个人通过各种社会经验获取的有关自己的延续性和特质。❶ 记者长久以来被视为时代变迁的记录者、社会公义的承担者、社会的良心，甚至被冠以"无冕之王"的称呼，体现出社会对记者群体高度的社会认同，一度也成为记者们的"自我认同"。但当下中国，由于从业者素质参差不齐，记者的职业光芒越来越暗淡，社会对于记者的评价也越发多元化，褒奖者有之，贬损者有之，从业者面临着深刻的社会认同危机，记者们也自我贬斥为"新闻民工"。

---

　* 原载于《国际新闻界》，2014（12）：84－97。文章发表时滕沐颖为中国人民大学新闻学院硕士研究生，杨启鹏、解雯迦为中国人民大学新闻学院本科生。

　❶ 白红义. 当代中国调查记者的职业意识研究（1995－2010）. 复旦大学博士学位论文，2011：112.

（一）从"无冕之王"到"新闻民工"

从历史上看，我国新闻业有"文人论政"的传统，社会普遍赋予记者群体以知识分子的社会地位。民国时期的名记者多具备自由思想与独立人格，同时对社会保持批判、反思的立场，以言论来促进社会进步。在这一身份认同下，记者倡导"铁肩担道义，妙手著文章"，力图通过新闻活动推动社会进步。当代中国很多著名新闻人也多抱有这种情愫，媒体人李大同主张"用新闻影响今天"，他认为新闻的生命力不只是记录历史，而是通过告知、传播信息影响社会现实。《南方周末》提出的"给弱者以关怀，让无力者有力，让悲观者前行"也被社会所广泛认同，体现了儒家传统中所坚持的知识分子责任意识。

改革开放后，中国传媒开启市场化进程，从媒体定位到从业者认同都开始在不同程度地受到商业逻辑的影响。媒体从一个不关心营收的文化事业单位转变为自负盈亏的经济实体，受众意识和经营意识凸显，形成了一套新的组织、运作逻辑，而媒体内部人事制度也发生了变革。新闻从业者直接感受到了媒介市场化所带来的清新风气，也面对着更多元的商业诱惑，以及伴随新工作方式而来的压力和无奈。

"新闻民工"是传媒业市场化的产物，最早是相对于在编记者而言的，指没有户口、职称甚至记者证的媒体从业人员，又被称为"体制外新闻记者"。"他们的权益常常得不到应有的保障，超时工作与低廉的报酬在媒体行业中更是相当普遍的现象。一旦出现闪失，马上会被所服务的单位开除。他们不仅客观指标上处于新闻单位的最底层，而且具有强烈的'底层感'，因而被称为'新闻民工'。"❶然而这一称谓随着工作环境恶化、待遇降低、工作强度加大而逐渐演变成为一种记者们自我贬斥的称谓。记者们感受到作为知识分子的光环正在褪去，逐渐变成为养家糊口而劳碌奔波的低级体力劳动者，或多或少地陷进工作和生活的窘境，普遍感到工作满意度不高，价值感不强，所以以"新闻民工"的称谓来戏谑自己的职业。

（二）记者们的职业焦虑

为了解新闻从业者的生存状况和职业认知，课题组在 2013 年 10 月到 12 月间通过分层抽样，对在北京市的报社、广播电视、杂志社的一些编辑记者做了问

---

❶ 周翼虎. 抗争与入笼：中国新闻业的市场化悖论. 新闻学研究（台北），2009（3）：229 - 230.

卷调查，共发放问卷 1 300 份，有效回收 1 245 份。调查显示，编辑记者们以下几个方面的问题比较突出。

1. 超负荷工作压力导致从业者产生职业倦怠

职业倦怠（job burnout），指个体在工作压力下产生的身心疲劳与耗竭的状态，个体不能顺利应对工作压力时的一种极端反应。职业倦怠已经成为新闻工作者面临的普遍问题。'

调查显示，该群体整体上工作强度较大，其中 54.6％的人每天工作 8～10 小时，33.3％的人每天工作 8 小时以下。据北京大学社会调查研究中心数据，中国职场人的平均工作时间为 8.66 小时，而我们调查的青年新闻出版从业者的日均工作时长约为 8.94 小时，高于平均时长。多数人认为当前新闻工作的竞争程度较激烈。74.4％（N＝709）的人认为当前新闻业竞争程度"很高"或"非常高"，认为"较低"或"非常低"的不到 10％。

新闻从业者的健康状况很堪忧。虽然多数人对自己的身体健康持乐观态度，但锻炼健身的意识比较模糊。受访者中 40.4％的人认为自己"比较健康"或"非常健康"，而 35.5％（N＝338）的人从不锻炼，每周锻炼两次以上的不到半数。调查显示，很多新闻记者处于"亚健康"状态，记者高强度的工作压力和奔波的工作性质使很多人无法拥有规律的作息时间，无法按时就餐。新闻是易碎品，新闻对"新"和"快"的要求使得记者经常处于"行者"状态，一旦有重大事件发生就必须第一时间赶赴现场进行高度紧张的采访工作，而在这之后又需要坐在电脑前写稿或是剪辑视频。新闻工作室中最常见的职业病是颈椎病和胃病，而高强度的工作量和工作时长又使得大部分新闻从业者没有时间规律地运动。

2. 收入水平不高导致生活压力大

新闻从业者从事的是高强度的脑力与体力相结合的劳动。在大多数媒体中超时加班已经成为一种常态。很多人因为采访任务和赶稿任务不得不加班。如果赶上重大事件则工作压力更大。本次调查发现，媒体从业青年总体承受着很大的压力，48.9％的人感到自己目前"压力较大"或"压力非常大"，认为"没有压力"或"压力很小"的仅占 11.9％。且压力的主要来源依次为工作（37.7％）和经济收入（33.8％）。

该群体的日常支出大部分花费在"住"和"食"方面。同其他行业的青年人一样，媒体从业青年目前也承受着巨大的住房压力，41.6％的受访者目前住在自购楼房，26.9％的受访者住在合租楼房。在被问及自己"日常开支中花费最大的

三个方面有哪些"时，61.7％的人将"房租或房贷"排在第一位，排名第二位
（35.9％）的是"吃饭"。

受访者中对经济收入"很满意"和"非常满意"的合起来仅占17.7％（$N=$
167）。目前，大多数记者的收入来源主要是"低底薪＋稿费"，只有按工作年限
才有底薪的区别，记者的主要收入源于稿费，所以想要提高收入就要想方设法地
多发稿，这无形中加大了工作压力。

由于经济收入较低，新闻记者的自我认知虽然在职业声望方面仍然认同"无
冕之王"的社会责任，但现实生活却又使他们逐渐滑向"新闻民工"。相当一部
分新闻从业者已放弃对专业地位的追求，转而进入一种以生存为主的工作模式，
即以完成媒介组织的工作任务为主。由此，本应脚踏实地、深入基层调研的鲜活
的新闻采访工作变得越来越机械。

3. 职业归属感下降

媒体行业的流动性被调侃为"铁打的媒体，流水的记者"。经过多年的传媒
业的市场化改革，传媒业"铁饭碗"的观念已经被彻底打破。对于"您估计自己
会在新闻业工作多久"的问题，近半数（48.8％）的人还在今后的职业选择中徘
徊不定没拿定主意，34.5％的人表示将会再干很多年，只有8.5％的人希望能在
新闻业一直干到退休。这同事业单位工作人员多数人期望干到退休的想法是显著
不一样的。对未来职业规划的不确定性，一方面而言源于媒体行业巨大的生存压
力，很多记者在过了能够四处奔波的年纪后选择转入稍微稳定轻松的行业。另一
方面，媒体从业者对未来的规划也一定程度上取决于进入媒体行业的动机。我们
分析发现，"是否拥有新闻理想而进入新闻出版业"同"是否想在新闻出版业干
到退休"存在显著相关（$U=3.58$，$p<0.001$）。那些最初怀有新闻理想进入媒
体或出版单位的人，其留在这一行业的可能性更大。理想成为支撑记者们继续奋
斗的唯一源泉，但是如果机制保障不健全，传媒业的人才流失将在所难免。

二、"社会认同"的错位：是"舆论监督者"还是"社会建设的参与者"

社会认同来自社会对某一群体的角色定位和角色期待。"角色"概念最早来
自舞台戏剧，指演员按照剧本要求来扮演某一人物，引申到社会学领域，指社会
和公众期望扮演社会角色的人以特定的方式为社会服务。❶ 记者的社会角色是按

---

❶ 童兵. 理论新闻传播学导论. 北京：中国人民大学出版社，2000.

照其职业分工的社会属性来确定的，包含了记者"应该这样做"的观念，包含了记者"这样做"才是适当的、有效的、正确的观念。❶

受我国"文人论政"传统和改革开放后西方新闻专业主义再次传入的影响，中国的记者界普遍有着将自己视作社会中的"舆论监督者"的观念，尤其是伴随着媒介市场化进程的加快，这种观念快速传播。但是当代的中国社会并没有给这种观念一种很好的生存土壤，相反激起的却是更多的不理解、不认同、反感的情绪，"防火、防盗、防记者"这一俗语是对这一现实的生动写照。我们在调研中也发现，甚至一些民众对于舆论监督所产生的积极的社会效益也并不能很好地接纳。

（一）艰难的"舆论监督者"角色

拉斯韦尔（Harold Lasswell）和赖特（Charles Wright）认为，传媒及其工作者最主要的职能包括：环境监测功能，及时告知公众新近发生的重大事件；社会协调功能，促使社会成员之间的和谐关系；社会遗产传承功能；提供娱乐。在传媒的四项基本职能中，对记者角色至关重要的是第一条——监测环境。当新闻院系的学生们学完新闻传播学课程，满怀信心地走向社会的时候，他们所期许的"舆论监督者"的角色实际上并不好扮演，中国当下的社会现实远非他们想象的那么简单。

在访谈中，一位地方电视台的记者讲述了从业现实与理想的差距。这位电视台记者是研究生学历，本在报社工作过两年，发表了若干篇有影响力的报道，转行进电视媒体后也只能从初级记者做起。为得到电视台领导的信任，他精心准备选题，搜集了大量资料，经过深入采访也获得了很多有价值的第一手资料，就在他和摄像准备将素材做成一则深度调查报道时，领导称相关单位已经打过招呼，这条新闻只能被舍弃掉。这位记者称自己踏入媒体行业时怀揣着崇高的新闻理想，希望自己的工作能更多地反映百姓疾苦，为社会弱势群体发声，但是在现实中他的志向屡屡受挫。

在中国电视发展史上，1994年开播的《焦点访谈》曾达到舆论监督的巅峰，通过一系列酣畅淋漓的批评报道，《焦点访谈》在民众心中树立起"焦青天"形象，同时还得到了高层领导的多次赞赏，掀起了新中国成立后前所未有的舆论监督浪潮。然而，20年后，《焦点访谈》的监督锋芒已黯然隐去。

---

❶ 王静. 记者角色冲突的原因探析. 内蒙古大学学报，2007（5）：97.

曾经的都市报排头兵《华西都市报》能够在党报、晚报林立的媒介格局中站稳脚跟，与其"抓苍蝇、抓生活"的批评报道特色密不可分。据报社内部人员所言，《华西都市报》的批评报道更多体现为一种技巧，如在确定报道选题方面，"主要抓老百姓日常生活中遇到的事，抓市民关心、政府关注、职能部门能及时解决的问题、麻烦进行批评，像假冒伪劣、服务态度、衣食住行等日常生活中的事情，对于与百姓生活息息相关的事情，小事不小，老百姓认为为他说了话，撑了腰，出了气，解决了问题"❶。

夏倩芳等学者于 2010 年对我国大陆地区的千余名新闻从业者展开问卷调查，根据社会冲突性议题采编流程的发现线索、确定选题、设定报道框架和报道风险担责的四个阶段，描绘媒体对社会冲突性议题的报道常规。其调查显示，在确定选题环节，事件的敏感性和宣传口径压过新闻价值，成为最重要的选题衡量标准，媒体更倾向于选择有具体归因对象的经济性冲突，涉及贫富、阶层、地域间冲突的议题可被就事论事地作为个案报道，而直接指向公权力的政治性冲突议题，如政府与厂商、干部与群众、公安与民众等议题则被尽力避免；在设定报道框架上，正面报道和如实报道的方式最为常用，"就事论事"是避免选题"被政治化"的常用手法；最后，在报道风险追责上，由于媒体内部通常采用计件绩效制度，当事记者难免会受到经济或其他惩罚，其产生的寒蝉效应使许多媒体人不敢冒险。❷

可见，在"监督者"角色期待下，媒介及其从业者面临着"不可承受之重"，批评报道成为一种技巧，甚至是话语策略。而且，"为监督而监督"的迎合心态很可能使新闻媒介堕入"民粹主义"的深渊。民粹主义直接诉诸受众，极易获得市场和道德的双重认可，且具有强大的社会动员力量。"但是，民粹主义话语或置专业主义于对立，或凌驾于其上，不仅可能分裂新闻专业社区，而且可能破坏新闻专业主义的公众基础，使得新闻专业主义的成长缺乏长久动力和支持。尤其是当商业主义与民粹主义合谋的伎俩被揭穿，失望、悲观的情绪便迅速蔓延，极大地影响新闻媒介的公信力和新闻从业者的职业声望"❸。

---

❶ 李鹏. 加强舆论监督是报纸走向市场的助推器. 新闻战线，1998（10）：56.
❷ 夏倩芳，王艳. "风险规避"逻辑下的新闻报道常规——对国内媒体社会冲突性议题采编流程的分析. 新闻与传播研究，2012（4）：35-43.
❸ 谢静. 民粹主义：中国新闻场域的一种话语策略. 国际新闻界，2008（3）：33-36.

(二)"社会建设参与者"角色期待

新中国成立后，每一次大的社会变动都可以看到记者的身影，宣传者和参与者这两种职业角色往往同时出现在记者身上。1997 年，陈崇山和祝建华对 5 800 名中国记者进行调查，发现 72％的受访者认为记者应该分析和解释跟公众有关的社会问题（参与者），同时 64％的人认为记者应该传播和解释党和政府的政策（宣传者）。❶

"宣传者"主要是来自官方对于媒介功能的期待，虽然这种功能不断地受到市场化环境的解构，但是它所担负的意识形态使命仍然使它具备顽强的生命力。

而作为"社会建设的参与者"，则是普通民众对于新闻记者的一种诉求。我们在 2014 年 8 月间到山东的调研中发现，一些民众对于舆论监督所产生的积极意义并不能充分地理解，相反他们对于这种监督给企业带来的经济损失却很惋惜，尤其是对因记者们失误所造成的损失耿耿于怀。

这种社会认同也可以促进新闻从业者的社会责任感和职业认同感的建立，避免有偿新闻或假新闻等有悖于新闻伦理的行为。但是，这一角色期待也隐藏着缺陷。其一，从业者过度认同精英定位从而轻视、怠慢受众；其二，记者若过于强调自己承担的社会历史责任，则可能面临违背伦理和媒介审判的危险。

在一次座谈中，一位法学教授做了这样的发言，或可称之为对新闻界的建议或者批评："现在新闻界对于我们大学教师的批评太过了，纵然有个别教师有损师德，但是如果一概而论，未免有失偏颇。新闻界应该适度地匡正教师在人们心中的形象。"在这样的表述中，虽然不切实际地把所有新闻媒体看作一个整体，可以统一指挥的宣传工具，但实际上仍是对媒介作为社会的宣传者、建设者的社会角色的期待。

当然，在不同的场合，记者也被期许为"弱势群体的救助者""社会冲突的调停者""主持公论的包青天"，等等。这显然同记者们自我认同的"舆论监督者"有着显著的不同。

(三)艰难的"调和"和"失去的市场"

在媒介的市场化改革的进程中，为了媒介的生存，记者们试图做着各种"调和"，以满足各方面的角色期待。同时，中国受众越来越成熟和理性，他们需要

---

❶ 陈阳. 当下中国记者职业角色的变迁轨迹：宣传者、参与者、营利者和观察者. 国际新闻界，2006（12）：58-61.

深度报道而非肤浅信息，需要事实而非观点，需要自己形成判断而非接受被灌输的结论。与这种需求相对应，一些记者学习西方的客观报道手法，扮演观察者角色，重视时效性，事实与评论严格分离，以提供事实为首要目标，文字冷静理性，标题不带有任何主观色彩。❶

客观性备受新闻从业者的推崇，这其中既有职业理想的、行业规范的内在要求，亦有现实考量。首先，客观立场可以较好地平衡媒体与社会的关系，尤其是在官方和民间两种立场中找到平衡，既与官方信源保持良好的合作关系，又能获得民众的认可，从而确保其商业利益不受损害。另外，客观立场对于从业者而言也是一种规避风险的策略，记者陈述确切的事实，并且通过呈现不同立场者的观点，起码做到了形式上的平衡，能够在很大程度上避免媒介审判，或者遭受新闻官司及公众指责。

但是，历史并没有给这种调和的做法太多的时间，当专业记者把持的传统媒体的舆论场丧失了对于时事的品评，批判的武器正在变得没有力量，传统媒体实质上是将"议程设置"的"大权"拱手让于新媒体。

三、结论：陨落的不仅仅是地位

（一）职业神圣感的陨落

我们的调查显示新闻从业人员生存状态恶化，经济、工作压力大，健康状况堪忧，缺乏职业归属感，正在陷入严重的工作和生活窘地。高达43.5％的人觉得自己"疲惫"或"很疲惫"，仅有1.9％的受访者表示自己"充满活力"，其余的人觉得"还可以承受"。在这样的情形下，部分拥有高学历的新闻从业者便开始倾向于另谋他位。《三联生活周刊》主编朱伟2010年在谈到工作压力时说道：我们有个年轻的记者，去年入职的，北大新闻系的硕士，到了今年过春节的时候来找我，说他打算要走了，我说为什么年轻轻刚来就走，好不容易办进来解决了户口。他说他实在是受不了压力了，去年一年走遍了整个中国。❷ 在我们的调查中，在被询问"是否考虑转行"时，仅有16.9％的新闻青年从业者表示"不愿转行"。

徘徊在理想与现实的十字路口，既渴望丰厚的物质利益，又怀抱新闻工作者

---

❶ 陈阳. 当下中国记者职业角色的变迁轨迹：宣传者、参与者、营利者和观察者. 国际新闻界，2006（12）：58-61.

❷ 商建辉. 传媒商业化下的新闻民工的生成与行为. 重庆工商大学学报，2013（4）：70-76.

的"职业理想",当他们认为"职业理想"无法实现时,易倾向于把谋利作为工作的最主要目的。

在问及"影响工作积极性的因素"时,有71.1%的青年新闻从业者表示是"薪酬",仅有9.4%的表示是"能否自由采访、自由发表",其趋利化可见一斑。但谋求利益并非这些青年新闻从业者选择从事新闻行业的最初动因。在问及"从事新闻工作的主要动因"时,有49%的青年新闻从业者表示是为了"实现新闻理想,推动社会进步",仅有17%的单纯地表示是为了挣钱。在自己的从业初衷难以实现时,大部分的青年从业者开始将生活和经济的压力放到了眼前,开始谋求各种方法使自己的利益能够最大化。当理想遭遇现实的窘迫时,头顶的王冠便失去了光芒。

(二)新闻真实性蒙尘

为争评"好稿",记者面对新闻线索及确定报道框架时,不可避免地倾向于迎合受众、迎合编辑。记者获得一条新闻线索后,首先应衡量其新闻价值大小,并寻找合适的报道角度深度"挖掘"新闻。但是,在争取发稿和追求轰动效应的动机下,报道策划成了从业者制造新闻的借口,轻则在写稿中断章取义、夸大事实,导致新闻报道娱乐化、媚俗化,更有甚者,捏造耸人听闻的假新闻,严重背离新闻的真实性原则。

2007年7月8日,北京电视台生活频道《透明度》栏目播出题为《纸做的包子》的新闻,该报道无中生有,谎称北京市有一个黑加工厂利用废旧纸箱制作包子馅料,此消息一经播出,受到国内外舆论的普遍关注,而事后却被证实为一则假新闻,这种胡编乱造、追逐卖点的造假行为完全违背了记者的职业道德,也暴露了年轻记者在绩效考评压力下的浮躁心态。

记者在漏报压力下抢新闻,一味追求时效性,对新闻来源不加考证,成为谣言、假新闻的推手。媒体内部对记者漏报新闻通常有一定的惩罚机制,随着移动互联网的普及和新媒体的崛起,媒体间的时效性竞争趋于白热化,从业者为不遗漏新闻线索,并以最快时间发布信息,只得放松对新闻来源的筛选和考证流程,媒体由"事前把关"变为"事后把关",导致谣言的广泛传播。谣言作为一种信息,一旦产生就很难完全消除,媒体的公信力被层出不穷的假新闻不断削减,媒体人的职业操守也受到社会各界的质疑和指责,更不用提记者在这个社会中的地位了。

（三）职业道德遭遇滑坡

记者们在进行报道时最为重要的一点就是恪守职业道德。但是媒体从业者在如何面对"车马费"这个具有"中国特色"的问题上却没有交上一份令人满意的答卷。课题组的调查显示仅有 5.9％的受访者表示"完全不可以接受"，有20.6％的受访者表示"偶尔拿无所谓的"，还有 22.9％的受访者表示"应该拿的"。

记者成为出卖劳动力的"新闻民工"，一些调查记者在政治、商业等外力的冲击下，渐渐丧失了新闻专业的信念，进入一种以生存为主的工作状态，新闻寻租与媚俗是最具代表性的两种表现。

"新闻寻租"是指新闻界或新闻从业人员利用新闻宣传和舆论监督的权利，转移财富分配，为团体或个人谋求不正当利益，获得、索取好处的一种行业腐败行为，同时也是对其他社会利益造成损失的一种非生产性寻利活动。❶ 新闻记者编辑在从业之初通常怀有改造社会的公义之心，或对于"无冕之王"身份的强烈认同，但在新闻从业实践过程中，一方面受到媒体既有常规的限制，在群里压力之下做出相对保守的从众之举，不敢轻易逾越框架，另一方面，从业者个人常常在职业焦虑和生存压力之下屈从于商业利益的诱惑，被广告商或被采访对象提供的各种好处收买，做出违背职业道德的行为。

媚俗，即在新闻报道活动中，忽视社会价值，追求低级、庸俗趣味，对一些格调不高、具有较少社会价值、具有不良社会影响的事件进行夸张和炒作，甚至在重大新闻事件上避重就轻，忽略甚至抛弃对事件背后深刻社会原因的寻找，对细枝末节和表面现象过度关注，对刺激感官和神经的内容进行放大处理，过分追求报道的生动性和趣味性，以制造轰动效应，吸引"眼球"❷。同时，新闻公正并维护社会公正的正义感正在减退。由于新闻媒体大面积实行聘用制，少数聘用记者因人事关系松散而怀有强烈的短期寻租目的，因此利用职务之便替亲朋好友出力、出气的行为也开始抬头。❸

（四）新闻专业主义理念的断裂

随着改革开放进程的推进，西方新闻专业领域有价值的理念伴随中国新闻改

---

❶ 王博．"新闻寻租"何以成为"常规行为"：从制度经济学视角解读新闻寻租．兰州学刊，2008（183）：167-169．

❷ 程江南．媚俗：受众本位意识在新闻报道中的偏差．采写编，2005（4）：29．

❸ 李希光．记者失去忠诚感，媒体失去生命力．青年记者，2006（1）：40．

革的需要被介绍进来，逐渐转变成中国新闻工作者的专业行为。但是，由于历史条件与国情不同，专业主义并非简单移植的过程，从业者的专业主义意识也参差不齐。

目前，我国传媒领域较为普遍存在的违反职业规范的现象基本可以概括为以下 15 种：编辑部与经营部混岗；广告版与新闻版混淆（包括所谓"有偿新闻"）；新闻栏目拉企业赞助；受贿无闻；假新闻；制造"媒介事件"；免费接受被采访方的各种好处；侵犯公民的隐私权；侵犯当事者的著作权；"媒介审判"；介入式隐性采访和偷拍偷录；拒绝更正与答辩；恶炒明星绯闻和犯罪新闻；无人性的冷漠新闻；虚假广告和庸俗广告。❶

课题组的调查在问及对于"媒体是党的组织者和宣传者"这一观点的认可度时（各项指数 1 为"最低"，10 为"最高"），青年群体的给分为 6.66，非青年群体则高于青年群体，为 7.05。而对于"西方的新闻专业主义的认可程度"，青年群体和非青年群体的给分几乎没有差别，分别为 7.18 和 7.2。但在单位中不同级别岗位的人群对于这两个观点的看法却有显著的差异。在对于"西方的新闻专业主义的认可程度"上，认可度最高的是一线工作人员，即记者、编辑，为 7.35，认可度最低的是单位负责人，即社长、台长、主编等，为 6.33。对于"媒体是党的组织者和宣传者"这一观点的认可度上，认可最高的则为单位负责人，为 7.33，最低的是办事人员，为 6.48。主流机关报（台）工作人员特别是拥有事业编制的中层以上领导干部，高度认同主流宣传理念；而市场化、商业化的媒体则与主流价值观存在一定程度的疏离或偏离，客观上加剧了"两个舆论场"现象。

"专业主义意识形态在新闻改革过程中既成为'显题'，又呈碎片和局域状态。"由于"党的新闻事业的原则、市场运作的规律和新闻从业者的专业理念这三者之间有矛盾和张力"，"新闻专业主义的模式与市场力量的结盟具有深层变革的意义，这是改革走向的一部分"，"另外一部分是，市场的诱惑进一步威胁新闻从业者尚未厘清的专业主义理念，新闻与娱乐界限的模糊甚至消失、电视与网络媒体的凸显，会将新闻进一步拖向媚俗和消费主义的通俗文化领域，使之日益失去符合专业主义原则的新闻话语所应当具有的理性和批判精神"。❷

记者职业地位的下降不仅仅表现为社会对记者职业的贬斥，以及记者自身生

---

❶ 陈力丹. 传媒的社会职责、职业意识与经济利益的博弈. 传媒观察，2004（8）：22-24.

❷ 陆晔，潘忠党. 成名的想象：中国社会转型过程中新闻从业者的专业主义话语建构. 新闻学研究（台北），2002（4）：17-59.

存环境的恶化，更重要的是使得记者的"自我认同"发生了深刻危机。职业神圣感的丧失，使得记者们更多表现出短期趋利行为，甚至开始厌弃这个职业；而这又继续导致记者社会地位的下降，形成一个恶性循环。新闻业在这个社会中扮演着重要的"守望"角色，新闻业出现问题必然会对整个社会产生深远的不利影响。

参考文献

白红义. 当代中国调查记者的职业意识研究（1995－2010）. 上海：复旦大学博士学位论文，2011：112.

周翼虎. 抗争与入笼：中国新闻业的市场化悖论. 新闻学研究（台北），2009（3），229－230.

夏倩芳，王艳. "风险规避"逻辑下的新闻报道常规：对国内媒体社会冲突性议题采编流程的分析. 新闻与传播研究，2012（4）：35－43.

芮必峰. 新闻专业主义：一种职业权力的意识形态——再论新闻专业主义之于我国的新闻传播实践. 国际新闻界，2011（12）：72－75.

童兵. 理论新闻传播学导论. 北京：中国人民大学出版社，2000.

王静. 记者角色冲突的原因探析. 内蒙古大学学报，2007（5）：97.

李鹏. 加强舆论监督是报纸走向市场的助推器. 新闻战线，1998（10）：56.

谢静. 民粹主义：中国新闻场域的一种话语策略. 国际新闻界，2008（3）：33－36.

陈阳. 当下中国记者职业角色的变迁轨迹：宣传者、参与者、营利者和观察者. 国际新闻界，2006（12）：58－61.

商建辉. 传媒商业化下的新闻民工的生成与行为. 重庆工商大学学报，2013（4）：70－76.

王博. "新闻寻租"何以成为"常规行为"：从制度经济学视角解读新闻寻租. 兰州学刊，2008（183）：167－169.

程江南. 媚俗：受众本位意识在新闻报道中的偏差. 采写编，2005（4）：29.

李希光. 记者失去忠诚感，媒体失去生命力. 青年记者，2006（1）：40.

陈力丹. 传媒的社会职责、职业意识与经济利益的博弈. 传媒观察，2004（8）：22－24.

陆晔，潘忠党. 成名的想象：中国社会转型过程中新闻从业者的专业主义话语建构. 新闻学研究（台北），2002（4）：17－59.

文化认同视角下"一带一路"跨文化传播路径选择 *

赵永华　刘　娟

一、为什么是文化认同的视角

（一）认同与文化认同

认同（identity）一词源于晚期拉丁语 identitâs 和古法语 identité，受晚期拉丁语 essentitas 的影响，由表示"同一"（same）的词根 idem 构成，因此，这一术语用于表述"同一"（sameness）、"相似"（likeness）和"整一"（oneness）的概念，identity 的基本含义是指"在物质、成分、特质和属性上存有同一的性质或者状态"❶。从精神分析层面而言，认同是西格蒙德·弗洛伊德（Sigmund Freud）所说的"与他人一种情感联系的最原始（早）表达"，文化认同不是一种文化归属的描述，而是一种共同体的集合性财富❷；在自然主义层面，文化认同建立在承认与其他个体（群体）的共同起源（common origin）、共享特征（shared characteristics）和共同理想的基础上，并在此基础上，自然而然地建立团结和忠诚❸；在话语路径层面，文化认同是一种持续性和尚未完成的话语构建过程，是有条件的偶然性的存在，蕴含着一种融合或者合作（incorporation）的幻想和构建❹。

在全球化和现代性进程中，文化认同不是一种自然主义的既存状态，不是关于"我们是谁""我们来自哪里"等问题的话语表达，而是在思考"我们将要成为什么，走向何方"的过程中对历史、语言和文化的选择与使用。人们之所以需

---

* 原载于《国际新闻界》，2018（12）：67-82。刘娟，中国人民大学新闻学院博士研究生。

❶ 赵静蓉. 文化记忆与身份认同. 北京：三联书店，2015：18.

❷ TOMLINSON J. Globalization and cultural identity. The global transformations reader，2003（2）：269-277.

❸ HALL S，DU GAY P. Questions of cultural identity. London：Sage Publications，1996：2.

❹ 同❸3.

要文化认同，是因为它是人类意义与经验的来源，其本质上是一种借助历史、文化和语言资源进行的动态话语实践（discursive practices）和表征过程，并以此来确定共同性（sameness）和认同边界。❶

乔纳森·弗里德曼（Jonathan Friedman）将文化认同的变量划分为种族、现代族群、传统族群、生活方式（如图1所示），其中种族是以血缘为基础的生物性文化认同，生活方式上的文化认同则与日常生活密切相关，至于传统和现代族群文化认同则建立在共同体内部的某种共同活动的基础上：传统族群文化认同是生活在某一地理空间范围内的代际的认同，而现代族群文化认同则不一定是局限在地理空间范围之内。❷ 结合斯图亚特·霍尔（Stuart Hall）和弗里德曼的文化认同观，文化认同是借助符号性资源（历史、记忆、语言、文化、生活方式等）和内在生物性资源（种族、血缘、家族等）以共同、共享、融合、同一为特征的共同体建构，其实质是一种承认政治（politics of recognition）和共同体自我界定（self-definition of community）的动态话语实践过程❸，目的是解决在全球化和现代性进程中"我们何去何从"的集体焦虑。

图1　文化认同的变量

资料来源：FRIEDMAN J. Cultural identity and global process（Vol. 31）. California：Sage Publications，1994：30.

（二）"一带一路"本身蕴含着文化认同

"文化是最大的经济，经济是最大的文化，经济与文化彼此在对方的领域实现自己。"❹ "一带一路"是一种经济现象，同时也是一个承袭古代丝路文明的文

---

❶　HALL S，DU GAY P. Questions of cultural identity. London：Sage Publications，1996：3-4.

❷　FRIEDMAN J. Cultural identity and global process（Vol. 31）. California：Sage Publications，1994：30.

❸　同❷81.

❹　张旭东. 全球化时代的文化认同：西方普遍主义话语的历史批判. 北京：北京大学出版社，2005：46.

化现象,它把经济要素融合于文化意义和价值内涵中。

当一种文化与另一种文化相遇的时候,首先遇到的是"认同"问题,正如爱德华·霍尔(Edward Hall)所言:"文化中最重要的心理要素是认同作用。"❶因此,"一带一路"的跨文化传播在面对具有诸多差异性的文化场景时,必然会在现实关系和符号关系中重新建构文化意义上的认知。面对文化上的他者,需要思考如何在相互尊重和理解的基础上建立良性互动关系,如何构建自我,如何被文化他者感知和评价,如何避免由于定型观念和偏见造成彼此间的认知偏差,如何通过彼此的协商和文化互鉴使"一带一路"沿线国家的人们调整和重构其认同观,如何克服他国人民对"一带一路"的恐惧和陌生感,以上问题均涉及文化认同。

全球化背景下的文化认同需要"开拓和重新设想有所指的认同观,重新评估具体的特有体验"❷,即(利益、文化、历史、情感和记忆)"休戚相关性"下的同一感和相互承认。超越地理空间的命运共同体以及利益共享(即"休戚相关性")的所指,它的凝聚性和吸引力可以成为不同文化背景下的人们寄托自身"休戚相关性"的载体。在此意义上,作为在全球化进程中构建命运共同体的"一带一路",其跨文化传播具有"休戚相关性"的文化意涵:不仅仅是一个符号,一种品牌,一种传播象征系统,更是一种基于与人们日常生活密切相关的文化认同问题,关乎沿线人民对命运共同体的理解以及自身主体性身份的承认。在全球化进程中,处于弱势的传统民族文化易产生现代性文化认同危机——"我们何去何从"的困惑和茫然。全球化曾给发展中国家人民带来主体性及现代性焦虑,此是我们推进"一带一路"项目时应该避免出现的现象。"一带一路"跨文化传播成功与否取决于文化认同的程度,我们有必要从文化认同的角度出发,思考如何戒除"自我中心主义"的狭隘意识。

"一带一路"的传播是取得文化认同的过程,促使沿线国家人民把"一带一路"视为既具有普世性又符合其在地体验的日常的、情感的、文化的现象。"一带一路"不仅指涉经济利益、金融收益、基础设施建设,更是文化认同的空间所在。它可以通过媒体传播、文化外交、公共外交等多种方式与个体日常生活联系起来,建立起能影响其日常生活的文化认同,逐渐通过文化形态的无国界构建使

---

❶ 霍尔. 超越文化. 2 版. 何道宽, 译. 北京: 北京大学出版社, 2010: 211-212.

❷ 莫利, 罗宾斯. 认同的空间: 全球媒介、电子世界观和文化边界. 司艳, 译. 南京: 南京大学出版社, 2001: 52.

沿线国家人们对地方性的想象发生变化。

二、构建"一带一路"文化认同空间的可能性

(一) 文化认同危机带来的机遇

在全球化背景下,各种文化元素互相渗透交融,跨文化传播必然涉及文化认同问题,其具体表现为利益认同、价值认同、关系认同等面向。作为个体或社会群体,界定自我、区分他者,在跨文化传播过程中出现各种疑虑和担忧,甚至是攻击,均为不同文化群体之间碰撞形成的文化认同问题。❶ 全球化背后最大的紧张和焦虑并不是技术和经济发展的问题,而是文化认同,主要体现为利益认同和价值认同的问题,只要解决价值认同和利益认同问题,建立起紧密的休戚相关性,技术和经济问题就会迎刃而解。❷ 在此层面上,文化认同的构建对于"一带一路"跨文化传播更具意义。

全球化改变了人们的时空思维,也改变着人们与文化、经验和认同的关系。在全球一体化中,人们的生存活动逐渐与地理空间相疏离,"去领域化"意味着当代人对日常生活的认知和判断跳脱出具体时空维度的束缚,"在地视野"的限制在减少。随着各国人民和外界的交错互动,作为人的一种意义感(a sense of meaning)或者身份感的认同,在全球化的扩展下形成内部张力,无论是内部向度(自我认同)还是外部向度(文化或社会等认同),与全球化的"去领域化"和"一体化"进程都存在着结构上的同构关系和逻辑上的交互关联。

从媒介技术的角度而言,互联网使"在地"文化认同的稳定性和牢固性受到冲击,多样且异质的诱惑性内容在互联网技术逻辑下铺展开来,为人们改变文化认同提供多种可能;从文化层面而言,"他国"文化和生活方式不断渗透,促使消费文化冲击一国文化认同的连续性和纯粹性;从心理(精神)层面而言,虽然国家曾是社会群体安放自我的安全之地,但当民族国家的自主能力无法应对现代化进程中的问题,诸如失业、通货膨胀、环境污染、贫困等,无法缓解焦虑不安的社会情绪时,就可能出现认同危机、认同转型和认同冲突❸,文化认同的连续

---

❶ 郭晓川. 文化认同视域下的跨文化交际研究:以美国、欧洲(欧盟)为例. 上海外国语大学博士论文,2012:15-17.

❷ 张旭东. 全球化时代的文化认同:西方普遍主义话语的历史批判. 北京:北京大学出版社,2005:4.

❸ ARNETT J J. The psychology of globalization. American Psychologist,2002,57(10):774.

性（continuity）、一致性（coherence）、同一性（identification）和一体化（integration）之间的闭合链被全球化打破❶，多样化的文化、意义在此开放的认同空间中碰撞，一切处于未定状态，借此为重新构建文化认同开启了诸多可能性。

弗里德曼认为，"中心—边缘"的文化结构不是资本主义全球化扩张的必然逻辑，随着资本主义现代性危机的加深，中心越来越没有能力应对新兴文化中心带来的挑战❷，因此，"在文化现代性领域内，文化认同的霸权被分化和去中心化"❸。一方面，全球化破坏着文化认同，产生文化认同危机；另一方面，全球化又蕴含着创造和培植文化认同的强大力量。❹"一带一路"处于全球化语境之中，全球化背景下的认同危机和文化冲突为"一带一路"的跨文化传播和文化认同的建构提供了机遇。

（二）"文化帝国主义"的经验逻辑——在西方的注目下反转

"文化帝国主义"概念，从深层次角度来看，蕴含着文化同一体的意义，在全球范围内促进、培养西方强势文化认同观，其不仅把文化看作一个角斗场，更是以"去政治化"的视角将文化视为可被商业资本和消费娱乐逻辑无限开掘的资源池。❺在全球扩展中，美国、欧洲等国家的大型媒体公司在"去政治化"的逻辑下扮演着秩序地图绘制者和规则制定者的角色。同样，在"一带一路"文化认同的国际构建中充满了西方媒体带有偏见的报道和先入为主的判断，从中可以窥见西方文化的霸权逻辑。

有学者认为，西方一些媒体将其在现代化进程中出现的问题和霸权逻辑复制剪切到"一带一路"上，将"一带一路"误读为中国版本的新"马歇尔计划"。在西方中心主义思维下，将"一带一路"人为比附为"新殖民主义战略"，将惯性思维和偏见运用于"一带一路"，而无视"一带一路"促进全球命运共同体和实现共同发展的良好用意。西方媒体在想象的基础上，演绎出极端污名化的言

---

❶ MORLEY D，ROBINS K. Spaces of identity：global media，electronic landscapes and cultural boundaries. New York：Routledge，2002：72.

❷ FRIEDMAN J. Cultural identity and global process（Vol. 31）. California：Sage Publications，1994：3.

❸ 同❷39.

❹ TOMLINSON J. Globalization and cultural identity. The global transformations reader，2003（2）：270.

❺ 赵月枝. 什么是中国故事的力量之源：全球传播格局与文化领导权之争. 人民论坛·学术前沿，2014（24）：34-43.

论，如将"一带一路"狭隘化为对沿线国家的资源攫取，认为这一倡议的最终目标剑指全球"黑金"（石油）、"蓝金"（天然气），并将"一带一路"的基础设施建设与破坏相关国家生态安全画上等号，这种先入为主的妖魔化主观判断、他者对立思维和污名化逻辑，将中国形象扭曲为制造事端、麻烦和威胁的"霸权"者❶，为构建"一带一路"文化认同空间制造阻力。

"一带一路"作为参与全球化进程的一种途径，"需要思考如何在当代西方各种强势文化和强势媒体的影响下进行自我定位和自我构想，而不是被强行纳入一种'世界文明主流'和'西方利益主流'的话语体系和符号系统中"❷。构建"一带一路"文化认同空间，不仅需要按照自主逻辑展开，在西方文化霸权的压抑性语境下保持"一带一路"的自主性和文化包容性，还需解构"文化帝国主义"的霸权逻辑。

如何解构"文化帝国主义"的霸权逻辑？需从此逻辑的反方向出发进行反转，绕开或者反向借用文化帝国主义逻辑，绕开其将"文化去政治化"的商业资本逻辑、工具理性和短视功利性逻辑❸，绕开强者控制和霸权对立思维，剔除西方媒体提供的丰富事件和新闻观点，以一种更加包容、开放、平等、合作的态度，以整体性和历史性的态度"让文化的回归文化，让商业的回归商业"，在文化逻辑和商业逻辑中取得平衡。

在进行正面解构的同时，还要在文化帝国主义格局下寻找非连续性和断裂点，另辟蹊径，寻找自主化路径。❹"一带一路"的传播需要寻找到属于"一带一路"自身的文化和情感维度，借助"一带一路"的文化记忆，诉诸共同体验、共同利益和价值归属，为沿线国家民众提供"一带一路"的休戚相关性和共同情感体验，把"一带一路"打造成与沿线国家人民价值取向、利益需求相关的情感纽带与基于文化记忆和共同利益的社会契约，建构一种和沿线国家人民日常生活息息相关的具体且可感的关系。

"一带一路"沿线上的中华文明、印度文明、美索不达米亚文明和两河文明

---

❶ 黄俊，董小玉."一带一路"国家战略的传播困境及突围策略.马克思主义研究，2015（12）：121-127.

❷ 张旭东.全球化时代的文化认同：西方普遍主义话语的历史批判.北京：北京大学出版社，2005：46.

❸ 赵月枝.国家形象塑造与中国的软实力追求.文化纵横，2013（6）：52-59.

❹ 张旭东.全球化时代的文化认同：西方普遍主义话语的历史批判.北京：北京大学出版社，2005：1-2.

等文明系统，历史上都曾有过因列强欺辱而带来的伤痛和被边缘化而产生的悲情，现在都有加快民族复兴与现代化进程的强烈愿望，而且面临着相似的发展难题，这种相似命运昭示"一带一路"不仅是各个区域在经济利益上的共享，其中还包含文化和价值观念相遇、相知的问题。

三、"一带一路"跨文化传播的路径选择

弗里德曼认为文化认同的类型包括种族文化认同、传统族群文化认同、现代族群文化认同和生活方式文化认同。除了种族这一天然存在的文化认同不能被构建外，其他三个维度的文化认同均在建构中形成。在全球化过程中，文化认同从强认同类型（种族、传统地理空间内的文化认同）转向弱认同类型❶（现代族群文化认同和生活方式文化认同），此种转向为构建"一带一路"文化认同提供了新的思路。据此，本文提出"一带一路"文化认同的具体构建路径，如图 2 所示。

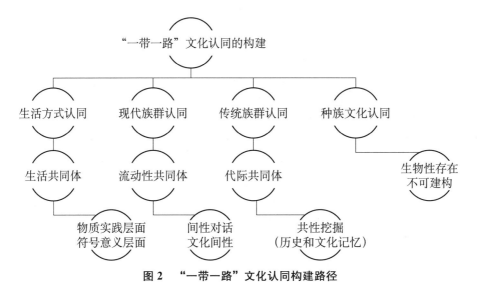

图 2 "一带一路"文化认同构建路径

（一）日常生活路径：从物质实践到符号认知

为什么要从日常生活角度去解决文化认同的问题？因为文化认同不仅仅是社

---

❶ FRIEDMAN J. Cultural identity and global process（Vol. 31）. California：Sage Publications，1994：30.

会心理依附，而且是制度化社会生活中相当重要的维度，其植根于社会生活方式中。❶ 日常生活与文化认同彼此呼应，其是文化认同的重要变量。从文化的定义出发，在雷蒙·威廉斯（Raymond Williams）的经典解读中，文化是"一种普普通通的生活方式（lifestyle）"，是与日常生活紧密相连的生活模式。❷ "一带一路"作为参与全球化的重要方式，无论是作为经济现象还是作为文化现象，均关乎沿线国家人们的日常生活。约翰·汤姆林森（John Tomlinson）在《全球化与文化》一书中也明确提出，"思考全球化需要从日常生活体验的角度去思考，关注文化广为人们接受的特征"❸。构建"一带一路"的文化认同，理应首先阐明文化的目的性，即什么样的情感和体验使得日常生活充满了意义。

日常生活是个体最直接的生存境况和个体的再生产，每个人都必须掌握其中的具体事物和习惯模式，直接体现为三个部分："第一是人造物、工具和产品的世界；第二是习惯的世界（习俗）；第三是语言。"❹ 日常生活是人类更高级的活动，包括实践的客体化和抽象的认知活动。❺ 由上述两位学者对日常生活的界定可以提炼出从日常生活角度构建"一带一路"文化认同的两个维度：物质实践层面和符号认知层面。

1. 日常生活的物质实践层面——关心沿线国家人们的基本生活需求

在物质实践层面，日常生活是与哲学无关的非哲学性存在❻，是与理想（ideality）有关的现实物质文化的表征：生存、保暖、居住、交通、医疗、教育、家庭、邻居、社区环境等❼，其意义产生于个体和集体对安全的需求，是一种生活习惯和生活秩序的选择问题。"一带一路"的跨文化传播可从物质实践层面切入，在对当地人日常生活关心的基础上构建文化认同，例如巨石埃及公司在争取埃及社会文化认同的过程中，从物质生活层面出发，照顾埃及员工的日常饮食习惯，建设专门的埃及餐厅，提供埃及大饼和甜点，并且在埃及斋月里给埃及员工发放节日补贴，或者提供牛羊肉、米、糖和油等日常消费品；"中国交建"作为

❶ TOMLINSON J. Globalization and cultural identity. The global transformations reader，2003（2）：271.

❷ WILLIAMS R. The long revolution. New York：Columbia University Press，1961：41.

❸ 周娟. 阿帕杜莱的全球文化景观论. 国外社会科学，2009（6）：96-101.

❹ 赫勒. 日常生活. 衣俊卿，译. 重庆：重庆出版社，2010：4.

❺ MICHALE E. GARDINER. Critiques of everyday life：an introduction. New York：Routledge，2002：2.

❻ LEFEBVRE H. Everyday life in the modern world. London：The Athlone Press，2000：12.

❼ 同❻21.

"一带一路"倡议的重要践行者，通过与当地人们日常生活密切相关的民生工程——开办医院、学校、捐赠物资、建路修桥等途径，将"一带一路"与沿线国家人们的日常生活关联起来。"一带一路"跨文化传播借助对日常生活的关注，与日常生活实践（吃穿住用行）结合，使抽象的文化认同在具体的日常生活秩序和生活方式中具体化、落地化，让沿线国家的人们体会到其日常生活与"一带一路"的不可分离。

基于日常生活方式和日常生活实践的文化认同是建立在命运共同体和利益共同体基础之上的：究竟是什么把我们联合到一起从而有了一种共同的危机感、共同的前景和相互的责任，展现互惠的善意、共同应对问题的意愿。"一带一路"的日常生活内涵取决于我们怎样换位思考：需了解沿线国家人们如何界定"一带一路""现在"和"未来"，从哪些层面入手去挖掘沿线国家人民对"一带一路"的日常生活需求，取决于我们如何调用历史要素和文化逻辑来叙述"一带一路"和日常生活的关联。

2. 符号认知层面——日常生活的"自为性"和"人道化"演进

符号认知层面关乎到构建文化认同的本原问题，即什么样的"一带一路"使沿线国家人民的日常生活转变为"有意义的和幸福的"和"为他们自己的存在"的日常生活。❶ 如何让日常生活由"自在状态"向"自为状态"转变，赫勒认为"日常生活的进步应当体现为日常生活的人道化，重点不在于期待出现或者寻找新的因素，而在于现存因素的内涵，特别是价值内涵的转变"❷。参照赫勒的日常生活"人道化"观念，构建"一带一路"文化认同需注意以下几个方面。

第一，在精神（思维）活动方面，帮助沿线国家人们改变日常知识的自然状态，帮助人们积极主动地运用新知识、新思维去解决日常生活中的问题，比如，如何保持健康、如何睡眠、如何饮食、如何教育子女等。在构建"一带一路"文化认同的过程中，帮助个体缓解现代生活焦虑，树立其面对新挑战和新事物的自信。

第二，在日常交往和社会关系建立方面，"人道化"是指应尊重他者、倾听他者。在"一带一路"的跨文化传播中，有必要与沿线国家人民建立平等、无约束、自由和人道的交往模式，交往不是实现目的的功利性手段和工具，而是目的本身。

---

❶❷ 赫勒.日常生活.衣俊卿，译.重庆：重庆出版社，2010：200-275.

第三，在日常生活的时空方面，需要尊重当地人日常生活的时空秩序和安排，符合当地人的时空习惯，不要过多干预当地人的时空感觉和体验。

第四，在日常生活冲突方面，"一带一路"作为"他者"进入本土生活和社会之中，势必会触及沿线国家人们的价值观念、意识形态、生活方式等方面，处理可能出现的冲突，应采取适当的沟通策略、行为策略和情感策略，在尊重彼此利益和相互关爱的基础上，借助积极情感来化解矛盾。

第五，在日常生活的"满足"或"满意"方面，涉及生理和精神状态的肯定性情感：美味的午餐、舒适的工作环境、舒缓的音乐、幸福的希望、积极生活的态度、生活问题的解决、共同应对未来的恐惧等。在"一带一路"的跨文化传播过程中，应为沿线国家人们提供更多的生活满足的情感和心理体验，提供令人情感愉悦的符号和意义暗示。

总之，在符号认知层面，我们需要认识到日常生活的意义"来源于其所置身的社会整体"❶，由地方性而非全球性来定义。全部的生活方式、世俗的实践活动构成了沿线国家人们的生活意义，因此有必要借助日常生活中共有的、完全是地方性的利益诉求、价值需求、情感渴望、价值愿景、意义追寻、命运决定、记忆存储、欲望满足、恐惧担忧等符号认知资源，把未来的挑战和传统的文化历史要素重新结合起来，阐明"一带一路"与沿线国家人民日常生活方式、生活秩序和生活意义的关系，使"一带一路"在当地生活的"利益、情感、意义、关系"等体系中存在，成为当地人们阐释生活幸福、人生意义、共同命运、共同愿望的符号资源。

综合赫勒的日常生活"人道化"概念构建"一带一路"文化认同路径的同时，还需借鉴约瑟夫·拉彼德（Yosef Lapid）和拉彼德·克拉拖赫维尔（Friedrich Kratochwil）对构建文化认同步骤的思考：第一个进程，是增加相互依赖性，促成具体日常生活需求与"一带一路"倡议的紧密结合；第二个进程，是树立共同应对外部威胁的危机意识，挖掘出共同的利益前景、共同的价值诉求、共同的意义空间和共同的爱恨情仇，建立共同体意识。❷ 其目标包括：（1）物质的安全；（2）关系的安全，能预知与外部世界的关系；（3）情感和意义的自主

❶ VANEIGEM R. The revolution of everyday life（vol. 1）（Trans by Nicholson-Smith, D.）. London：Left Bank Books, 1983：9.
❷ 拉彼德，克拉拖赫维尔，等. 文化和认同：国际关系回归理论. 金烨，译. 杭州：浙江人民出版社，2003：70-77.

性，被其他行为体承认为一个独立的行为体；（4）发展和利益，在集体层面上构建文化认同，满足整体和个体对过好日子和国家繁荣发展的愿望。❶

（二）话语路径：从独白式"自话"到"间性"式对话

作为日常生活重要一维的语言和话语是文化认同的基础来源，文化认同不是一种既存的状态，而是一种在对话中实现的过程：（1）发生在具体的和可见的对话条件下；（2）认同产生于系列的而不是个体或单一的认同结构；（3）不仅起源于个体，而且是社会协商和联系的产物；（4）这一联系和协商落实在对话实践中。❷ 由此可见，对话是文化认同构建过程的重要组成部分。

1. 虚假的独白式自话陷阱

何谓"独白式自话"？从现象意义而言，其体现为对话主体的自说自话，在此过程中，对话主体处于一种封闭的状态中，对话还未开始就已经隐含着结束。对话主体的目的只有一个，即以自己的话语优势和话语霸权来否定对方，直白地告诉对方一切都是再清晰明白不过的事情，使对方保持缄默，发问、质疑都不被认可和接受，它本质上是一种虚假的对话陷阱，更是一种自我欺骗式的装饰性对话，其背后的本质思维是"唯我论"，隐藏着文化帝国主义和文化殖民主义的底色，认为相对于"我者"之外的"他者"是边缘和荒原般的存在。虽然与西方相比，中国并没有发展出文化优越意识，但是也要警惕这种意识的侵扰。

2. "间性"式对话：通向和谐共生的"一带一路"的当代对话之路

"一带一路"作为 21 世纪具有划时代意义的倡议，构建文化认同，与沿线国家展开对话，不能延续独白式对话逻辑，它不仅无助于消除由文化隔膜和差异所带来的猜忌、误解，反而可能会加强相互间的不信任乃至敌对心理，而同时关照"自我"和"他者"关系的"间性对话"不失为一种可替代的路径选择。

何为"间性"式对话？借助巴赫金（Bakhtin）的对话理论，要实现对话必须满足其中两个条件：第一，已然发生或正在发生的现实生活成为发声主体意识中的内容；第二，不同人物必须具有真正的主体性，即不同的发声者的意识必须是独立平等的，这要求对话者深入理解每个对话者的不同意识，同时又与每个对话主体保持适当的距离，尊重每一个个体的平等，避免使其中任何一个成为自己的

---

❶ 拉彼德，克拉拖赫维尔，等. 文化和认同：国际关系回归理论. 金烨，译. 杭州：浙江人民出版社，2003：74.

❷ DE FINA A，SCHIFFRIN D，BAMBERG M. Discourse and identity（Vol. 23）. Cambridge：Cambridge University Press，2006：2.

传声筒，在一种亦此亦彼、"你中有我，我中有你"的间性关系中展开对话。❶
"一带一路"的认同空间的构建也需要遵循同样的对话逻辑。

亚里士多德认为，"人类自然地是趋向于城邦生活的动物（人类在本性上也
正是一个政治动物）"❷，"但是根据亚里士多德的观点，政治性动物是集群性或群
居性动物的子类，人们围绕着一个特定目标而结盟，与动物不同的是，人类的政
治性本性在于某种类型的共同体（社区）的自然需求，在此共同体内部构建起家
庭和城邦"❸，这种社会性在某种程度上蕴含着"间性"生存的必要性。与"他
者"的文明对话是尊重他者、尊重差异性和丰富性的"间性对话"，这种对话不
是融合的降级，低估"自我"，高估"他者"，也不是通向单向静止融合道路的
一个阶梯，而是在"一带一路"的国际对话中，通过各种渠道建立系统性的战
略对话体系（传统媒体与社交媒体的融合、高层对话与大众对话、媒体与非媒
体渠道的结合，多层次，多渠道，但又不失秩序）。要有针对性地展开"间性对
话"，尊重彼此的话语权，动态推动彼此的对话，规避形式上的多元论和相对主
义，戒除对话各方的各自为政，把"他者"还给"他者"，让"自我"回归"自
我"，平等对待"他者"，尊重差异，只有这样才能在与"他者"的关系中，在
"我说你听，你说我听，彼此理解，协商共议"中实现"一带一路"文化认同的
构建。

（三）文化间性路径：包容"他者"文化，采取"在地"经验

基于日常生活基础上的"一带一路"文化认同构建需要对"他者"文化和需
求持肯定的态度，使"他者"文化成为自我认知的延伸，而不是孤立"他者"。
西方文化之所以能够形成具有不可阻挡的趋势，不仅在于其和资本的共谋，更多
的是因为其文化的包容性，不断地把"他者"包容进来，采取"在地"经验，不
断让"他者"来挑战自己的文化、认知、思维舒适度，从而在同"异"和"变"
的缠斗中不断地把"同"和"不变"阐释或生产出来。❹

"一带一路"跨文化传播的核心矛盾是不同文化之间的交流障碍和传播无奈，
此种无奈源自文化冲突、利益偏差、政治悬殊等多种因素，如何在实现利益公平

---

❶ 李衍柱. 巴赫金对话理论的现代意义. 文史哲，2001（2）：51-56.
❷ 亚里士多德. 政治学. 3版. 吴寿彭，译. 北京：商务印书馆，1983：4.
❸ ARISTOTLE. Politics. Trans by Reeve. Cambrige：Hackett Publishing Company，1998：xlviii.
❹ 张旭东. 全球化时代的文化认同：西方普遍主义话语的历史批判. 北京：北京大学出版社，
2005：3.

和命运共同体的基础上，拟合差异，实现对话，尤其是在理性选择（利益博弈、经济竞争、资源稀缺）和良好文化（利益共享、共商、共建）二者之间取衡，除了讲究传播技巧、进行文化外交和公共外交等可操作的传播实践外，更多的是排除意识形态偏见和文化价值隔阂。

在沿线国家的框架中，无论是文化框架、意识形态框架，还是情感框架和利益框架，借用西方的概念系统和传播系统都无法解决"一带一路"引起的误解和冲突问题，而需要在文化间性中寻找答案。"一带一路"的文化意义不是来自他者的定义和外界的解释，而是来自在参照"他者"文化后自身所进行的阐释。文化间性与"他者"文化不可分离，斯图亚特·霍尔曾指出，差异是意义的根本，意义也只有在与"他者"的对话中才能生成，"他者"是根本性的。由此可知，文化的意义只有在尊重"他者"文化的前提下才存在，在与"他者"文化的互动交往和对话中才具有意义，"只有为了他者，通过他者，在他者的帮助下展示自我时，我才意识到自我，成为自我，构成自我意识最重要的行为取决于跟他者的关系"❶。自我文化与"他者"文化的关系不是差异性的两者，而是两个具有自我主体性的文化之间的交流互动关系，从"我"走向"我们"，遵循平等和团结原则，承认彼此的差异，通过交往、商谈、互为主体等途径扩大文化间性空间，致力于不同的外在性文化他者（external culture other）之间和在"他者化过程"（othering process）中相互承认、尊重、理解和包容。不同文化展开彼此之间的开放和对话，在相互借鉴、连接和相互吸取中共同提升自我，使得不同文化在保持自主性的过程中相互靠近，不是变成跟我们一样的文化，而是产生相似性和文化共识。❷

考量文化间性，不是静止思考和抽象表达，而是要与沿线国家人民日常生活需求结合起来，实现"文化间性"落地。如何将日常生活的意义转换成"文化认同的意义"，斯图亚特·霍尔提出，我们对我们的自我认同，与文化如何在诸群体内标出和保持同一性及在诸群体间标出和保持差异的各种问题密切相关。❸ 如果沿线国家人民对"一带一路"的理解无法落实到其日常生活世界，无法把"一带一路"当作日常生活经验进行传递，而只是从中国的媒体和文化外交中获得解

---

❶ 蔡熙. 关于文化间性的理论思考. 大连大学学报，2009（1）：80-84.

❷ DERVINF，GAJARDO A，LAVANCHYA. Politics of interculturality. London：Cambridge Scholars Publishing，2011：5-10.

❸ 霍尔. 表征：文化表征与意指实践. 徐亮，陆兴华，译. 北京：商务印书馆，2003：3.

释，那说明我们尚无能力从价值层面和文化层面去践行"一带一路"的"民心相通"。"一带一路"的跨文化传播是一个跨越时空的问题，更是一个涉及生活世界的文化、意义和价值的问题，需要不断回到自身、参照他者文化，找到沿线国家人民日常生活所需和"一带一路"相交的关节点，在此关节点上进行有效的跨文化传播。

（四）挖掘文化记忆资源，构建文化共享系统

"所有认同都是在一套社会关系体系内构建起来的，并要求与其他认同相互认知。"❶ 这种在社会关系内构建起来的认同不仅仅是一种现实的物质利益关系，还是指向传统历史和文化记忆的符号和意义共享体系，简·奥斯曼（Jan Assmann）在《集体记忆与文化身份》（Collective Memory and Cultural Identity）一文中指出，文化认同就是通过与"我们属于谁""我们不属于谁""什么和我们相关""什么和我们不相关"等文化记忆的符号系统、仪式系统、文本系统和意义系统来构建，实质上是一个群体从知识存储中获取关于自己的整体性和独特性的意识，通过一种肯定"我们是谁"或者否定"我们是谁"意义上的认同决断（identificatory determination）得到界定，通过文化形式（文本、仪式、纪念碑等），以及机构化的交流（朗诵、实践、观察）而得到延续，通过这些"记忆形象"（figures of memory）——节日、仪式、诗歌、意象等，形成"时间岛屿"和具有集体经验的文化型构而结晶为文化记忆，以此来构建文化认同。❷

基于文化记忆理论思考"一带一路"的文化认同构建，不能把其仅仅看作一种静态的事件，而应该将其看作一种与沿线国家的动态关系体系，必须长时间借助集体记忆、文化记忆等共享系统、共同情感和文化意义的认识，通过对集体的文化和历史记忆的重新调用，例如通过信仰、信念、图腾、神话传说、传统习俗、历史文本、节庆仪式、纪念碑等多种文化记忆唤醒活动，重新打开共享的历史关系和文化记忆空间。回到"丝路"的文化记忆和历史传统中，不是回归到旧有的文本与当时的历史和记忆史料，而是通过重建"丝路"历史和文化记忆的连续性，同时重新讨论"丝路"自身历史的记忆、文化、关系、思想、感情和价值系统的连续性，回到传统关系、历史记忆和文化记忆中，将其更新进而确立"一

---

❶ 莫利，罗宾斯. 认同的空间：全球媒介、电子世界观和文化边界. 司艳，译. 南京：南京大学出版社，2001：61.

❷ ASSMANN J，CZAPLICKAJ. Collective memory and cultural identity. New German Critique，1995（65）：125 - 133.

带一路"的当代意义。

只有挖掘共性，重新开启文化记忆和传统历史关系体系，"一带一路"的历史共性中蕴含的正面、积极、建设性和创造性的价值才能被沿线国家人们所认同。通过不同的文化生产机制，塑造特定版本的"集体记忆"，进而塑造特定的"一带一路"的文化认同。在动态持续的过程中借助集体记忆，借助共享系统，通过对共同历史、记忆和遗产的借用，保持"一带一路"文化认同的凝聚性。

"一带一路"的跨文化传播是借助命运共同体、情感意义共同体和利益价值共同体，将经济现象在日常生活世界中进行持续的意义、情感、关系、价值和记忆的生产过程。一切的关键在于"人"和"心"，必须再度唤起人性和文化的价值认知，才有机会重新拾起人类生存的意义以及生活的价值。在全球化背景下，"一带一路"的跨文化传播，首先需要作为一种文化意涵和象征性符号输出，观照认同和身份，观照日常生活，提供与文化认同和日常生活高度相关的共同体验和休戚相关性情感，在重视人性尊严和高度包容性的过程中解放"一带一路"既有的文化记忆和情感机制，从而将"一带一路"的跨文化传播从器物的枷锁中解放出来，实现更高层面和更本质上的意义升华。除了从利益共同体和命运共同体视角出发外，还要突出共同的价值理念和情感机制，寻找价值和情感的普遍性，报道具有全球意义的"我们的"故事，突出共同的利益、情感和价值诉求，找到与沿线各国共通的、普遍遵守的价值观，丰富"一带一路"文化传播和信息交流的内涵。

参考文献

赫勒. 日常生活. 衣俊卿，译. 重庆：重庆出版社，2010.

霍尔. 超越文化. 2版. 何道宽，译. 北京：北京大学出版社，2010.

蔡熙. 关于文化间性的理论思考. 大连大学学报，2009（1）：80-84.

莫利，罗宾斯. 认同的空间：全球媒介、电子世界观和文化边界. 司艳，译. 南京：南京大学出版社，2001.

郭晓川. 文化认同视域下的跨文化交际研究：以美国、欧洲（欧盟）为例. 上海外国语大学博士论文，2012.

汉娜·阿伦特. 人的条件. 竺乾威，译. 上海：上海人民出版社，1999.

黄俊，董小玉. "一带一路"国家战略的传播困境及突围策略. 马克思主义研究，2015（12）：121-127.

李衍柱．巴赫金对话理论的现代意义．文史哲，2001（2）：51-56.

鲍曼．流动的现代性．欧阳景根，译．上海：上海三联书店，2002.

霍尔．表征：文化表征与意指实践．徐亮，陆兴华，译．北京：商务印书馆，2003.

亚里士多德．政治学．3版．吴寿彭，译．北京：商务印书馆，1983.

拉彼德，克拉拖赫维尔，等．文化和认同：国际关系回归理论．金烨，译．杭州：浙江人民出版社，2003.

张旭东．全球化时代的文化认同：西方普遍主义话语的历史批判．北京：北京大学出版社，2005.

赵静蓉．文化记忆与身份认同．北京：三联书店，2015.

赵月枝．国家形象塑造与中国的软实力追求．文化纵横，2013（6）：52-59.

赵月枝．什么是中国故事的力量之源：全球传播格局与文化领导权之争．人民论坛·学术前沿，2014（24）：34-43.

周娟．阿帕杜莱的全球文化景观论．国外社会科学，2009（6）：96-101.

APPADURAI A. Grassroots globalization and the research imagination. Public Culture，2000，12（1）：6.

ARISTOTLE. Politics（Trans by C. D. C. Reeve）. Cambrige：Hackett Publishing Company，1998.

ARNETT J J. The psychology of globalization. American Psychologist，2002，57（10）：774.

ANTHONY GIDDENS. Runaway world：how globalization is shaping our live // 林精华，刘心华．东方和西方相遇：全球化时代的文化、文学和语言．合肥：安徽大学出版社，2013：28.

DE FINA A，SCHIFFRIN D，BAMBERG M. Discourse and Identity（Vol. 23）. Cambridge：Cambridge University Press，2006.

DERVIN F，GAJARDO A，LAVANCHY A. Politics of interculturality. London：Cambridge Scholars Publishing，2011.

FRIEDMAN J. Cultural identity and global process（Vol. 31）. California：Sage Publications，1994.

GIDDENS A. The consequences of modernity. Cambridge：Polity Press，1990.

HALL S，DU GAY P. Questions of cultural identity. London：Sage Publications，1996.

ASSMANN J，CZAPLICKA J. Collective memory and cultural identity. New German Critique，1995（65）：125-133.

LEFEBVRE H. Everyday life in the modern world. London：The Athlone Press，2000.

MICHALE E GARDINER. Critiques of everyday life：an introduction. New York：Routledge，2002.

MORLEY D，ROBINS K. Spaces of identity：global media，electronic landscapes and cultural boundaries. New York：Routledge，2002.

R ROBERTSON. Globalization：social theory and global culture//林精华，刘心华．东方和西方相遇：全球化时代的文化、文学和语言．合肥：安徽大学出版社，2013：20.

TOMLINSON J. Globalization and cultural identity. The global transformations reader，2003（2）：269 - 277.

WILLIAMS R. The long revolution. New York：Columbia University Press，1961.

VANEIGEM R. The revolution of everyday life（vol. 1）（Trans by Nicholson-Smith D）. London：Left Bank Books，1983.

图书在版编目（CIP）数据

新闻历史与理论 / 王润泽主编 . -- 北京：中国人民大学出版社，2020.1
（新世纪中国人民大学新闻传播学文丛）
ISBN 978-7-300-27844-5

Ⅰ . ①新⋯　Ⅱ . ①王⋯　Ⅲ . ①新闻学史—文集 ②新闻学—文集　Ⅳ . ①G21-53

中国版本图书馆 CIP 数据核字（2019）第 293255 号

新世纪中国人民大学新闻传播学文丛
总主编　郭庆光　蔡　雯
新闻历史与理论
主　编　王润泽
Xinwen Lishi yu Lilun

出版发行	中国人民大学出版社		
社　　址	北京中关村大街 31 号	邮政编码	100080
电　　话	010 - 62511242（总编室）	010 - 62511770（质管部）	
	010 - 82501766（邮购部）	010 - 62514148（门市部）	
	010 - 62515195（发行公司）	010 - 62515275（盗版举报）	
网　　址	http://www.crup.com.cn		
经　　销	新华书店		
印　　刷	天津中印联印务有限公司		
规　　格	170 mm×240 mm　16 开本	版　　次	2020 年 1 月第 1 版
印　　张	18.25 插页 2	印　　次	2020 年 1 月第 1 次印刷
字　　数	305 000	定　　价	69.80 元